에너지 전환 시대의 저널리즘

에너지 전환 시대의 저널리즘

방송기자연합회
기획

제정임
윤순진
박상욱
송원일
서승신
조원일
신우열
진민정
지음

기후위기 대응을 위한
언론의 역할을 묻다

메디치

전환의 시대,
언론은 어디에 서야 하는가

박성호 방송기자연합회장

전담팀을 만들다

2022년 3월 저는 MBC 뉴스룸국장(보도국장)으로 지명받았습니다. 이후 제가 가장 먼저 한 일은 조직도를 살펴본 것이었습니다. 거창한 조직 개편보다는 새롭게 나아갈 방향을 '원 포인트'로 제시하고 싶었습니다. 그래서 신설한 것이 '기후환경팀'이었습니다. MBC의 보도 조직으로는 처음으로 기후위기에 대응할 전담팀이 생긴 것입니다. 이전에 '지구환경팀'이 있었지만 '기후'가 빠진 환경팀이어서 기후위기는 주된 의제가 되지 못했습니다. 새로운 팀에는 각각 기후와 환경을 전문적으로 취재해 온 기자들을 배치했습니다. 팀장으로는 기후 분야 취재 경험이 풍부한 국장급 기자를 앉혔습니다.

전담팀을 만든 이유는 이렇습니다. 기후위기를 기상이변의 성격으로 어쩌다 반짝 다룰 주제가 아니라고 봤습니다. 뉴스에서 매일같이 다루는 정치, 경제, 사회, 국제 등의 분야와 마찬가지로 대해야겠다는 생각이었습니다. 기후위기는 갑작스러운 '변화'나 '징조'가 아니라 우리의 일상이기 때문입니다. 전담팀을 만들지 않으면, 기후위기는 뉴스룸 내에서 결코 자리를 확보하기 어렵다고 판단했습니다. 전통적인 뉴스 감각은 정치와 법조 뉴스에 적극 반응합니다. 그것들이 세상을 집어삼킬 의제인 것처럼 여기고 인력과 시간을 집중 투입합니다. 그렇게 되면 기후위기 보도는 우선순위에서 밀리기 마련입니다. 시민들로서는 기후위기가 지금 당장 우리의 삶에 어떤 문제를 일으키는가를 볼 기회가 줄어듭니다. 기후위기를 자신과 상관없는 먼 훗날의 일, 먼 곳의 일로 인식하게 됩니다. 뉴스의 잘못이라고 생각했습니다.

이런 각성을 하게 된 것은 워싱턴 특파원 시절이던 2019년 무렵이었습니다. 어느 날 캘리포니아 산불에 관한 《뉴욕타임스》 기사를 마주쳤는데 뭔가 달랐습니다. 산불로 인한 피해 상황을 단순히 나열하는 기사가 아니었습니다. 수년간 누적된 데이터가 등장했고, 통시적인 재난 분석이 가득했습니다. 산불이 기후변화와는 어떤 맥락으로 연결되는지도 설명했습니다. 거기서 멈추지 않았습니다. 주(州) 정부는 그동안 어떤 대응을 했고 어떤 걸림돌을 마주쳤는지 등에 관한 입체적인 해설이 제시됐습니다. 뉴스가 할 일이라고 생각했습니다.

그 생각은 2020년 미국 대선을 취재하면서 더 단단해졌습니다. 미국 언론의 대선 보도는 우리가 아는 선거 보도와 달랐습니다. 어느 날 《뉴욕타임스》는 2개 면 전체를 공화·민주 각 후보의 기후위기에 대한 인식과 대책 등을 상세한 자료와 함께 가득 채웠습니다. 면의 제목은 '선거'가 아니라 아예 '기후변화'라고 달았던 게 인상적이었습니다. 플로리다, 펜실베이니아 등 경합주를 취재할 때 시민들에게 '이번 선거에서 무엇이 가장 중요한가'라고 물으면 '기후변화'라는 응답을 어렵지 않게 들었습니다. 우리와 비교하면, 선거를 대하는 언론의 초점이 달랐고, 시민들의 인식도 달랐습니다. 뉴스가 갈 길이라고 생각했습니다.

힘을 싣다

새로운 전담팀에는 확실히 힘을 실어주었습니다. 하고 싶은 아이템을 얼마든지 발제하라고 했고, 뉴스의 장식처럼 구색 갖추기로 소비하지 않겠다고 선언했습니다. 기후환경팀은 매일 아침 편집회의에서 자신들의 아이템을 상시적으로 발제할 수 있는 직행 통로를 확보했습니다. 정치, 경제, 사회 등 다른 분야의 팀장들도 기후위기 사안에 회의 때마다 노출될 수 있게 됐습니다. 제가 바라던 바였습니다.

기후환경팀이 발제하는 리포트에는 특별히 시간에 구애받지 말라고 했습니다. 보통의 리포트가 1분 50초 정도 분량이었지만, 그들은 3분에서 5분 정도 길이의 리포트를 자유롭게 발제했습니다. 저는 충분한 시간을 보장하도록 편집진에 주문했습니다. 매일같이 전하는 소식도 아닌 데다 과학적이고 전문적인 내용을 쉽게 설명하며 맥락까지 살리려면 어느 정도의 시간이 필요하기 때문입니다.

기후위기 관련 보도가 '언저리' 뉴스가 되지 않도록 큐시트에서의 위치에도 신경 썼습니다. 대개 기후 관련 뉴스는 스포츠

뉴스로 넘어가기 직전, 즉 뉴스의 맨 끝 부분에 배치되는 게 관행이었습니다. 하지만 저는 기후위기 리포트의 순서를 뉴스의 초반이든 중반이든 과감히 위로 끌어올리도록 했습니다. 편집 담당 간부들은 '시청률 구간'이라고 부르는 시간대에 배치하는 승부수를 던지기도 했습니다. 다른 채널에서 프로그램 끝나고 이곳저곳 돌려보는 시청자들을 붙잡기 위해 기존에는 자극적인 CCTV 영상 위주의 사건사고를 배치했습니다. 저는 그런 걸 싫어했습니다.

그렇게 한 데에는 두 가지 신념이 작용했습니다. 우선 수도권 이외의 지역 시청자들을 소외시키지 말아야 한다고 생각했습니다. 뉴스 후반부는 지역 방송사에서 자체 뉴스를 전하는 '로컬타임'이기에 그 시간대에 기후위기 뉴스를 내면 정작 지역에서는 볼 수가 없습니다. 기후위기에 가장 직접적 영향을 받는 곳이 지역이고, 에너지 전환을 위한 여러 기반 시설이 들어서는 곳도 지역인데 말입니다. 아울러 '전달력 있게 잘만 만들면 사람들은 진지한 뉴스라도 본다'는 믿음이 있었습니다. '무엇'을 다루는가보다 '어떻게' 다루는가가 시청자들의 선택에 더 영향을 미친다고 생각했습니다.

차이를 만들어내다

전담팀이 생기니까 확실히 달랐습니다. 기후환경팀 기자들은 전보다 훨씬 과감하고 다양한 시도를 했습니다. 기사 형식은 유연했고, 기사 내용은 맥락을 담았습니다. 〈플라스틱 없는 세상은 가능할까〉라는 연속 기획이 그랬습니다. 1편에서는 기후환경팀 현인아, 김민욱, 류현준 세 기자가 가정에서 배출되는 플라스틱을 일주일 동안 전수 조사하는 그린피스의 플콕 조사에 참여했습니다. 2편에서는 서울 목운중학교의 1학년 한 학급이 같은 조사에 동참했습니다. 그 과정을 중학생 2명이 직접 취재해 기자처럼 리포트하는 참여형 보도 형식으로 선보였습니다. 두 번에 걸친 조사의 결론은 소비자가 아무리 노력해도 플라스틱 폐기물을 줄이는 데 한계가 있으며, 소비자 차원에서 '반성'할 사안이 아니라는 것이었습니다. 오히려 생산자인 기업들의 플라스틱 사용량에 근본적인 원인이 있음을 들춰냈고, 기업의 감축 노력을 이끌어낼 수 있도록 정부가 방향을 분명히 제시하지 못했다며 책임을 물었습니다.

기후환경팀은 기후위기를 직접 겪는 '사람들'에 초점을 맞추는 뉴스를 이어갔습니다. 〈기후위기 목격자들〉이라는 연속 기획이 대표적입니다. 봄꽃 피는 시기가 빨라져서 과일이 사라진 과수원의 농민을 찾아가 생업의 현장에 들이닥친 위기를 조명했습니다. 표층 수온의 상승으로 물고기 대신 폐기물을 건지는 게 일이 되어버린 멸치잡이 어민의 일상을 여실히 보여줬습니다. 국내뿐이 아닙니다. 해수면 상승으로 마을 전체가 수몰된 인도네시아 자바섬에서, 극심한 가뭄으로 300만 명의 난민이 발생한 소말리아에서 취재팀은 기후위기를 겪고 있는 사람들의 증언을 담았습니다. 기후위기가 임박했다며 놀라움과 공포를 주는 충격 요법을 지양하고 사람들의 구체적인 삶의 이야기를 지향했습니다. 시민들의 제보, 기후·환경단체들의 취재 제안이 집중됐습니다.

저는 국장 시절 뉴스 품질의 향상을 위해 현장성, 심층성, 스토리텔링을 자주 강조했습니다. 이 세 가지 요건을 기준으로 한다면, 기후환경팀이 만들어낸 리포트는 최고의 모범 사례들이었습니다. 그래서 편집회의 때마다 수시로 기후환경팀이 만들어낸 리포트에 대한 호평을 아끼지 않았습니다. 팀장은 기후위기 보도가 그런 찬사를 자주 듣게 된 것도, 그렇게 중요하게 대우받은 일도 처음이라며 뿌듯해 했습니다.

시청자들도 반응했습니다. 2022년 8월 말 초강력 태풍 힌남노의 북상을 앞두고 현인아 기자가 했던 리포트는 과학의 언어를 대중의 언어로 전환하는 것이 얼마나 중요한지를 보여주는 대표적인 사례입니다. 기후 정보를 단순히 나열하지 않고, 태풍의 생성과 경로가 얼마나 특이한지를 데이터를 분석해 제시했습니다. 기후위기라는 단어를 한 번도 쓰지 않으면서도 해수면 온도 상승이라는 맥락과 연결 지었습니다. 방송이 나가자마자 유튜브에서 인기 급상승 동영상 1위에 오르더니 순식간에 조회수 100만을 넘어섰고, 이 글을 쓰는 현재 누적 조회수는 541만회입니다. 뉴스 리포트로서 역대급인 조회수 못지않게 거기에 달린 댓글들은 기후저널리즘의 방향이 어떠해야 하는지 분명하게 제시했습니다.

"국내뉴스 역사상 가장 디테일하면서 대중들이 쉽게 이해할 수 있게 설명한 기상보도다."
"마치 지구과학 수업을 다시 듣는 기분이다."
"지구과학 1타 강사."
"단편적 정보로 걱정을 심어주기보다는 상황과 이유를 알고 정보를 소화할 수 있게 해주는 정말 좋은 방송."

"이젠 단지 이상기후가 아닌 기후위기인 거 같습니다."

"기상뉴스 퀄리티가 와우… 놀랍습니다. 시각화, 전달력… 모두 최고입니다."

"생방으로 보고 너무 인상적이어서 다시 찾아서 한 번 더 봤습니다. 이 보도 한 꼭지로 뉴스의 질이 올라갔다고 생각합니다."

이뿐만 아니라 기후환경팀 기자들이 공들여 만든 리포트들은 분당 시청률 그래프에서 우상향을 표시하는 경우가 많았습니다. 기후환경팀 리포트를 우대했더니 시청자들이 반응한 것이고, 저는 그게 시청자들의 알 권리 우대라는 확신을 갖게 됐습니다.

기자 교육으로의 전환

2024년부터 방송기자연합회장을 맡게 되었습니다. 기자들을 위한 재교육 프로그램에서 기후위기에 가장 힘을 줬습니다. 특히 기후위기 대응으로 화석연료에서 재생에너지로 에너지원을 바꾸는 에너지 전환으로 초점을 확대했습니다. 현장 기자들을 위한 저널리즘 아카데미의 '기후위기 보도' 과정에서는 기후변화의 심각성, 알이백(RE100), 식량안보, 국제협약, 기후소송, 해외의 기후저널리즘 준칙 등을 다뤘습니다. 그뿐만 아니라 데스크급 기자들의 인식 전환도 중요하므로 그들을 위한 별도의 워크숍도 가졌습니다. 기후변화로 인한 사회적 위기, 강대국들의 기후통상 전략, 해상풍력 산업 생태계, 글로벌 모빌리티, 전력산업 시스템을 학습하는 기회였습니다. 폐배터리 재활용 실증 현장과 전력거래 소도 방문했습니다.

각 회사 안에서는 이 분야에 관심을 갖는 기자들이 소수자였습니다. 하지만 공통의 관심사가 있는 기자들끼리 한자리에 모이니 서로 힘을 얻고 연결된다며 참여한 기자들은 만족해했습니다. 기자들뿐 아니라 교육에 참여한 학자, 활동가, 업계 관계자들과도 서로 네트워크가 형성돼 교육 이후에도 취재에 활용된다고 들었습니다.

해외의 에너지 전환 실태를 파악하는 현지 연수 프로그램도 1년에 2회씩 꾸준히 이어오고 있습니다. 덴마크에서는 에너지 정책과 풍력발전, 주민수용성 과정, e-메탄올 생산 등을, 영국에서는 해상풍력 산업, 전력계통, 정의로운 전환, 탈석탄 과정 등을, 독일에서는 영농형 태양광, 재생에너지 상품, 전력시장 구조 등을, 스웨덴에서는 전기화 생태계, 지속가능 모빌리티 등에 대해 살펴봤습니다. 매번 10명 정도의 연수단을 구성했고, 참여한 기자들은 연수 결과를 소속 방송사별로 뉴스 리포트와 디지털 기사 등으로 시청자들에게 공유했습니다.

동시 다발적으로 여러 방송사에서 에너지 전환 관련 뉴스가 쏟아지자 이 의제에 대한 관심이 뜨거워지는 걸 느꼈습니다. 기후·환경단체, 외국 대사관, 심지어 원전 관련 단체에서도 협업 프로그램을 제안해 오기도 했습니다.

교육과 연수뿐 아니라 취재 지원도 2024년부터 시작했습니다. 긴 호흡으로 기후·에너지·환경 분야에 관한 심층 보도를 할 수 있도록 공모 사업을 도입했습니다. 지난해 선정된 〈댐: 지을 것인가, 허물 것인가〉 연속 기획은 기후위기 적응 정책의 측면에서 댐의 기능을 과학적으로 검증했습니다. 올해 선정작인 〈밭 위의 발전소, 미래를 심다〉 연속 기획은 영농형 태양광을 통해 기후위기 대응과 농촌 소득 창출의 가능성을 확인했습니다. 특히 이 기획은 에너지 전환 과정에서 지역 주민의 이해와 협력이 얼마나 중요한지를 지역 방송사가 보여줬다는 점에서 지역 언론의 역할을 제시했습니다.

이 책을 펴내게 된 배경

지난 몇 년간 경험해 보니 '기후' 기자들이 늘고 있습니다. 기후위기를 진심으로 걱정하며 지속적인 관심을 갖고, 에너지 전환에서 해법을 찾고자 하며, 진지한 고민과 높은 학습 욕구를 가진 기자들이 언론사마다 있습니다. 이제 그 문제의식을 서로 연결하고 확산할 필요가 있습니다.

개별 기자들이 혼자 다루기에는 기후위기와 에너지 전환은 벅찬 분야입니다. 기후, 에너지, 전력, 산업, 정책 등 다양한 분야에 걸쳐 있기 때문입니다. 개별 언론사 차원이 아니라 언론계 전체의 공유된 인식도 필요합니다. 최근에 많이 나아졌다고는 하지만, 한국 언론의 기후위기 저널리즘은 여전히 여러 문제점과 한계를 갖고 있습니다. 기후위기 담론은 풍성하지만, 위기를 극복할 대안과 해법은 부족합니다. 그래서 기후·에너지·환경 저널리즘도 전환이 필요합니다.

언론의 힘만으로는 불가능합니다. 전문가, 활동가, 정책 입안자 모두가 지혜를 모아야 합니다. 현장 언론인들의 치열한 기록은 물론이고, 기후·에너지·환경 분야에 천착해 온 전문가, 저널리즘 학자의 조언도 중요합니다. 이것이 바로 이 책을 펴내는 이유입니다.

책을 내기로 마음먹는 데는 임재민 에너지전환포럼 사무처장과의 대화가 결정적이었습니다. 지난 2년간 에너지 전환과 언론의 역할에 관해 방송기자연합회에 가장 큰 도움을 줬던 그와는 몇 마디 대화만으로도 뜻이 통했습니다.

편집위원장을 맡아주신 제정임 세명대학교 저널리즘대학원 교수는 학교 내 〈단비뉴스〉 창간 초기부터 기후 전담 취재부서인 환경부를 설립하고, 일찌감치 기후·에너지 보도를 저널리즘 교육의 중심으로 자리매김한 선구자입니다. 윤순진 서울대학교 환경대학원장은 2050 탄소중립위원회 초대 민간공동위원장을 맡으며 한국의 탄소중립 정책 설계에 핵심적 역할을 한 기후위기 대응의 선도적 연구자입니다. 진민정 한국언론진흥재단 책임연구위원은 《국내 기후변화 보도의 현황과 개선 방안》, 《기후·환경 저널리즘의 범주와 활성화 방안》, 《기후저널리즘의 원칙과 교육방안》 등을 통해 기후저널리즘 분야의 선구적 연구를 수행해 왔습니다. 신우열 전남대학교 미디어커뮤니케이션학과 교수는 기후변화 보도 개선을 위한 연구에 공동 참여했으며, 뉴스타파 전임연구원으로 탐사보도 프로젝트에 참여해 한국방송기자대상 등을 수상하는 등 이론과 실천을 겸비한 연구자입니다.

박상욱 JTBC 기자는 2019년부터 〈박상욱의 기후 1.5〉를 연재하며 한국 기후저널리즘의 대표주자로 자리매김했으며 저서

《기후 1.5℃ 미룰 수 없는 오늘》을 통해 탄소중립 시대의 과제를 대중에게 전달했습니다. 송원일 제주MBC 기자, 서승신 KBS전주 기자, 조원일 뉴스타파 기자는 방송기자연합회의 에너지 전환 해외연수 과정에 참여했던 기자들로, 에너지 전환의 현장, 정책, 대안에 관해 꾸준히 취재하고 보도한 기후저널리스트들입니다. 훌륭한 필진들이 동참한 이 책이 기후위기와 에너지 전환에 관한 문제의식을 나누고 퍼뜨리는 데에 조금이라도 기여할 수 있으면 좋겠습니다.

제가 만들었던 기후환경팀은 지금은 해체됐습니다. 비상계엄 이후 정치·사회 뉴스의 급증으로 인한 불가피한 사정으로 이해합니다. 그러나 이는 기후·에너지·환경 저널리즘이 여전히 약하다는 현실을 다시 한번 상기시켜 줍니다. 저는 이 책이 그 빈자리를 기억하게 만드는 동시에, 다시 시작할 힘을 모으는 계기가 되기를 기대합니다.

차례

4장   한국과 영국의 에너지 전환은 어떻게 다른가
— 서승신

7장　전환의 시대, 해외 언론의 기후·에너지 보도 혁신
— 진민정

한국 언론,
걸림돌이 될 것인가,
신작로가 될 것인가

제정임

세명대학교 저널리즘대학원 교수

1. 주차장 태양광발전소를 좌초시킨 '괴담'

경기도 과천시 청계산 자락에 있는 서울대공원에는 2018년 당시 국내 세 번째 크기의 주차장 태양광발전소가 들어설 뻔했다. 그런데 주민 반대로 무산됐다. 이 부지는 서울시 소유여서 서울에너지공사가 발전소 건설을 추진했는데, 일부 과천 주민들이 "건강에 해롭고 경관을 훼손한다"며 들고 일어났다. 태양광 패널에 중금속 성분이 있고, 전자파와 빛 반사도 심하다는 것이 주된 이유였다. 주민들이 결성한 '서울대공원 주차장 태양광발전소 설치 반대 비상대책위원회'는 서울시청 앞에서 여러 차례 시위도 벌였다. 결국 주차장 부지 16만m² 중 9만m²에 태양광 패널을 설치해 10MW(메가와트) 규모 전기를 생산한다는 계획은 좌초됐다. 연간 3,600가구가 쓸 수 있는 전기가 날아갔다. 과천시의회는 한술 더 떠, 도시계획 조례를 개정해 태양광발전 시설 이격거리(안전을 위해 띄우는 거리) 규제를 강화했다. 사실상 과천시에 태양광발전소를 설치하기 어렵게 만들었다(이주연 외, 2022).

경기도 가평군 백둔리의 연인산에도 비슷한 사례가 있었다. 등산로 입구 1,500평 규모의 제1주차장에 2023년 포천시민햇빛

발전협동조합 등 경기도 지역 5개 에너지협동조합이 태양광발전소를 지으려 했으나 좌절됐다. 500kW(킬로와트) 용량의 태양광 패널을 지붕형으로 설치해 연간 약 60만kWh(킬로와트시)의 전기를 만드는 프로젝트로, 한해 약 1억 원을 벌 수 있는 사업이었다. 조합은 발전소를 짓기 위한 개발행위 허가를 받지 못했다. 주민 등록이 되어 있는 주택이 태양광 부지 500m 안에 한 채라도 있으면 발전소를 짓지 못한다는 이격거리 규제 때문이었다. 당시 주차장 500m 반경에 백둔리에 속하는 집이 몇 채 있었다. 조례는 주민 동의를 얻으면 태양광 설비를 할 수 있도록 예외 조항을 두었는데, 백둔리 이장을 비롯한 주민위원회가 거부했다. 역시 태양광 패널에서 사람 몸에 해로운 전자파가 나오고, 중금속으로 토양이 오염된다는 등의 이유였다(전나경 외, 2024).

태양광 패널이 건강과 환경을 위협한다는 얘기는 사실일까? 주민들은 왜 이런 생각을 하게 됐을까? 이 질문을 따라가 보면 한국이 경제협력개발기구(OECD) 회원국 가운데 재생에너지로 만드는 전기 비중이 가장 낮은 이유의 한 자락이 드러난다. 기후위기를 막기 위해 탄소 배출이 적은 재생에너지로 전환하는 일이 시급한데도, 유독 국내에서 태양광·풍력 확대에 반대하는 목소리가 강한 까닭이 무엇인지 말이다. 거기엔 재생에너지와 경쟁 관계인 화석연료, 원전 산업의 의도적인 정보 왜곡이 있고, 이들 산업의 이익을 지켜주는 정치가 있고, 그들을 대변하는 언론이 있다.

사례를 하나 보자. 2017년 10월 최연혜 당시 자유한국당 의원은 국회 산업통상자원부 국정감사에서 "태양광 폐모듈은 인체에 유해한 중금속인 납과, 폐를 굳게 하는 유독성 물질인 카드뮴 텔루라이드 등 유독성 화학물질로 범벅됐다"고 지적했다. 이어 "전국에 넘쳐나는 태양광 쓰레기를 어떻게 처리할지 정부에 아무런 대책이 없다"고 질타했다(오현길, 2017). 최 의원은 특히 마이클 셸렌버거(Michael D. Shellenberger)가 이끄는 환경진보(EP)의 주장을 인용해, 태양광 패널의 단위 에너지 당 독성 폐기물이 원전의 300배가 넘는다고 주장했다. 셸렌버거는 원전 확대를 주장하며 재생에너지를 공격하는 사람으로, '원자력 업계의 로비스트'라고 비판받는 사람이다(Green, 2018). 태양광 폐기물의 독성에 관한 그의 주장은 황당한 것이었지만, 최 전 의원 발언을 유력 신문방송이 보도하면서 '태양광 패널은 해롭다'는 인식이 퍼져 나갔다. 여러 유튜버가 이런 보도를 선정적으로 퍼날랐다. 태양광발전소가 추진되는 지역 주민들은 이런 정보를 근거로 반대 활동에 나섰다. 서울대공원 주차장 태양광발전소가 무산되고, 여러 지역에 이격거리 등 재생에너지 규제가 증가한 것은 이런 거짓 정보 확산이 반복된 결과라고 할 수 있다.

태양광 패널 유해론은 검증 결과 전혀 사실이 아닌 것으로 밝혀졌다. 한국환경연구원(KEI), 국립전파연구원(RRA), 한국에너지기술연구원(KIER) 등의 분석 결과 3kW(킬로와트)급 가정용 태양광 인버터의 전자파 자기장 강도는 7.6mG(밀리가우스)로, 휴대용 안마기(110mG) 전기오븐(56mG), 전자레인지(29.21mG), 인덕션(6.19mG) 등 생활가전기기보다 낮거나 비슷한 수준이었다. 국내 태양광 폐패널에서 폐기물관리법 시행규칙의 지정폐기물 기준을 초과하는 중금속 성분은 나오지 않았다. 태양광 패널의

빛 반사율은 5.03%로, 강화유리의 빛 반사율인 7.48%보다 낮았다. JTBC, 뉴스톱 등 몇몇 언론이 이런 사실을 '팩트체크' 형식으로 보도했지만, 한번 퍼진 거짓 정보는 질기게 생명력을 유지했다 (오대영, 2018). 거짓 정보 확산으로 이익을 얻는 집단이 있고, 그 집단에 자금력이 있기 때문이라고 할 수 있다.

이런 '괴담'이 지방의회 등에 영향을 미쳐 이격거리 규제가 확대되자, 전국적으로 태양광을 설치할 수 있는 땅이 실질적으로 줄었다. 기후솔루션이 태양광발전 입지규제를 시행 중인 전남 함평군, 경남 함양군, 경북 구미시 등 3개 기초지자체를 분석한 연구가 이를 단적으로 보여준다.

이들 지역에 이격거리 규제를 적용해 보니, 태양광발전 시설 설치가 가능한 면적은 자연조건 상으로 설치가 가능한 전체 부지의 평균 15%에 불과했다. 특히 경북 구미시는 도로, 주택과 관광단지 등에 500m의 강한 이격거리 규제를 두고 있다. 이 때문에 태양광 설치가 가능한 면적이 전체 부지의 7%에 그치고, 이마저 산림보호로 사실상 설치가 불가능한 산지를 제외하면 0.09%로 감소하는 것으로 나타났다(이주연 외, 2022).

기후·에너지 전문가들은 재생에너지 전환을 위해 주차장 등 도심 유휴부지에 태양광발전소를 적극적으로 늘려야 한다고 주장한다. 주차장, 건물 옥상, 방음벽 등과 같은 도심의 유휴부지에는 의지만 있다면 손쉽게 태양광 패널을 설치할 수 있기 때문이다. 건물의 냉난방과 조명 등을 위해 전기를 많이 쓰는 대도시와 근교에서 태양광발전으로 재생에너지 전기를 많이 생산하면, 전력계통(송배전망)에 무리를 주지 않고 전력 자급률을 높일 수 있다. 또 지붕형 주차장 태양광은 기존 부지를 큰 변형 없이 활용할 수 있고, 열이나 눈·비에서 차량을 보호하는 장점도 있다.

윤석열 정부가 원전 부흥을 내세워 재생에너지를 더욱 홀대하면서 전망이 불투명했던 주차장 태양광은 이재명 정부에 와서 전기를 맞았다. 2025년 11월부터 국가·지방자치단체·공공기관 등이 운영하는 주차장에 태양광 패널을 의무적으로 설치하도록 법이 마련된 것이다. '신에너지 및 재생에너지 개발·이용·보급 촉진법 개정안'은 1,000m²(약 300평) 또는 주차 공간이 80면 이상인 공영 주차장에 일정 면적 이상 태양광발전기를 설치하도록 의무화했다. 그런데 이보다 7년 전인 2018년에 과천 서울대공원 주차장을 시작으로 태양광발전소가 대대적으로 설치됐다면 어땠을까? 한국은 OECD 재생에너지 꼴찌 신세를 면했을 것이고, 서울 등 대도시의 전력 자급률도 높아졌을 것이다. 무엇보다 기후위기 대응을 위한 탄소 배출 감축에 속도가 붙었을 것이다.

그런데 기후위기의 위협을 무시하고, 재생에너지를 공격하는 일부 언론의 왜곡 보도는 이재명 정부가 들어선 이후에도 수그러지지 않았다. 대표적인 사례가 한국의 국제탈석탄동맹(PPCA) 가입을 비난하는 보도다. 세계에서 일곱 번째로 석탄발전을 많이 하는 나라인 한국은 2026년 아직 석탄발전 비중이 약 30%나 된다. 석탄을 이용한 증기기관으로 산업혁명을 선도한 영국이 1990년 72%였던 석탄발전 비중을 2024년 영(0)으로 만들어 '탈석탄'을 완료한 것과 대비된다. 영국을 비롯한 유럽 여러 나라가 탈석탄에 앞장선 이유는 화석연료 가운데서도 석탄의 탄소 배출이 가장 많기 때문이다. 예를 들어 한국의 온실가스 배출량 가운데 10% 이상이 제철 과정에서 석탄을 쓰는 포스코에서 나온다 (김동윤, 2026).

그런데도 일부 국내 언론은 한국 정부가 2025년 11월 브라질의 벨렝에서 열린 제30차 유엔 기후변화협약당사국총회(COP30)에서 "2040년까지 탈석탄을 완료하겠다"고 선언하자 '환경 탈레반들에게 발목 잡힌 나라'라고 비난했다(조선 사설, 2025). 이들은 태양광과 풍력 등 재생에너지는 비싸고 생산이 불안정하기에, 온실가스 감축 목표를 높이고 탈석탄 시기를 앞당기면 기업 부담이 커지고 전기요금도 크게 오를 것이라고 주장했다. 그러나 이런 얘기는 세계 주요 연구기관의 분석 결과와 상반된다. 태양광과 풍력 등 재생에너지의 균등화 발전단가(LCOE), 즉 건설부터 폐기까지 전 수명 주기를 고려한 발전단가는 세계 평균 수준으로 볼 때 이미 석탄, 천연가스, 석유 등 화석연료는 물론 원전보다 싸다(BloombergNEF, 2024). 한국은 재생에너지 확충 속도가 늦어 가격 하락도 늦어졌을 뿐이다. 미디어 비평지들은 국내 일부 유력 종합지와 경제지의 재생에너지 공격과 원전 옹호 보도 뒤에 거대 광고주인 화석연료, 원전산업의 입김이 작용하고 있다는 의혹을 제기하고 있다(송창한, 2021).

미국을 대상으로 한 연구를 보면, 기후위기에 대응해 재생에너지를 확대하려는 노력을 집요하게 방해한 화석연료산업과 청부 과학자, 정치인, 언론의 결탁을 확인할 수 있다. 과학사학자인 나오미 오레스케스(Naomi Oreskes) 미국 하버드대 교수 등의 저서 《의혹을 팝니다》와 마이클 만(Michael E. Mann) 펜실베이니아주립대 교수 등의 《누가 왜 기후변화를 부정하는가》가 대표적 저작이다. 이들 연구에 따르면 엑손모빌, 코크인더스트리 등 화석연료 대기업은 대규모 후원을 통해 사선 기관과 단체, 과학자, 정치인 등을 활용했다. 이들 기업은 민간연구소나 이익단체에 지속적으로 후원금을 제공하며 프레더릭 사이츠(Frederick Seitz), 프레드 싱어(Fred Singer) 등 청부 과학자들을 고용해 기후과학을 공격했다. 그리고 제임스 인호프(James Inhofe) 전 공화당 의원 등 보수 정치인은 의회 청문회 등을 통해 이들의 주장을 증폭했다(만, 2017).

언론은 기후변화 부정론자들의 주장을 비중 있게 다뤄줌으로써 여론을 왜곡했다. 폭스뉴스(Fox News),《월스트리트저널(WSJ)》등 루퍼트 머독(Rupert Murdoch)의 미디어 계열사들은 기후과학의 합의를 부인하는 거짓 정보를 지속적으로 유포했다. 또《워싱턴타임스》등 미국의 우파 신문, 러시 림보와 글렌 벡 같은 우파 라디오 진행자도 기후변화 부정론을 퍼트리는 데 앞장섰다.《뉴욕타임스》등 진보적 매체 역시 한동안 '균형 보도'라는 강박에 사로잡혀 부정론자들의 기고와 발언을 비중 있게 실어준 전력이 있다. 만 교수는 기후 관련 과학 논문의 97% 이상이 기후변화를 인정하는 현실에서, 배경이 의심스러운 일부 과학자가 동료평가를 받지 못한 논문 혹은 블로그 글로 기후변화를 부정할 때, 언론이 이를 비중 있게 다뤄서는 안 된다고 말했다(만, 2017). 기업과 청부 과학자, 정치, 언론이 얽혀 여론을 왜곡하는 수법은 담배 업체들이 흡연의 유해성을 부인하기 위해 동원한 방식과 정확히 같다고 만 교수와 오레스케스 교수 등은 강조했다. 프레더릭 사이츠 등 유명한 청부 과학자는 담배의 유해성을 부인하는 활동과 기후변화를 부인하는 활동에 모두 등판했다(오레스케스 외, 2012).

2. 에너지 전환의 장애물 된 언론, 바꿀 수 있을까

파리기후변화협정이 정한 '산업화 이전 대비 지구 평균 온도 상승 1.5도 제한' 목표를 지키려면 2025년 기준으로 인류에겐 탄소 예산, 즉 추가로 배출할 수 있는 온실가스가 4~5년 치밖에 남지 않은 것으로 분석됐다(Global Carbon Project, 2025). 전 세계가 똘똘 뭉쳐 에너지 전환에 매진해도 극한 기상의 일상화 등 파국을 막기 어려운데, 언론이 왜곡 보도로 여론을 오도하고 정책을 굴절시킨다면 어떻게 될까? 인류의 생존과 경제적 지속가능성이 위태로워지는 것에 앞서, 한국은 '기후 악당'의 오명을 벗지 못하고, 알이백(RE100, 재생에너지 전력 100%)▪과 탄소국경조정제도(CBAM) 등의 국제 기준을 맞추지 못해 산업경쟁력을 잃는 신세가 될 수도 있다. 한국 언론이 에너지 전환을 가로막는 장애물이 아니라, 에너지 전환의 속도를 높이는 신작로, 즉 '새롭게 닦은 넓고 큰길'이 되려면 어떻게 해야 할까? 방송기자연합회와 에너지

▪ RE100(Renewable Electricity 100%)은 기업이 사용하는 전력의 100%를 태양광, 풍력 등 친환경 재생에너지로 충당하겠다는 자발적인 글로벌 캠페인으로, 탄소 배출량 0을 목표로 하며, 가입 기업은 2050년까지 100% 달성을 목표로 한다. 한국에서도 대기업 중심으로 참여가 늘고 있으며, 정부 또한 RE100 산단을 조성하는 등 대응하고 있다.

전환포럼은 이 질문을 안고 2025년 7월 국내 최고의 기후·에너지 연구자와 전문기자, 기후저널리즘 연구자를 한자리에 모았다.

'에너지 전환 시대의 저널리즘'을 함께 고민하기로 한 집필진은 이후 12월 10일 서울 목동 방송회관에서 '제1회 기후·에너지 저널리즘 컨퍼런스'가 열릴 때까지, 여러 차례 기획 회의와 집담회를 거치며 생각을 가다듬었다. 집필진은 먼저 인류가 직면한 최대 도전인 기후위기 앞에서, 모든 언론인은 '기후 관점'을 갖고 보도해야만 한다고 의견을 모았다. 정치, 경제, 사회, 문화, 스포츠, 과학 등 전 분야의 취재진이 기후변화와 에너지 전환 과정에서 나타나는 다양한 현상과 문제점, 대안 등을 각자의 영역에서 적극적으로 보도해야 한다는 뜻이다. 그래서 집필진은 기후환경 분야를 다뤄보지 않은 언론인도 에너지 전환의 개념과 목적, 과제를 정확히 이해할 수 있도록 안내하는 내용을 책에 담기로 했다. 이어 한국 언론이 앞으로 각 분야에서 어떤 보도를 어떻게 해야 하는지, 함께 고민하고 토론한 결과를 제시하기로 했다. 언론인뿐 아니라 일반 시민도 에너지 전환의 쟁점을 이해하고 올바른 뉴스 이해력(리터러시)를 갖추는 데 도움이 되도록, 최대한 쉽게 설명하기로 했다.

윤순진 서울대 환경대학원 교수는 1장 〈에너지 전환과 언론, 어떻게 만나야 할까〉에서 기후위기 시대 에너지 전환의 의미를 설명하고, 언론 보도가 지향할 방향을 제시했다. 그는 "오늘날 에너지 전환은 기후위기 대응이라는 전 지구적 목표를 달성하기 위한 의도적이고 목적의식적인 시스템 전환"이라고 정의했다. 이어 "화석연료와 핵발전(원전)에 기반한 중앙집중적이고 공급지향적

에너지체제에서 벗어나, 에너지 절약과 효율 향상을 통해 에너지 수요를 줄이면서 재생가능에너지 비중을 높여 지역분산적인 에너지체제로 이행하는 것이 핵심"이라고 정리했다.

윤 교수는 특히 '전기화', '스마트 그리드'와 함께 재생에너지를 확대하는 것이 에너지 안보를 강화하면서 정의로운 전환에도 다가갈 수 있는 길인데, 국내에서는 핵발전에 관한 왜곡된 인식이 이를 막고 있다고 우려했다. 마치 핵발전이 가장 싼 것처럼 알려졌지만 사용후핵연료 관리 비용 등이 생산단가에 제대로 반영되지 않은 탓이며, 국제적으로 보면 핵발전은 이미 재생에너지와 화석연료보다 비싸다는 게 그의 설명이다. 윤 교수는 "하나의 부지에 여러 원자로를 밀집해서 지은 한국의 '다수호기 입지 방식'은 기후변화로 인한 극한 기상, 해수면 상승과 폭풍해일, 다양한 지진·지반운동 등에 노출될 경우 피해 규모가 비약적으로 커질 수 있다는 것을 의미한다"고 걱정했다. 그는 핵발전이 여전히 위험 기술이며, 사용후핵연료의 안전한 관리 방법이 불투명하다는 치명적 결함 외에 '경제성도 낮다'는 사실이 국내에서는 제대로 보도되지 않았다고 지적했다. 그래서 핵발전에 관한 여론과 정책이 왜곡되어 있다는 것이다.

윤 교수는 에너지 전환에 관해 보도할 때 언론은 먼저 객관성과 공정성의 의미를 재정의해야 한다고 주장했다. 객관성을 '양쪽의 말을 똑같이 실어주는 것' 등 기계적 균형으로 좁게 이해하면, 기후과학이나 에너지 시스템에 관해 전문성과 신뢰 수준이 전혀 다른 주장을 동등한 것처럼 보이게 하는 결과를 낳는다는 것이다. 에너지 전환 보도에서 객관성이란 무엇보다 과학적으로 검증된 사실과 자료에 기반해 현실을 정확하게 보여주는 것이라고 그는 강조했다. 그는 또 공정성이란 '힘센 두 당사자 사이의 중립'이 아니라 사회적으로 취약한 집단이 구조적으로 배제되지 않도록 균형을 조정하는 책임에 가깝다고 설명했다.

윤 교수는 이와 함께 한국 언론이 정파성과 시장의 압력 속에서도 지켜야 할 최소한의 기준을 분명히 해야 한다고 요구했다. 정파적 구도와 광고, 후원, 클릭 경쟁의 압력을 무시할 수는 없지만, 에너지 전환 보도에서만큼은 과학적 사실을 의도적으로 왜곡하거나 특정 진영의 이해에 따라 상대편 주장을 단순화하고 조롱하는 방식을 지양해야 한다는 것이다. 그는 "에너지 전환 과정에서 언론은 사실에 충실한 안내자, 서로를 이해하도록 돕는 통역자, 공정한 심판자로서 역할해야 한다"고 주문했다.

박상욱 JTBC 기자는 2장 〈에너지 전환, 기후위기 대응 그 이상〉에서 현재의 기후변화 상황이 인류의 생존 자체를 위협하는 수준이라고 최신 데이터를 들어 설명했다. 또 '탈화석연료', '전기화', '재생에너지 확대'를 축으로 하는 에너지 전환은 기후 대응의 4분의 3을 차지하는 중요한 과제라고 지적했다. 박 기자는 그러나 현재의 에너지 전환을 단순한 기후변화 대응만으로 설명할 수는 없으며, '글로벌 패권 다툼'의 차원에서 이해해야 한다고 강조했다. 그는 1911년 영국 해군장관 윈스턴 처칠이 함정의 연료를 자국산 석탄에서 수입산 석유로 전환한 것이 1차 세계대전의 판도를 바꾸는 기폭제가 됐다고 소개했다. 그때나 지금이나, 에너지 전환에 빠르게 적응한 국가가 구조적 우위를 선점할 수 있다는 뜻이다.

그는 2023년 기준 유럽연합(EU)·영국의 태양광·풍력발전 비중이 약 27%로 1위를 차지한 가운데 세계 최대 석유 생산국인 미국(14.38%)도 중국(15.4%)과 치열한 재생에너지 패권 경쟁을 벌이고 있음을 조명했다. 그는 "그런데도 한국은 재생에너지 발전 비중(태양광·풍력 기준)이 2023년 5.45%로 유럽의 5분의 1, 중국의 3분의 1, 일본의 절반 수준에 그치고 있다"고 걱정했다. 박 기자는 세계 각국에서 빠른 속도로 재생에너지 확산이 일어나는 이유로 '온실가스 감축' 목적 외에 '경제성'과 '안보'를 꼽았다. 국제재생에너지기구(IRENA)에 따르면 2024년 태양광발전과 육상풍력발전의 LCOE가 석탄, 석유, 천연가스 등 모든 화석연료발전보다 낮아 재생에너지의 경제성을 입증했다. 그는 또 전 세계 인구의 4분의 3이 화석연료 순수입국에 살며, 화석연료 수입에 국내총생산(GDP)의 5% 이상을 지출하는 나라의 인구가 세계 인구의 4분의 1이나 된다는 통계도 거론했다. 한국을 포함한 에너지 순수입국은 재생에너지 전환과 전기화에 성공하는 경우 에너지 안보가 강해지는 결과를 얻는다. 자국 내 햇빛과 바람으로 전기를 생산하면 당연히 에너지의 국제가격 변동에 휘둘리지 않게 되기 때문이다.

박 기자는 "에너지 전환은 패러다임의 전환인데, 한국은 수십 년 전 사고의 틀에 갇혀 화석연료 수입국의 포지션을 버리지 못하고 있다"고 지적했다. 이는 기후위기 대응에 장애가 될 뿐 아니라 국가 경제와 산업, 국민의 삶에도 심각한 리스크(위험)가 된다는 게 그의 걱정이다. 그는 한국의 온실가스 감축 실적이 미미하고, 1인당 에너지 사용량도 좀처럼 줄어들지 않으며, 청정에너지 비중도 낮은 것은 언론, 정부, 산업계, 시민사회 전반의 '기후 문해력(리터러시)'이 부재한 탓이라고 지적했다. 따라서 장기적이고 지속적인 기후 보도를 가능하게 할 언론 내부의 변화와 교육 개혁을 통해 국민의 기후 문해력을 높이는 노력이 필요하다고 제언했다.

3. 국내외 취재 현장에서 발견한 가능성과 교훈

송원일 제주MBC 기자는 3장 〈덴마크와 일본의 에너지 전환, 시민 참여를 이끌어내다〉에서 재생에너지 발전 비중이 80%로 한국의 8배에 이르는 덴마크를 먼저 주목했다. 2030년에는 100% 재생에너지로 전기를 공급한다는 덴마크는 어떻게 재생에너지를 빠르게 늘리면서도 출력제한 문제를 해결하는지 살폈다. 덴마크는 일찌감치 풍력발전의 수익을 주민이 공유하는 시민출자형 모델을 도입했고, 입지 선정도 투명한 절차를 거쳐 정부가 주도했기 때문에 갈등을 최소화할 수 있었다. 또 신속한 인허가를 가능하게 하는 '원스톱숍(One-Stop Shop)'으로 세계에서 가장 빠르게 해상풍력단지를 건설할 수 있었다. 덴마크의 풍력 인허가 기간은 평균 34개월로 한국의 절반 수준이다.

　덴마크는 햇빛과 바람의 상황에 따라 전기 생산량이 고르지 않은 '간헐성' 문제를 어떻게 해결하는지 파악하기 위해 송 기자는 코펜하겐에 있는 스타트업 '트루 에너지'를 취재했다. '실시간 전기요금제'를 뒷받침하는 기술을 개발한 곳이다. 이 회사는 소비자가 하루 중 전기요금이 가장 쌀 때를 골라 자동으로 충전할 수 있도록 하는 애플리케이션을 운영한다. 전기요금이 실시간으로 달라지는 제도는 가장 저렴한 시간대에 전기차를 일제히 충전시키는 방식 등으로 전력수요를 조절해 공급의 안정성을 높인다. 소비자는 전기요금을 아낄 수 있고 발전사업자는 출력제한을 하지 않아도 되니 모두에게 이익이다. 덴마크는 전력 도매시장에도 변동형 가격 제도를 도입해 수요공급을 조절한다. 또 그린 수소를 활용해 선박 친환경 연료를 만들고, 해상풍력의 송배전망 효율화를 위해 '에너지 섬'을 건설하는 등 한국이 배울 만한 다양한 실험을 하고 있다.

송 기자는 또 일본 현지 취재를 통해 태양광발전기와 히트펌프를 함께 갖춘 주택이 탄소 배출을 줄이면서 에너지 비용을 획기적으로 절감하는 현장을 보여주었다. 일본도 덴마크와 비슷한 실시간 변동형 전기요금제로 재생에너지의 출력제한 문제를 해결하고 있었다. 그는 덴마크와 일본이 성공적으로 도입하고 있는 제도를 한국이 못하는 이유를 분석하면서, 국회와 정부의 과감한 입법과 정책 전환을 촉구했다. 또 국내 언론이 갈등 보도 대신 대안을 찾는 보도에 더 많은 관심을 가질 필요가 있다고 제언했다.

서승신 KBS전주 기자는 4장 〈한국과 영국의 에너지 전환은 어떻게 다른가〉에서 일찌감치 '탈석탄'을 완수하고 태양광·풍력 발전을 빠르게 확대하고 있는 영국의 현황을 소개했다. 영국 정부는 오는 2030년까지 50GW(기가와트), 즉 대형 원자력발전소 50

기에 육박하는 설비 용량의 풍력발전단지를 북해에 조성하는 프로젝트를 추진 중이다. 영국은 10년 전만 하더라도 한국과 비슷하게 전력 생산의 40% 이상을 석탄에 의존했지만 2024년 10월 마지막 석탄발전소를 폐쇄했다. 그리고 부유식 해상풍력을 포함한 재생에너지 투자를 빠른 속도로 늘려가고 있다. 이 과정에서 스코틀랜드의 에버딘 등 쇠락했던 바닷가 도시들이 활력을 찾고 있다.

에버딘은 북해의 유전 발굴과 함께 석유산업 중심도시로 각광받았으나, 석유산업 침체와 함께 쇠퇴했다. 그런데 지금은 에너지전환구역(ETZ) 등 재생에너지 산업 클러스터(집적지)가 들어서면서 지역경제 활성화와 일자리 창출의 기대에 부풀어 있다. 서 기자는 에버딘의 ETZ가 과거와 미래를 연결하면서 발전을 이끈다는 점에 주목했다. 수십 년 동안 지역의 석유와 가스 산업을 통해 축적한 기술적 역량과 대형 해상 구조물 설치 경험, 글로벌 네트워크 등이 활용되고 있는 것이다. 서 기자가 만난 풍력 산업 책임자들 가운데는 과거 석유나 가스 산업에 종사했던 기술자 출신이 많았다. 화석연료의 시대가 저물어간다는 것을 인정하고, '탈탄소 전문가'로 변신한 사람들이다. 해상풍력은 석유 시추 기술을 활용할 여지가 많기에, 이들이 전환 과정에서 경쟁력을 유지할 수 있었다는 대목도 이채롭다.

서 기자는 영국 내에서 자치권을 가진 스코틀랜드 정부가 '정의로운 전환(Just Transition)'에 힘을 쏟고 있는 사실도 조명했다. 스코틀랜드는 1970년대와 1980년대 조선업과 석탄산업이 붕괴했을 때 제대로 대처하지 못해 실업자를 양산했던 실패의 기억이 있다. 그래서 '석유에서 풍력으로' 가는 과정에서는 과거의 실패를 되풀이하지 않겠다는 의지가 강하다. '정의로운 전환 위원회'를 설립해 주민과 노동자의 목소리를 정책 과정에 반영하고 있다. 서 기자는 한국의 경우 수도권의 반도체 공장에 전기를 공급하기 위해 여러 지역을 관통하는 송전탑 건설을 추진하는 정책이 '지역 간 정의'를 훼손하는 문제가 있다고 지적했다. 그는 주요 제조업체가 재생에너지 생산지로 이동해 에너지 민주화와 지역 균형발전을 모색할 필요가 있다고 제언했다.

조원일 뉴스타파 기자는 5장 〈수소 혼소와 기후 도박: 화력 발전소의 출구인가, 그린워싱인가〉에서 정부가 추진해 온 '청정 수소(clean hydrogen) 발전 정책'의 문제점을 고발했다. 이 정책은 기존의 가스발전기나 석탄발전기에 청정 수소, 혹은 청정 수소로 합성한 암모니아를 섞어 태워 전기를 생산하는 '수소 혼소(Hydrogen Co-firing) 발전 기술'을 도입하는 계획이다. 목적은 탄소 배출량을 줄이는 것이다. 윤석열 정부는 삼성전자의 경기도 용인 시스템반도체 국가산업단지에 2050년까지 100% 수소만으로 생산한 전력을 일정량 공급하겠다고 밝혔다. 계획이 실현된다면 세계 최대 규모 반도체 국가산단은 수소 혼소 기술의 성공을 입증하는 무대가 될 수 있다. 그러나 조 기자는 취재 결과 '삼성전자 용인 시스템반도체 국가산단의 에너지 계획은 거대한 실패를 예고하고 있다'고 지적했다.

정부는 용인 산단을 포함해 2030년 전체 발전량의 2.4%를 혼소 발전을 통해 공급하겠다며 청정 수소 발전 의무화 제도(CHPS)를 만들었지만, 첫 입찰에서 사업자들이 제시한 가격이 너무 비싸 사실상 실패했다. 입찰 결과에 따라 CHPS가 도입되는 발전기는 전국에 가동 중인 61기의 석탄발전기 가운데 단 한 곳이다. 조 기자는 15년 동안 이 석탄발전기 하나의 온실가스 배출량을 20% 줄이는 데 조 단위의 비용이 들어간다고 지적했다. 그는 윤석열 정부에 수소 혼소 계획을 성공시킬 현실적인 경로도, 실패를 대비한 플랜비(B)도 없었다고 비판했다.

반도체 생산 설비가 본격 가동될 2050년을 기준으로 용인 국가산단에 필요한 전력 설비 규모는 약 10GW인데, 이는 2023년 수도권 전력 공급을 위한 설비 용량(43.17GW)의 4분의 1이나 된다. 윤석열 정부는 이 전력을 어떻게 확보할 것인지 아무런 대책 없이 산단 조성 계획을 발표했고, 몇 달 후 3GW 규모 액화천연가스(LNG) 발전소 신설계획을 내놓으면서 졸속으로 수소 혼소 계획을 덧붙였다. 수소 혼소는 가스발전소의 탄소 배출 감축을 위한 친환경 미래 기술로 언급되지만, 고난도의 기술에 안전상의 문제도 있어 이를 합리적인 가격에 대량 공급하는 것은 아직 불가능에 가깝다고 조 기자는 설명했다.

CHPS 입찰을 주관하는 한국전력거래소는 비판적인 지적이 나오자 2025년 10월 청정 수소 발전시장 경쟁 입찰을 취소했다. 그러자 경제지나 에너지 전문 매체들은 '에너지 업계의 혼란'을 강조하며 정책 일관성 부재를 질타했다. 이 매체들은 수소 혼소 계획 자체에 관해서는 비판 보도를 하지 않았다. 조 기자는 "언론은 기후위기가 불러온 에너지 전환과 탄소중립의 공론장이 국민의 생명과 안전, 복리를 판돈 삼아 주사위를 던지는 도박판으로 전락하는 걸 막을 책임이 있다"며 올바른 감시 보도를 촉구했다.

신우열 전남대학교 미디어커뮤니케이션학과 교수는 6장 〈에너지 전환기의 한국 언론: 진단과 상상〉에서 한국 언론이 에너지 전환을 구조적 변화의 관점에서 설명하기보다 정책 갈등이나 비용 부담과 같은 단기적 쟁점으로 축소해 왔다고 비판했다. 한국 언론의 에너지 전환 보도에서 가장 빈번하게 등장한 프레임은 '경제적 부담' 또는 '국가 경쟁력 위협' 프레임이었다. 특히 에너지 전환 정책이 전기요금 인상, 산업계 비용 부담 확대, 수출 경쟁력 약화와 연결된다는 서술이 반복됐는데, 이는 사회가 에너지 전환을 '필요하지만 부담이 큰 선택' 또는 '경제적 안정성을 해칠 수 있는 위험한 실험'으로 여기게 만들었다는 것이다. 이런 관행은 속보성과 갈등 중심의 뉴스 생산 논리와 결합하면서, 시민이 에너지 전환의 의미를 충분히 숙고하거나 판단 기준을 형성할 기회를 제한했다.

특히 탈원전 보도는 단순한 정치적 지지나 반대의 격돌로 묘사하면서 에너지 정책을 설계하는 구조적인 요인이나 중장기적 전환 경로에 관한 설명을 충분히 제공하지 않았다고 신 교수는 평가했다. 이렇게 에너지 전환 보도가 진영화할 경우, 그 전환 과정의 다층적인 이해관계와 사회경제적 조정 필요성에 대한 논의는 뒷전으로 밀려나고, '누구의 편에 설 것인가'라는 선택의 문제만 부각되기 쉽다. 이는 에너지 전환 과정에서 필요한 사회적 의사결정, 연대적 비용 분담, 지역 참여 기반 해결 구조가 형성되기 어려운 환경을 조성하며, 결국 에너지 전환 보도의 공적 역할을 약화시키는 결과로 이어진다고 신 교수는 덧붙였다.

신 교수는 대안으로 '과정과 맥락을 설명하는 보도', '시민의 참여와 실천 가능성을 열어주는 보도', '전환 과정에서 발생하는 불평등과 갈등에 관해 조정과 보완의 가능성을 제시하는 보도', '에너지 전환이 작동하는 조건을 탐색하는 솔루션(해법) 지향의 보도', '미래 사회와 삶이 어떤 방향으로 재구성될 것인지 상상할 수 있게 하는 보도'를 제시했다. 그는 에너지 전환기의 언론이 사실을 전달하는 중계자에 머무르기보다 변화의 흐름을 해석하는 설명자로 역할을 확장해야 하며, 정책의 성패를 평가하는 감시자에서 공론 촉진자로 나아갈 필요가 있다고 제안했다. 또 이러한 변화는 기자 개인의 취재 관점 변화뿐 아니라, 편집 기준과 뉴스 가치의 재검토가 함께 이뤄져야 가능할 것이라고 덧붙였다.

진민정 한국언론진흥재단 책임연구위원은 7장 〈전환의 시대, 해외 언론의 기후·에너지 보도 혁신〉에서 "세계 주요 언론사와 저널리즘 네트워크에서는 '기후 보도는 모든 기자의 책무'라는 인식이 확산되고 있다"고 소개했다. 이제 언론은 기후 관련 사건을 단순히 중계하는 데 그치지 않고, 위기의 시대를 해석하며 사회적 전환의 방향을 제시하는 공적 행위자로 자리매김하고 있다고 설명했다. 그는 영국 등 선진국 언론계에서 2019년 무렵부터 '기후위기를 주변적 이슈가 아니라 핵심적이고 긴급한 공적 의제로 다뤄야 한다'는 인식이 확산됐으며, '언론이 과학자들의 경고를 외면하고, 석유·가스 산업의 이해관계에 지나치게 의존해 왔다'는 자성도 나왔다고 소개했다.

예를 들면 영국 일간지 《가디언(The Guardian)》은 '환경 서약(Environmental Pledge)'을 도입해, 석유·가스 기업의 광고를 받지 않겠다고 선언하며 스스로 탄소중립 실천에 나설 것을 약속했다. 2021년에는 '우리는 모두 기후 기자다(We're all climate journalists now)'라는 구호를 내걸고, 기후 문제를 비즈니스·문화·스포츠·패션 등 모든 섹션의 공통 과제로 확장했다. 영국 공영방송 BBC, 프랑스 통신사 AFP, 프랑스 일간지《르몽드(Le Monde)》 등도 기후위기 보도를 '뉴스룸 전체의 책임'으로 재정의했다. 이런 변화는 개별 언론사에 그치지 않고, 국제적 협력과 공동의 윤리 규범으로 확산됐다.《가디언》,《더 네이션》,《컬럼비아 저널리즘 리뷰》가 2019년 함께 만든 '커버링 클라이밋 나우(Covering Climate Now)'가 대표적 사례다.

진 위원은 해외 언론의 변화를 바탕으로 국내 언론이 지향해야 할 방향을 다섯 가지로 제시했다. 첫째, 언론은 기후위기의 존재를 증명하거나 그 피해를 경고하는 데서 멈추지 말고, 구체적인 해법을 제시하고 시민의 참여를 이끌어내는 방향으로 이동해야 한다. 둘째, 기후와 에너지의 문제는 매우 복합적이므로 개별 언론끼리 경쟁하기보다 연대하는 협업 저널리즘(cooperative journalism)으로 나아가야 한다. 셋째, 기후위기는 권력과 책임의 재분배를 요구하는 사회적 전환이기에 언론은 불평등과 배제의 구조, 즉 '기후정의(climate justice)'에 주목해야 한다. 넷째, 언론은 복잡한 수치와 기술 용어를 나열하는 대신, 그 이면에서 정책의 효과가 어떻게 나타나고, 책임이 누구에게 집중되며, 어떤 구조적 불평등이 재생산되는지를 해석해 주어야 한다. 다섯째, 언론이 쓰는 언어, 편집 체계, 교육, 운영 방식 전반도 기후·에너지 보도의 질적 도약을 위해 개혁되어야 한다.

4. 대안과 희망을 보여주는 협업 저널리즘

집필진은 '에너지 전환 시대의 보도는 어떻해야 하며, 이를 위해 한국 언론은 어떻게 변화해야 하나'를 주제로 집담회를 열었다. 참석자들은 무엇보다 '기후위기와 에너지 전환을 언론인 모두의 과제로 인식하고 각자의 영역에서 적극적으로 보도하는 일'이 중요하다고 재확인했다. 예를 들어 정치부 기자는 선거 후보자의 에너지 전환 정책을 질문해야 하며, 경제부 기자는 각 산업과 주요 기업의 에너지 전환 현황을 보도해야 한다. 또 사회부와 지역 기자는 태양광·풍력발전소 건설에서 이익공유 등으로 주민의 관점이 반영되는지를 살펴야 한다. 스포츠와 문화부 기자도 경기장·공연장 등의 폐기물 정책 등 보도할 사안이 많다.

모든 언론인이 각자 영역에서 필요한 기후·에너지 보도를 하기 위해서는 언론사 리더십의 변화가 필요하다. 《가디언》처럼 '화석연료기업의 광고를 받지 않겠다'는 선언까지는 어렵더라도, 사내 일회용품 정책이라도 바꾸는 등 실천에 나서야 한다. 기후·에너지 담당 기자와 뉴스룸 책임자, 경영진이 문제의식을 공유해야 한다.

집필진은 또 '정치와 기업의 책임 묻기'에 언론이 더 주력해야 한다고 지적했다. 탄소 배출의 핵심 주체인 기업의 책임을 묻고 변화를 요구하는 보도가 많이 나와야, 빠르고 의미 있는 에너지 전환이 추진될 수 있다. 특히 기업의 그린워싱을 언론이 무비판적으로 대변해 주는 보도를 지양하고, 이를 검증하며 비판하는 활동을 강화해야 한다. 규제와 지원의 권한을 가진 행정부와 입법부가 제 역할을 하고 있는지 감시하고, 시스템의 전환을 촉구하는 보도도 절실하다. 선출직 공직자가 선거 공약으로 제시한 기후·에너지 정책을 제대로 실천하고 있는지, 감시하고 비판하는 보도가 더 많이 나와야 한다.

정파적·상업적 왜곡에 맞서는 언론의 상호 감시가 더 많이 이뤄져야 한다는 의견도 나왔다. 일부 언론이 정파적인 목적에 따라 특정 에너지 정책을 근거 없이 공격하거나, 광고주 등의 이해관계에 맞춰 억지 주장을 펼 때, 다른 언론들이 정확한 사실 확인에 근거해 비판할 필요가 있다. 예를 들어 '전기요금 폭탄' 같은 용어로 합당한 전기료 현실화에 관해 부정적인 여론을 부추기는 기사에는 제동을 걸어야 한다. 이런 상호 감시를 통해 미디어 수용자가 거짓 정보를 걸러낼 수 있는 뉴스 문해력(리터러시)을 키우도록 돕는 것이다. 이를 위해서는 관련 산업에 이해관계가 있는 전문가에게 일방적으로 의존하는 취재를 지양하고, 다양한 전문가에게 교차 확인하는 노력이 필요하다. 또 '정쟁 프레임'으로 대립을 부추기는 대신 과학적 근거를 기반으로 사실을 정확히 보도하려는 자세가 요구된다.

구체적인 대안을 제시함으로써 '해결할 수 있다'는 희망을 주는 보도가 많아져야 한다는 의견도 공통적으로 제기됐다. '기후우울'을 앓는 젊은이들이 늘어나는 현실에서, 기후위기의 심각성과 위협만 강조하는 보도는 오히려 자포자기하고 외면하는 반응을 키울 수 있다. 구체적인 해법과 대안, 성공 사례, 필요한 보완책 등을 상세히 보도함으로써 '길이 있다', '함께 노력하면 해결할 수 있다'는 희망을 갖게 하는 저널리즘이 필요하다는 것이다.

특히 에너지 전환이 본격적으로 이뤄질 때 새로 등장할 직업 등 긍정적인 변화를 알려줌으로써 미래세대에게 꿈을 주고, 교육 과정 등에서 대비할 수 있게 하는 보도가 늘어나야 한다는 의견도 나왔다.

비슷한 맥락에서, 기후위기와 에너지 전환이 시민 각자의 삶, 특히 경제활동과 어떤 관련이 있는지 구체적으로 알려주는 보도가 많아져야 한다는 주문도 나왔다. 기후 대응과 에너지 전환이 제대로 이뤄지면 우리 경제가 더 발전할 수 있고, 내 삶이 나아질 수 있다는 사실을 구체적으로 보여줄 필요가 있다는 것이다. 예를 들어 재생에너지를 획기적으로 늘리면 화석연료 수입이 줄어드니 에너지 안보와 에너지 자주권이 강해지고 경제가 튼튼해질 수 있다. 또 주민이 수익을 공유하는 태양광·풍력발전소가 건설된다면 '햇빛 연금', '바람 연금' 등으로 혜택을 누릴 수 있다. 집에 히트펌프를 설치하면 난방요금을 크게 줄일 수 있다. 동시에 에너지 전환을 빠르게 추진해 급속한 온난화를 막는다면 폭염 등으로 인한 보건 위기를 덜 겪고 건강에도 보탬이 된다는 사실을 적극적으로 알릴 필요가 있다.

한국 언론이 '기후 정의'에 더 관심을 가져야 한다는 의견도 제시됐다. 탄소 배출 책임이 작은 빈곤층, 장애인 등 사회적 약자가 반지하 주택에 살다 물난리로 숨지는 등 기후재난의 피해를 가장 크게 겪는 것이 현실이다. 에너지 전환 과정에서 석탄 등 사양산업 노동자와 지역 주민이 생업을 잃기도 한다. 이런 문제에 사회적 관심이 환기되고, 대책이 마련될 수 있도록 언론이 '정의로운 전환' 의제에 집중할 필요가 있다. 특히 대형 산불 피해자 대다수가 홀로 사는 산골 노인이라는 사실 등을 감안할 때, 지역 언론의 현장 밀착보도가 중요하다.

여러 언론사가 힘을 합하는 '연대와 협력의 저널리즘'이 필요하다는 점도 강조됐다. 기후·에너지 문제는 세계적인 현안이자, 국가와 지역 차원의 문제이기도 하다. 인력과 자원에 제약이 있는 단일 언론사가 모든 영역을 감당하기 어렵다. 언론사들의 속보 경쟁은 구조적 문제에 관한 심층 보도를 막을 수 있다. 따라서 외국 언론들이 보여주는 모습처럼, 국내 언론도 뉴스룸 내부 부서 사이 협업, 다른 매체와 손잡는 협업, 언론계 바깥 전문가 그룹과 연대하는 협업 등을 통해 '집단 지성의 힘'을 발휘할 필요가 있다.

어렵고 딱딱하게 느껴질 수 있는 기후·에너지 문제를 일반 시민이 쉽고 흥미롭게 이해할 수 있도록, '참신하고 흡인력 있게' 전달하려는 노력도 더 많이 필요하다고 지적됐다. 자칫 반복되고 식상한 주제라고 보일 수 있는 기후·에너지 문제를 새로운 관점, 낯선 소재, 실험적 방법으로 접근하려는 노력이 필요하다. 특히 독자·시청자가 자신의 삶과 관련이 있다고 느끼도록 사회적 맥락과 인물의 서사를 세밀하게 드러내는 보도가 바람직하다. 이와 함께 데이터를 아름답게, 혹은 흥미진진하게 시각화함으로써 정보를 직관적으로 이해할 수 있게 해주는 노력도 필요하다.

집필진은 한국 언론의 기후·에너지 보도가 이렇게 바뀌려면 기자·PD들이 매일 쏟아지는 일과에 매몰되지 않도록 업무를 조정하고, 교육연수의 기회도 주어야 한다고 제언했다. 한국언론진흥재단 등 공공기관과 민간재단 등이 언론인의 전문화를 지원하고, 해외 현장취재 등의 기회도 적극적으로 제공할 필요가 있다는 것이다. 개별 언론사도 기후·에너지 담당 기자가 전문성을 쌓으며 보도할 수 있도록, 인사조직 정책에서 배려하는 것이 바람직하다. 국내 언론사 가운데 기후·에너지 전담 부서를 운용하는 회사는 소수이며, 그나마 만들었다가 금방 해체하는 등 일관성을 유지하지 못하는 곳도 있다. 시청률을 겨냥해 정치 과잉, 사건사고 과잉인 한국 언론의 뉴스 구성이 중요한 공공의제에 더 많은 비중을 두는 방향으로 전환되어야 한다는 의견도 제시됐다.

'좋은 기사에 뜨거운 리액션(반응)이 있어야 한다'는 요청도 나왔다. 언론사 안에서 '왕따'를 자처해 가며 기사나 영상을 공들여 완성해 보도했는데, 독자·시청자 반응이 없어 힘이 빠진다는 고백이 있었다. 기자, PD 스스로 소셜미디어 등을 통해 적극적으로 알리는 노력도 필요하고, 언론사도 홈페이지에 눈에 띄게 배치하는 등의 유통전략을 세울 필요가 있다. 또 기후환경문제에 관심 있는 독자·시청자·시민단체 등이 가치 있는 기사를 적극적으로 공유하는 것을 '기후행동'의 하나로 실천하는 것도 바람직하다. 좋은 보도가 널리 전파되면 올바른 인식이 자리 잡고, 여론도 합리적으로 조성될 것이다. 에너지 전환을 통해 기후위기를 막고 더 나은 세상을 만들려면 정부, 기업, 언론의 분발뿐 아니라 시민 개개인의 참여도 소중하다는 점을 꼭 강조하고 싶다.

지난 반년 동안 진심과 열의를 다해 고민하고 토론해주신 필진 여러분께 수고 많으셨다는 인사를 드린다. 한국의 기후·에너지 보도에 각별한 문제의식을 갖고, 기자 국내외 연수에 이어 컨퍼런스와 출판까지 추진한 박성호 방송기자연합회장께 경의를 표한다. 모든 작업 과정에서 긴요한 도움을 주신 임재민 사무처장 등 에너지전환포럼의 여러분과 방송기자연합회 김순애 사무국장, 황가을 선생님께 감사드린다. 마지막으로 출판의 전 과정을 섬세하고도 효율적으로 이끌어준 메디치미디어 최세정 편집장 등 편집진에게 특별히 고마운 마음을 전한다.

1장

에너지 전환과 언론, 어떻게 만나야 할까

윤순진

서울대학교 환경대학원장

1. 에너지 전환, 왜 중요한가

1) 인류 에너지 이용의 역사와 에너지 전환

에너지는 우리 삶을 이루는 기본 요소다. 에너지 없이는 삶 자체가 성립할 수 없다. 다양한 기기를 사용해서 쾌적성과 편리함, 안락함이 인류 역사 어느 때보다 커진 현대사회에서는 더 말할 나위가 없지만, 애초부터 인간의 삶에서 에너지는 필수 요소였다. 에너지 없는 삶은 존재할 수 없지만 우리가 사용하는 에너지의 종류와양, 사용 방식이 시대와 사회에 따라 달랐다. 놓치지 말아야 할 사실은 에너지는 물리적 실체이지만 다른 사회적 요소와 분리되어개별 요소로 존재하기보다 거대한 사회기술체계(socio-technical system)의 일부로 존재한다는 것이다. 에너지의 생산, 유통과 배분, 소비와 폐기는 하나의 과정으로 연결되어 있고 시대에 따라사회에 따라 이 과정의 작동 방식이 달랐다.

그럼에도 불구하고 시대와 사회와 상관없이 인간이 태어나서 가장 먼저 사용하는 에너지는 음식을 소화해서 만드는 화학에너지다. 초기 인류는 음식을 통해서 얻는, 많지 않은 이 화학에너지로 생존을 영위했지만 이후 불을 발견하고 가축을 길러 동물의 에너지를 이용하기도 했다. 농경사회에서는 곡식을 길러 수렵 채집사회에서보다는 효과적으로 에너지원을 확보했으며 심지어 동물을 넘어 타인의 에너지를 이용하기 위해 노예제나 노비제도를 운영하기도 했다. 이런 자연에너지 시대를 지나 수차와 범선 등을 이용하는 수력과 풍력의 시대로 진행하였다.

그러다 인간의 역사를 크게 근대 이전과 이후로 나누는 기준이 된 사건, 산업혁명을 거치면서 인간이 사용하는 에너지원과 에너지 소비량이 현저하게 달라지기 시작했다. 18세기 중엽 석탄을 에너지원으로 하여 그 이전에 비해 대량의 에너지를 사용하면서 산업혁명을 겪었고 이후 석유와 천연가스까지 포함해서 화석연료를 에너지원으로 사용하게 되면서 인류의 에너지 소비는 급격히 늘게 되었으며, 그 결과 인간의 삶은 질적으로 변화되었다.

화석연료는 기존에 사용했던 태양, 바람, 땔감이라 불린 바이오매스 연료(나무, 숯, 짚, 마른 동물의 배설물)와 같은 자연에너지에 비해 에너지 밀도가 높아서 소량을 연소해서 대량의 에너지를 얻을 수 있었다. 게다가 화석연료는 수송과 저장이 가능해서 지불 능력만 있다면 언제 어디서든 원하는 양만큼 사용할 수 있게 되었다. 화석연료가 지역적으로 편재하면서 지정학적 갈등과 마찰, 심지어 전쟁의 원인이 되기도 했다. 하지만 산업화 이전 수천 년 동안의 정체나 매우 느린 발전 속도를 보였던 인류 문명은 화석연료를 주요 에너지원으로 사용하면서 추진된 산업화를 통해 19세기 후반부터 급격히 변화되었다(Smil, 2021).

그리고 급기야 19세기 말, 새로운 에너지 형태인 전기가 발명되었다. 전기는 시스템적인 특성을 가진다고 말하는데, 전기 자체만이 아니라 전기를 사용할 수 있는 기기, 즉 전구와 함께 개발되어 하나의 체계를 이루었기 때문이다. 에디슨은 기술 시스템 관점에서 "하나의 기계(one machine)"라는 비전을 가지고 전구와 연결된 전력망을 구상하고 실현하였다(Baldwin, 2023). 모든 부품은 하나의 기계를 이룬다는 생각으로 다른 연결된 부품을 고려하여 설계되어야 한다고 보았다. 이후 사회기술체계인 전력체계가 구축되고 확산되는데, 전기의 발명과 도입으로 기존 화석연료가 약화시킨 시공간적 제약이 급기야 거의 사라지게 되었다. 전선이 이어지고 전기가 공급되는 한, 시간과 공간을 불문하고 인류는 언제 어디서든 에너지를 이용할 수 있게 된 것이다.

이렇듯 인류 역사 전체를 놓고 보면 사용하는 에너지원의 종류와 에너지 소비 규모, 에너지 사용 방식, 사용하는 에너지 기술이 달랐다. 학자들은 이러한 에너지 이용의 역사를 여러 단계로 나누는 데 다소 간의 차이가 있다(White, 1943; Mumford, 1937; Williams, 2006; Alain, 2018; Smil, 2021; Baldwin, 2023). 특히 핵발전의 등장을 상상하거나 목도한 후에 나온 저작들은 에너지 이용의 최종 단계를 핵에너지 단계로 보았다(White, 1946; Williams, 2006). 하지만 최근 재생에너지의 비약적 발전을 목격하면서 발표된 글에서는 전기의 시대를 좀 더 구체화하면서 재생에너지 시대로 인류가 진입하고 있음을 분명히 한다.

인류학자로서는 처음으로 에너지라는 프리즘으로 인류 역사를 정리한 레슬리 화이트(Leslie A. White)는 인간의 근육 에너지 단계 - 가축(동물) 에너지 단계 - 식물 에너지 단계(농업혁명) - 화석연료 단계-핵에너지 단계로 인류 에너지 이용의 역사가 진전된다고 보았다. '핵에너지 단계'를 문화 진화의 최종 단계로 상정하였는데, 이는 상업용 핵발전이 본격화되기 이전(첫 상업용 핵발전소인 영국 콜더 홀의 1956년 가동 이전)에 형성된 전후 '원자력 시대' 상상력의 산물이었다. 다시 말해, 이는 실제 에너지 이용 구조를 관찰한 실증적 구분이라기보다 핵에너지에 부여된 잠재적 위상을 선형 발전 서사 속에 미리 배치한 행위에 가까웠던 것이다.

반면 바츨라프 스밀(Vaclav Smil)은 인류 역사를 지배적인 에너지원과 동력 기술의 변화에 따라 4개의 큰 단계로 나누었다. 가장 초기 단계에서는 인간과 가축의 근육, 나무와 작물 같은 저밀도 생물에너지(biomass), 취사·난방을 위한 불이 에너지 이용의 거의 전부를 이루었고, 이후 수차·풍차와 같은 무생물 동력이 도입되면서 전통 농업사회가 형성되었다. 산업혁명과 함께 인류는 석탄을 시작으로 석유와 가스에 이르기까지 화석연료를 대규모로 사용하는 시대로 진입했고, 증기기관과 내연기관이 사회의 기본적인 동력 장치가 되면서 에너지 이용 규모와 사회구조가 급격히 팽창했다. 20세기에는 대규모 화력, 수력, 핵발전을 통해 생산된 전기가 산업과 가정, 상업, 공공 등 사회 전반에 퍼지면서, 화석연료에 기반한 고에너지 고전력 문명이 형성되었다. 오늘날에는 여전히 화석연료가 핵심적인 에너지원으로 쓰이고 있지만 핵분열, 수력, 풍력, 태양광 등 다양한 비화석 1차 전기원이 더해진 복합적인 전기화체제로 이행하는 중이라는 것이다. 이런 식으로 스밀은 인류 문명을, 에너지의 양뿐 아니라 어떤 연료를 어떤 변환 기술로 사용하는가에 따라 구분되는 일련의 에너지체제 전환의 역사로 서술하였다.

특히 인류 에너지 이용의 역사에서 화석연료 이용은 "더 농축되고, 더 오래된 탄소를 더 높은 밀도로 끌어 쓰는 것"이라는 특징을 지닌다. 첫째, 몇 달에서 수십 년 주기로 새로 자라는 식물성 바이오매스(짚, 목재 등)에 의존하던 체제가 수억 년에 걸쳐 형성된 석탄·석유·가스와 같은 화석연료에 의존하는 구조로 바뀌었다. 둘째, 짚이나 목재처럼 에너지 밀도가 낮은 연료에서 역청탄과 원유처럼 훨씬 높은 에너지 밀도를 지닌 연료로 전환되면서 단위 질량당 얻을 수 있는 에너지가 크게 증가했다. 셋째, 잘 저장되지 않고 부피가 컸던 연료 대신 같은 부피에 훨씬 더 많은 에너지를 담을 수 있어 저장과 운송이 훨씬 쉽고 비용도 낮은 연료가 주류가 되었다. 넷째, 지표면 단위 면적당 생산·추출 가능한 동력 밀도가 바이오매스의 $1W/m^2$(와트퍼제곱미터)■ 미만 수준에서 탄광·유전·가스전의 $10^1{\sim}10^3W/m^2$ 수준으로 비약적으로 높아져, 매우 작은 지역에서 막대한 양의 탄화수소를 뽑아내는 것이 가능해졌다.

그러나 이러한 고밀도 화석 자원은 유한할 뿐 아니라 기후변화를 야기하기 때문에, 장기적으로는 동력 밀도는 더 낮지만 기후위기에 대응할 수 있는 풍력·태양광 등 재생에너지원으로의 전환이 불가피한 과제로 남아 있다. 영국 옥스퍼드대학의 '데이터로 본 세계(Our World in Data)'가 제공하는 그림을 재구성한

■　W/m^2는 단위 면적($1m^2$)당 전달되는 에너지의 양을 말한다. 복사속(radiative flux) 또는 에너지 밀도(power density)를 나타내는 국제단위계(SI) 단위이며, 주로 태양광의 강도, 열 전달률, 전자기파의 세기 등을 측정하는 데 사용한다.

〈그림 1-1〉에서 알 수 있듯이, 산업혁명이 18세기 중엽에 시작되었지만 1850년경까지 인류가 사용했던 주 에너지원은 전통적인 바이오매스였다. 연대기가 시작하는 1800년에는 전통적인 바이오매스가 5,556TWh(테라와트시),▪ 석탄이 97TWh로, 석탄 비중이 1.7%에 지나지 않았다.

　에너지 통계를 보면 전통적인 바이오매스인 땔감과 석탄 이외에 새로운 에너지원이 추가되는데, 1870년에 석유가, 1890년에는 천연가스와 수력이 통계에 등장하였다. 이후 1950년 이후에는 보다 짧은 간격을 두고 새로운 에너지원이 추가되는데, 제2차 세계대전 이후 "평화를 위한 원자(Atom for peace)"를 내걸고 핵무기를 상업용 핵발전소로 개발하면서 1965년에 핵에너지, 1972년에 현대 바이오연료, 1978년에 풍력, 1983년에 태양에너지가 추가되었다. 인류의 에너지 소비 규모는 1800년에 5,653TWh에서 2024년 186,383TWh로 33배가량 증가했고, 에너지원은 〈그림 1-1〉에서 알 수 있듯이 보다 다양해졌다. '데이터로 본 세계'에 따르면 1인당 1차 에너지 소비량의 경우 1965년 43,360TWh에서 2024년 176,737TWh로 59년 만에 4배 이상 늘었다.

　이제 인류의 에너지 역사는 어떤 방향으로 나아가야 할까? 아니, 벌써 새로운 에너지 시대가 시작되었다. 제임스 윌리엄스(James Williams)에 따르면 19세기 말부터 전기의 시대는 시작되었다. 하지만 이제 그 전기를 화석연료나 핵에너지가 아닌 재생

▪　TWh는 에너지 양을 나타내는 단위로 대규모 전력 생산량, 소비량, 에너지 저장량을 나타낼 때 사용된다. 1테라와트시(TWh)는 1기가와트(GW)의 전력이 1,000시간 동안 지속되는 에너지 양과 같다.

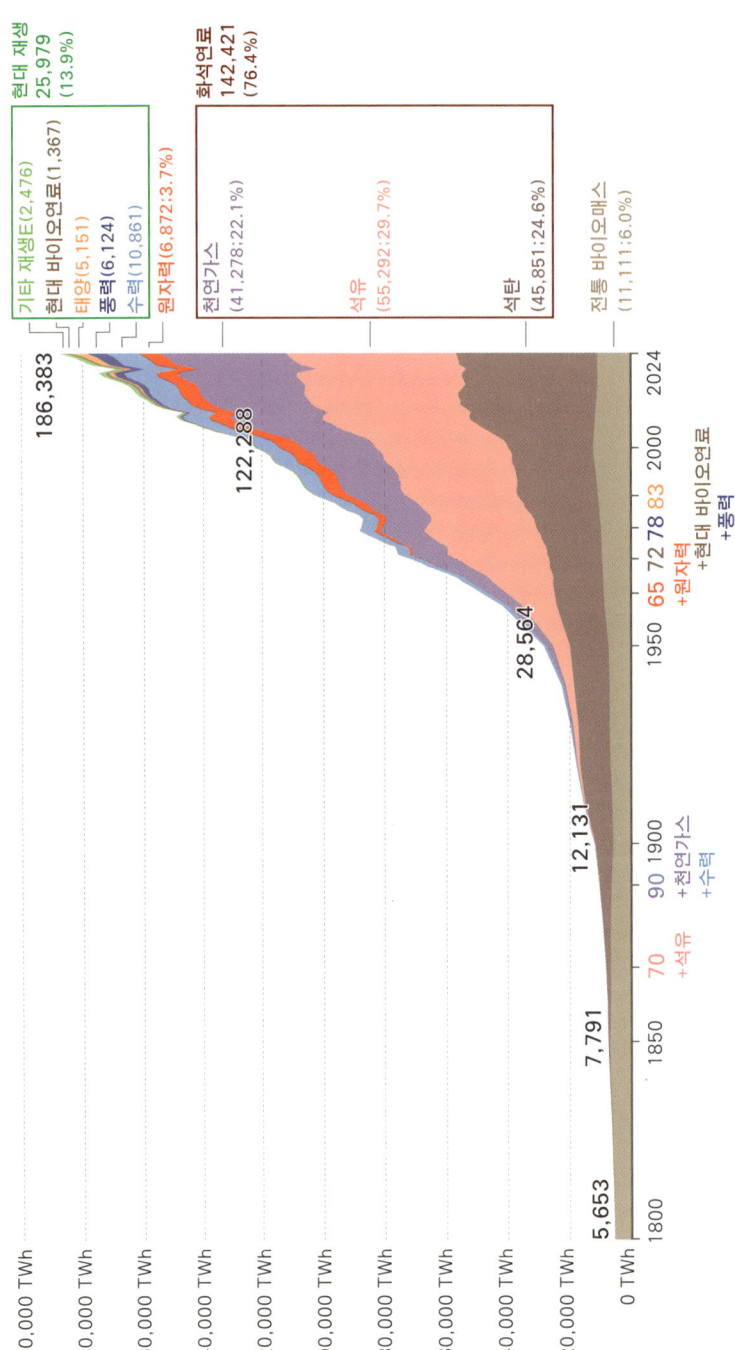

〈그림 1-1〉 세계 에너지 소비의 변화

출처: 'Our World in Data'(ourworldindata.org). 재구성.

현대 재생 25,979 (13.9%)

기타 재생E(2,476)
현대 바이오연료(1,367)
태양(5,151)
풍력(6,124)
수력(10,861)

원자력(6,872:3.7%)

화석연료 142,421 (76.4%)

천연가스 (41,278:22.1%)

석유 (55,292:29.7%)

석탄 (45,851:24.6%)

전통 바이오매스 (11,111:6.0%)

186,383

122,288

28,564

12,131

7,791

5,653

200,000 TWh
180,000 TWh
160,000 TWh
140,000 TWh
120,000 TWh
100,000 TWh
80,000 TWh
60,000 TWh
40,000 TWh
20,000 TWh
0 TWh

1800 1850 1900 1950 2000 2024

70 90 65 72 78 83

+석유 +천연가스 +원자력 +현대 바이오연료
       +수력 +풍력 +태양

에너지로 생산하는 시대가 되었다. 2024년 세계적인 언론매체인 《파이낸셜타임스(Financial Times)》, 《이코노미스트(Economist)》, 《뉴욕타임스(New York Times)》는 각각 5월, 6월, 8월 기사를 통해 이제 태양광을 중심으로 한 재생에너지 시대로 접어들었음을 선언하였다.

《파이낸셜타임스》는 공화당 지지 주인 텍사스가 민주당 지지 주인 캘리포니아보다 재생에너지 설비가 더 많아졌다는 사실을 들어 더 이상 재생에너지 확대는 이념의 문제가 아님을 지적하였다. 《이코노미스트》는 태양광 설비가 구조적으로 단순하고 모듈형이라 미니태양광부터 대규모 유틸리티 규모까지 수요의 범위와 깊이가 확대되었다고 분석했다. 그 결과 2030년대 중반 세계 최대 발전원으로 등극할 것으로 내다보면서 태양시대(the solar age)의 여명이 밝았음을 선언하였다. 《뉴욕타임스》는 태양광 비용이 2030년쯤이면 햇빛 좋은 시간대에 사실상 '거의 공짜 전기(free power)'를 만들 만큼 떨어지고 설비도 급증할 것이므로, 전력 시스템은 공급을 맞추는 쪽이 아니라 값이 매우 싸질 때 전기를 많이 쓰고 비쌀 때 줄이는 방향으로 수요가 재설계되어야 한다고 지적했다. 특히 기업과 산업부문이 도매 전기요금의 시간별 변동에 맞춰 생산과 소비를 유연하게 조정하는 체제를 갖추는 것이 중요하다고 말한다.

1970년대 중반 일찌감치 에너지 이용 방식을 크게 경성에너지 경로(hard energy path)와 연성에너지 경로(soft energy path)로 나누고 연성에너지 경로로의 전환을 주창했던 에어모리 라빈스(Amory Lovins)가 속해 있는 로키마운틴연구소(Rockey Mountain Institute, 이하 RMI)는 2020년부터 세계는 재생의 시대(the renewable age)로 진입했다고 보았다. 이에 앞서 카를로타 페레즈 (Carlota Perez)는 2002년 저작■에서 산업혁명 이후 250여 년 동안 약 40~60년 주기로 다섯 번의 기술-산업(techno-economic)혁명이 있었다면서 시대를 산업혁명(1770년대), 증기와 철도 시대 (1820-30년대), 철강·전기·중화학 시대(1870년대), 석유·자동차·대량생산 시대(1900년대 초), 정보·통신(IT) 시대(1970년대)로 구분하였다. RMI는 이 논의에 기반해서 여섯 번째 시대인 재생의 시대(2020년대)를 추가하였다.

영국에 본부를 둔 독립 에너지·기후 씽크탱크인 엠버(Ember) 또한 페레즈의 논의를 이어받아, 각 시대를 지배적 에너지원과 그 에너지를 매개로 경제를 이끈 핵심 기술과 산업의 결합으로 파악하면서 여섯 번째 시기인 전기기술시대(Electrotech Age)를 제시한다. 즉 1차 산업혁명은 석탄과 수력, 철과 기계화가 결합한 시대, 2차 물결인 증기와 철도 시대는 석탄과 증기기관, 철도망이 결합한 시대, 3차인 철강과 전기 시대는 전기와 철강, 중공업이 경제를 이끄는 시대, 4차인 석유와 대량생산 시대는 값싼 석유를 바탕으로 자동차와 석유화학, 포디즘식 대량생산이 지배적인 시대, 5차 디지털 시대는 화석연료 기반 전기를 토대로 정보통신기술과 통신망, 소프트웨어 산업이 성장한 시대로 본다. 엠버에 따르면, 〈그림 1-2〉처럼 이제 여섯 번째 물결은 태양광과 풍력 등 재생에너지가 주된 1차 에너지원이 되고, 이를 매개로 교통

■　《기술혁명과 금융자본: 거품과 황금기의 역학(Technological Revolutions and Financial Capital: The Dynamics of Bubbles and Golden Ages)》

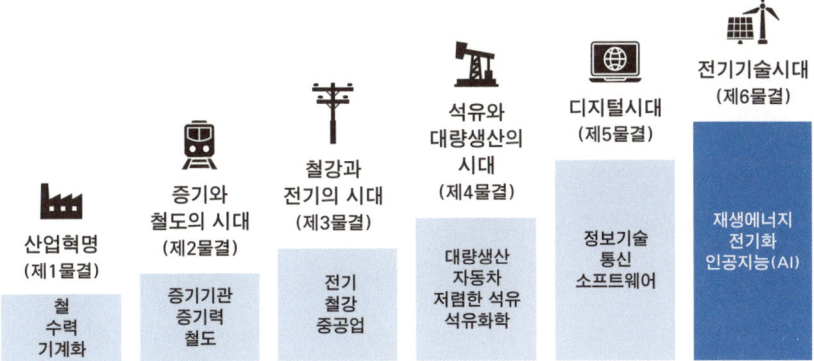

〈그림 1-2〉 산업혁명 이후 기술전환의 역사

출처: Walter et al.,(2025)를 재구성.

과 난방, 산업을 전기화하며, 배터리와 스마트 그리드, 인공지능
이 결합해 전력망을 실시간으로 제어하는 전기기술 시대로 전개
되고 있다. 바야흐로 인류는 전기기술 시대에 진입한 것이다.

2) 시대적 과제인 21세기 에너지 전환

이제 인류는 새로운 에너지 전환의 시간을 살고 있다. 과거의 에
너지 전환이 주로 기술의 발견과 자원의 가용성에 따른 수동적
전환이었던 데 비해, 오늘날 인류가 마주한 에너지 전환은 기후
위기 대응이라는 전 지구적 목표를 달성하기 위한 의도적이고 목
적의식적인 시스템 전환이란 점이 다르다. 화석연료가 야기하는
환경 영향은 비단 기후변화만은 아니다. 한국에서 한동안 가장
심각한 환경문제로 주목 받았던 미세먼지 또한 화석연료 사용에
기인한다. 도시 미세먼지의 주 배출원은 도로 수송부문으로 경유

차가 주된 오염원이었다. 또한 석탄화력발전이 또 다른 주요 배출원이었다. 이 외에도 화석연료는 산성비, 원유 유출사고에 따른 해양과 토양 오염, 탄광과 유전 인근의 중금속 오염 등 다양한 환경문제가 생산과 유통, 소비와 폐기 과정에서 발생한다. 따라서 산업화의 주된 동력원으로서 인류에게 상상 이상의 쾌적함과 편리함, 안락함을 선물해 줬던 화석연료는 한동안 고갈과 생산의 정점(peak)에 대한 우려로 의존도를 낮춰 가야 할 에너지원으로 지목되었으나 이제 다양한 환경문제, 특히 기후변화 심화로 인해, 탈피해야 할 에너지원이 되었다.

'데이터로 본 세계'의 통계에 따르면, 전 세계는 1950년에 20,139TWh(석탄 12,603TWh, 석유 5,444TWh, 천연가스 2,092TWh)의 화석연료를 사용했지만, 2024년에는 142,421TWh (석탄 45,851TWh, 석유 55,292TWh, 천연가스 41,278TWh)로 무려 7배 이상 늘었다. 그 사이 제1차 석유파동이 있었던 1973년에는 44,674TWh(석탄 17,684TWh, 석유 32,730TWh, 천연가스 11,378TWh), 국제 기후협상에서 선진국의 배출 기준 연도로 사용했던 1990년에는 83,314TWh(석탄 25,929TWh, 석유 37,907TWh, 천연가스 19,481TWh)로 화석연료 소비가 점점 늘었다. 제1차 에너지 중 화석연료 비율을 보면 1950년 70.5%였던 데서 1973년에 81.6%로 늘어났고, 1990년에 78.2%로 다소 줄었다. 하지만 2012년 80.3%로 최고 정점을 찍은 후 조금씩 줄어서 2024년에는 76.4%를 차지하였다(〈그림 1-1〉 참조).

유엔환경계획(United Nations Environment Program, 이하 UNEP)에 따르면, 2024년 전 세계 온실가스(Greenhouse Gases) 배출량은 57.7GtCO₂e(기가톤이산화탄소환산량)■를 기록했다 (UNEP, 2025). 1990년의 37.8GtCO₂e에 비해 무려 50% 이상(1.53배) 늘었다(〈그림 1-4〉 참조). 1990년 이후 2024년까지 세계 온실가스 배출량이 감소한 경우는 단 두 차례였다. 한 번은 2009년으로 2008년 유럽발 금융위기에 따른 세계 금융위기로 에너지 수요와 산업 활동이 꺾이면서, 에너지 관련 이산화탄소(CO_2)와 전체 온실가스 배출 모두 잠깐 감소했다가 2010년에 다시 증가하였다. 다른 한 번은 코로나19 대유행이 있었던 2020년이었다. 이동 제한과 봉쇄 조치로 교통과 항공, 산업 활동이 크게 줄어들면서, 화석연료 이산화탄소는 물론 전체 온실가스 배출도 2019년 대비 뚜렷하게 감소했다. 하지만 2021년부터 빠르게 반등해 팬데믹 이전 수준을 회복하고 심지어 초과하였다. 이렇듯 세계적으로 경제와 보건이 위험에 처했을 때 이산화탄소와 전체 온실가스 배출에 다소의 감소가 나타났다.

널리 알려진 것처럼, 또 〈그림 1-3〉과 〈그림 1-4〉에서 알 수 있듯이, 화석연료 연소에서 배출되는 이산화탄소가 온실가스 중 가장 큰 비중을 차지하고 있으며 온실가스의 최대 배출원은 에너지 부문이다. 2024년의 경우 화석연료 연소로부터 배출되는 이산화탄소는 총 온실가스 배출의 69%를 차지하였다. 여기에 토지 이용 변화로부터 발생하는 이산화탄소(온실가스의 8%)를 합하면 온

■ GtCO₂e(Gigatons of Carbon Dioxide equivalent, 기가톤이산화탄소환산량)는 전 세계 온실가스 배출량을 측정하는 데 사용하는 표준 단위로, '10억 톤'을 의미하는 기가톤(Gt)과, 다양한 온실가스를 이산화탄소 기준으로 환산한 이산화탄소 상당량(CO_2e)의 합성어로 이루어졌다.

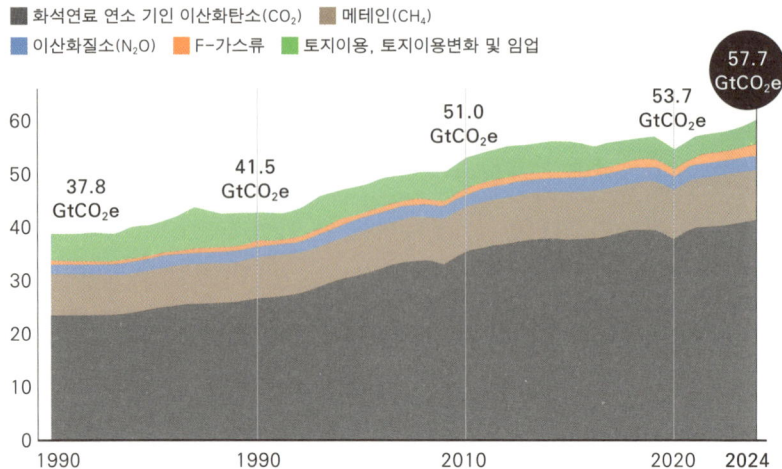

1990~2024년 총 온실가스 배출량(GtCO₂e/년)

■ 화석연료 연소 기인 이산화탄소(CO₂) ■ 메테인(CH₄)
■ 이산화질소(N₂O) ■ F-가스류 ■ 토지이용, 토지이용변화 및 임업

〈그림 1-3〉 온실가스 배출량 변화와 가스별 구성 추이

출처: UNEP, 2025, Emissions Gap Report 2025.

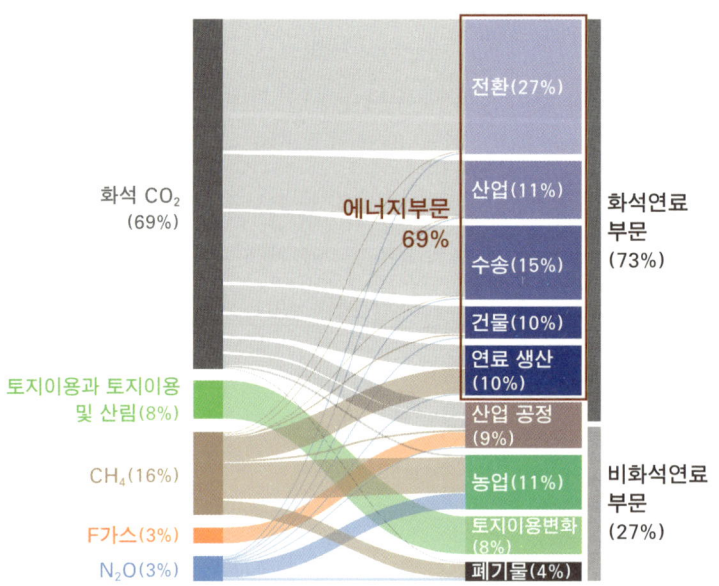

〈그림 1-4〉 온실가스 가스별 부문별 구성(2024)

출처: UNEP, 2025, Emissions Gap Report 2025.

실가스 가운데 이산화탄소가 총 77%에 달한다. 부문별로 보면, 에너지 부문이 총 온실가스 배출의 69%를 차지한다. 여기에 산업공정에서 사용하는 화석연료를 더할 경우 온실가스 배출에서 화석연료 부문이 73%를 차지하기 때문에 화석연료의 사용을 줄이지 않으면 온실가스 배출 감축은 달성하기 어렵다.

21세기, 인류가 실현해 나가야 할 에너지 전환이란 화석연료와 핵발전에 기반한 중앙집중적이고 공급지향적 에너지체제에서 벗어나, 에너지 절약과 효율 향상을 통해 에너지 수요를 줄이면서 재생가능에너지 비중을 높여 지역분산적인 에너지체제로 이행하는 것을 말한다. 이때 핵심은 재생에너지를 '추가로 조금 더 얹는 것'이 아니라, 에너지 이용 전반을 전기 중심으로 재구성하는 전기화(electrification)에 있다. 전기는 내연기관차에 비해 2~3배 높은 효율을 가진 전기차, 연소식 보일러보다 3배 이상 효율적인 전기 히트펌프, 고효율 전동기와 인버터 등으로 수송·난방·산업 공정을 대폭 고효율화할 수 있는 매개다. 특히 발전 단계에서 한 번 탄소를 줄이면 그 혜택이 전 부문에 파급된다는 장점이 있다. 다시 말해, 재생에너지로 생산한 전기를 수송과 난방, 산업에까지 확장해서 쓰는 것이야말로, 에너지 절약과 탈탄소를 동시에 달성할 수 있는 가장 직접적인 경로다.

그러나 태양광·풍력 등 재생에너지는 출력이 기상에 따라 변동하고, 전기화가 진전될수록 수요 역시 시간·계절에 따라 크게 출렁이기 때문에, 고정된 '기저전원'을 깔고 나머지를 맞추는 옛 방식으로는 더 이상 시스템을 안정적으로 운영할 수 없다. 공급과 수요의 리듬을 실시간으로 맞추는 유연한 전력망, 즉 스마트 그리드가 필요한 이유가 여기에 있다. 스마트 그리드는 분산형 태양광과 풍력, 전기차와 배터리 저장장치, 수요반응 자원 등을 디지털 기술로 연결해, 전력의 흐름을 단방향(발전소→소비자)이 아니라 양방향으로 관리하고, 남을 때는 저장하거나 전기차 충전, 수요 증대로, 부족할 때는 수요 조정과 저장 방전으로 대응할 수 있게 해준다. 이러한 전기화와 스마트 그리드의 결합을 통해 각 사회와 국가는 화석연료와 핵발전에 대한 해외나 외부 의존을 줄이고, 지역 내 재생에너지 자원을 최대한 활용함으로써 에너지 안보를 강화하는 동시에, 기후위기 대응과 정의로운 전환이라는 목표에도 더 가깝게 다가갈 수 있다. 21세기 인류가 의도적으로 지향해 나가야 할 21세기 전기기술 시대의 에너지 전환을 요약하자면 〈그림 1 - 5〉와 같다.

21세기 에너지 전환에 대해 좀 더 구체적으로 논의해 보자면, 흔히 이해하듯이 에너지 전환을 재생에너지 확대로만 이해해서는 에너지 전환을 제대로 달성할 수 없으며, 그런 접근은 바람직하지도 않다. 내연기관차를 감축해 나가지 않으면서 전기차를 추가적으로 늘린다고 해서 대기질이 개선되지 않는 것과 같은 이치다. 기존 내연기관차를 유지하면서 전기차를 추가할 경우 대기질 개선은 이루어지지 않으면서 도로의 혼잡과 주차난만 가중되는 것처럼 기존의 화력발전소를 그대로 둔 채 재생에너지를 늘려 나가서는 이산화탄소 배출이 여전히 이루어지는 방식이기에 곤란하다. 특히 화석연료 가운데서도 동일 열량당 이산화탄소 배출량이 가장 많은 석탄화력발전소의 (점진적) 폐쇄가 가장 급하다.

그러나 화력발전소를 줄이는 것만으로는 충분하지 않다. 에

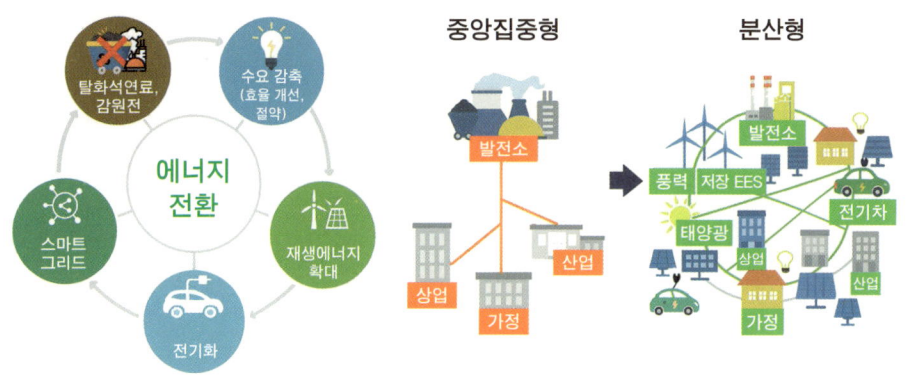

<그림 1-5> 전기기술시대 에너지 전환의 의미와 구성 요소

너지와 관련해서 우리 사회의 고질적 문제 가운데 하나는 핵발전을 둘러싼 논란이다. 흔히 핵발전소와 재생에너지 확대를 동시에 추진하면 된다는 인식이 퍼져 있지만 실제로는 그렇지 않다. 두 에너지원은 공통적으로 사람이 원하는 때 임의로 출력 조절을 하기 어렵다는 점에서 경직성 전원이다. 핵발전은 가동을 줄이기 어려운 전원이고 재생에너지는 기상 조건이 발전량을 결정하는 간헐성 전원이라는 서로 다른 특성을 지니기 때문에 일정 수준을 넘어서면 병행하기 어렵다. 핵분열을 통해 전기를 생산하는 핵발전은 한번 가동하면 큰 출력으로 오래, 일정한 양의 전기를 생산하도록 설계된 설비로서 출력 조정 속도가 느리고, 안전 여유와 연료 건전성을 확보하기 위해 출력을 급격히 올렸다 내리거나 잦은 정지나 재가동을 하는 운전은 지양하는 것이 원칙이다. 특히 한국에서 운영되는 핵발전소는 설계 단계부터 상시 감발 운전을 전제로 하지 않았기 때문에, 프랑스 일부 설비와 달리 계통 상황에 맞춰 수시로

출력을 조정하기에는 기술적 경제적 한계가 크다. 반면 태양광과 풍력 등 재생에너지는 기상 조건에 따라 출력이 빠르게 변하는 간헐성 전원이며, 연료비가 거의 0에 가깝기 때문에 가능한 한 계통에 많이 받아들이는 것이 경제적으로도, 기후위기 대응 측면에서도 바람직하다.

　전통적인 전력 시스템에서는 핵발전이나 석탄화력발전 같은 경직적인 발전소를 중심에 두고 필요할 때 액화천연가스(LNG) 복합화력 같은 피크 전원을 올려 쓰는 방식으로 설계되어 왔지만, 지금 필요한 것은 고정된 기저를 깔아두는 방식이 아니라 공급과 수요의 리듬을 맞추는 유연한 시스템이다. 재생에너지 비중이 낮을 때에는 이 차이가 크게 드러나지 않지만, 일정 수준을 넘어 재생에너지 발전이 늘어나면 햇빛과 바람이 좋은 시간대에는 전력 공급이 수요를 초과하면서, 경직적인 설비의 출력을 줄이거나 재생에너지 출력을 강제로 줄여야 하는 상황이 반복된다. 이때 출력 조정이 어려운 핵발전이 많이 깔려 있으면, 계통 운영자는 재생에너지 발전을 억제하는 출력제한(Curtailment) 조치를 취하거나 원전을 비경제적으로 가동 또는 정지시키는 선택을 해야 한다. 이는 안전성, 경제성, 계통 안정성 측면에서 모두 부담을 키운다. 이런 이유로 공급과 수요의 리듬을 유연하게 맞추어야 하는 재생에너지 중심 전력 시스템에서 핵발전과 재생에너지의 동시 확대는 겉으로는 양립 가능한 것처럼 보이지만 실제로는 서로의 성장을 제약하는 구조적 긴장을 낳게 된다.

　무엇보다 핵발전의 경제성이 이미 세계적으로 가장 낮고 핵발전 단가가 갈수록 높아지고 있다는 사실이 한국 사회엔 제대로 알려져 있지 않다. 핵발전을 선호하는 적지 않은 시민들이나 정치인들은 핵발전이 저렴해서 효율적이기 때문에 적어도 현재 수준의 발전 비중을 유지하거나 더 확대해 나가야 한다고 주장한다. 라자드(LAZARD)■는 매년 〈균등화 발전단가(Levelized Cost of Energy+)〉라는 보고서를 발간한다. 이 보고서에서는 다양한 발전원별로 투자비와 운전유지비, 연료비를 모두 감안한 발전단가를 비교해서 보여주는데, 전 세계 에너지 업계와 금융시장에서 가장 널리 인용된다. 라자드의 2024년 균등화 발전단가 분석에 따르면, 미국 기준 신규 대형 원전의 균등화 발전단가는 MWh(메가와트시)당 약 190~280달러 수준으로, 석탄(약 90~140달러), 가스복합화력(약 70~110달러), 유틸리티 규모 태양광과 육상풍력(대략 20~90달러대)을 모두 상회하는 가장 비싼 전원으로 평가된다. 더나아가 2009년 이후의 장기 시계열을 보면, 태양광과 풍력의 평균 발전단가는 각각 80% 이상, 60% 이상 하락한 반면, 핵발전의 평균 발전단가는 같은 기간 약 50% 가까이 상승하여 주요 발전 기술 가운데 가장 큰 폭의 비용 증가를 보였다. 이는 핵발전이 재생에너지와 달리 '시간이 지날수록 싸지는 전원'이 아니라, 스리마일섬 원자력 발전소 사고(1979년)와 체르노빌 사고(1986년), 후쿠시마 사고(2011년) 등을 겪으면서 안전 규제 조치가 강화되어 건설비와 금융비용 부담이 누적됨으로써 점점 더 비싸지는 전원이라는 점을 분명하게 보여준다.

■   1848년에 설립된 글로벌 투자은행이자 자산운용사로, 뉴욕·파리·런던 등을 거점으로 기업과 정부를 대상으로 인수합병, 구조조정, 인프라 투자 자문을 제공하는 세계적인 금융 자문회사다.

그렇다면 한국에서 공표되는 원자력 균등화 발전단가는 왜 이렇게 낮게 나타나는 걸까? 그 이유를 짚어볼 필요가 있다. 한국의 원전 발전단가는 국제적으로 비교해 볼 때 포함되어야 할 비용 항목이 빠져 있거나, 설령 포함되어 있다 하더라도 사용후핵연료 관리 비용, 최종 처분 비용, 중대사고 대비 및 복구 비용, 보험료와 책임 비용 등 여러 항목의 비용이 상대적으로 낮게 책정되어 있는 문제가 있다. 또한 공기업인 만큼 건설 비용 대출의 경우 국가 보증을 통해 이자율을 낮출 수 있었다. 여기에 더해 한국은 하나의 부지에 6기에서 많게는 10기까지 핵반응로를 집중적으로 배치하는 다수호기 입지 방식을 통해 입지에 수반되는 비용을 절감했을 뿐 아니라 송전설비와 경비, 운전요원, 정비 체계를 다수호기가 공유함으로써 회계상 발전 단가를 낮추는 효과를 누려 왔다.

그러나 이런 다수호기 입지 방식은 기후변화로 인한 극한기상, 해수면 상승과 폭풍해일, 지진·지반운동 등 다양한 자연재난에 다수호기가 동시에 노출될 경우 피해 규모가 단일호기 체제에 비해 비약적으로 커질 수 있다는 뜻이기도 하다. 최근 들어서는 〈그림 1-6〉에 제시된 것처럼 기후변화가 핵발전소에 미칠 영향에 대한 관심이 높다. 또한 다른 어떤 나라보다 우리나라의 핵발전소 주변에 밀집된 인구와 산업시설이 많다는 점까지 고려하면, 표면적인 발전 단가에 반영되지 않은 잠재적 위험 비용이 매우 크다고 보아야 한다. 다시 말해 한국의 낮은 원전 발전단가는 비용 항목의 누락과 과도한 다수호기 집적, 공기업이란 특성에 의해 만들어진 '가격'일 뿐, 장주기 안전과 사회적 위험을 반영한

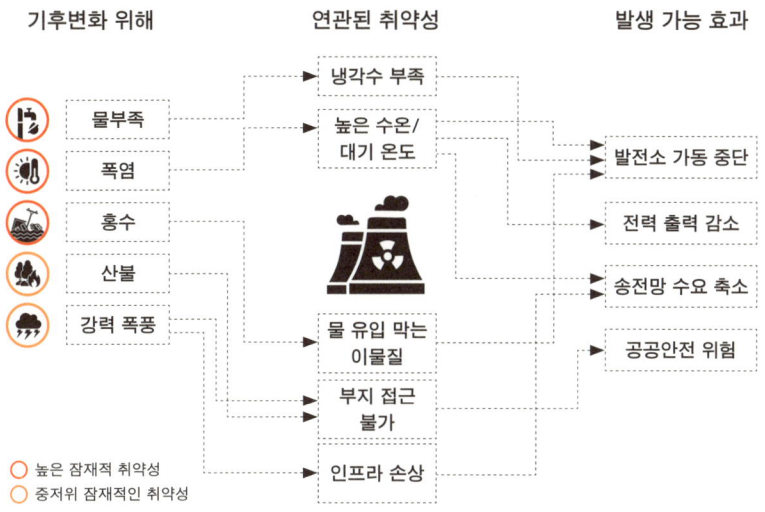

기후변화 위해	연관된 취약성	발생 가능 효과

냉각수 부족

물부족

폭염

높은 수온/
대기 온도

발전소 가동 중단

홍수

산불

전력 출력 감소

강력 폭풍

물 유입 막는
이물질

송전망 수요 축소

부지 접근
불가

공공안전 위험

○ 높은 잠재적 취약성
○ 중저위 잠재적인 취약성

인프라 손상

〈그림 1-6〉 기후변화가 핵발전에 미치는 영향

출처: Ali Ahmad, Andrei Covatariu, M.V. Ramana, 2023.

실질적인 사회적 비용을 의미하지는 않는다.

핵발전 기술이 위험 기술이며 사용후핵연료의 안전한 관리 방법이 여전히 불투명하다는 사실은 핵발전의 치명적 결함이지만 무엇보다 당장 경제성이 확보되기 어려운 것이다. 게다가 핵발전소 건설에 걸리는 기간이 최소 10년 이상임을 상기한다면 당장의 전기 수요를 채워 주는 발전방식으로 핵발전을 고려하는 것은 결코 적절하지 않다(핵발전의 다양한 문제점에 대해서는 윤순진 2019와 2017을 참고할 것).

결국 화력발전소와 핵발전소 모두 줄여나가는 것이 재생에너지 확대와 함께 이루어질 필요가 있다. 하지만 이런 공급 측에서의 변화만이 아니라 수요 측 변화도 필요하다. 낭비되는 에너지 수요를 줄이지 않으면 그만큼 많은 에너지 공급이 이루어져야 하고 이는 공급을 위한 설비 제조와 유지, 관리, 폐기, 재활용에 이르기까지 자원의 불필요한 투입과 낭비가 발생할 뿐 아니라 그와 연결되어 사회환경 비용이 증가함을 뜻하기 때문이다.

이때 주의해야 할 사실은 우리가 관심을 두어야 하는 것은 에너지 자체가 아니라 에너지 서비스란 점이다. 즉, 사람들이 필요로 하는 것은 에너지의 투입이 필요한 조명이나 기기 작동, 취사, 냉난방, 이동과 수송, 통신과 같은 서비스다. 따라서 에너지 투입이 필요한 서비스가 지속적으로 제공되는 것이 중요하다면 동일한 에너지 투입으로 어떻게 하면 더 많은 서비스를 얻을 수 있을 것인지, 또는 동일한 서비스를 누리기 위해 어떻게 하면 에너지 투입을 줄일 수 있을 것인지가 관심의 대상이 된다. 에너지 효율 개선이 중요한 것이다.

다만, 효율성(efficiency)에만 관심을 두게 되면 단위 에너지당 서비스 비용이 낮아짐으로써 반등효과(rebound effect)나 제본스 역설(Jevons paradox)■이 발생할 수 있어서 충분성(sufficiency)에 대한 주의도 필요하다. 이 맥락에서 에너지 절약(energy conservation)이 수요 관리에서 중요해진다. 동일한 에너지 서비스를 얻기 위한 에너지 투입을 줄이는 것이 에너지 효율 향상이라면

■ '제본스의 역설'은 기술의 발전으로 자원 이용의 효율성이 높아졌음에도 불구하고 오히려 해당 자원의 전체 소비량이 늘어나는 현상을 말한다. 이는 19세기 영국 경제학자 윌리엄 스탠리 제본스(William Stanley Jevons)가 그의 저서 《석탄 문제(The Coal Question)》에서 처음 언급한 개념으로, 그는 당시 영국에서 증기기관의 효율이 개선되면서 석탄 소비가 줄어들 것으로 예상했으나, 실제로는 비용 감소로 인해 석탄 수요가 폭발적으로 증가하며 전체 소비량이 늘어난 것을 목격하고 이를 분석했다.

에너지 절약은 에너지 서비스 수준을 낮춤으로써 에너지 투입을 줄이는 것이다. 냉난방온도 적정 유지, 승강기 대신 계단 이용, 대중교통 이용 등이 대표적인 절약 활동이다. 이런 수요측 변화가 동시적으로 이루어지지 않은 상태에서 재생에너지 이용을 늘리는 것만으로는 에너지 전환이 충실하게 이루어지기 어렵다. 하지만 재생에너지 전력이 늘어나고 있는 상황에서는 무조건적인 절약이 능사는 아니다. 재생에너지는 간헐성과 경직성이란 특성이 있기 때문에 재생에너지 전력이 많이 생산될 때는 소비를 늘림으로써 전력 저장 수요를 줄이는 것이 합리적이다.

2. 에너지 전환, 왜 어려운가

이러한 에너지 전환은 상당히 도전적이다. 에너지체제도 사회기술체계로서, 사회기술체계의 관성(momentum과 inertia)으로 인해 변화가 쉽지 않다(윤순진 외, 2011). 에너지체제는 에너지원과 함께 에너지를 사용할 수 있는 기술과 물리적 인공물(artifacts)을 포함한다. 나아가 에너지체제에는 사회적인 요소들이 결합되어 있다. 유·무형의 기술적 요소들은 사회적으로 구성되면서 사회를 형성한다(Hughes, 1987, 1994). 에너지를 생산, 유통, 소비, 폐기하는 일련의 과정에는 연구와 실험 같은 과학적인 요소들과 함께 생산업체, 설비회사, 투자은행, 건설회사와 같은 조직들이 개입하고, 법과 정책, 제도 등의 제반 사회적인 요소들이 개입하거나 이러한 요소들과 긴밀히 연계되어 있다. 기술적 요소들이 사회적 역사적 문화적 정치경제적 맥락 안에서 만들어지고 그 기술적 요소를 지탱하고 발전시키는 데 요구되는 새로운 사회제도와 구조들이 만들어짐으로써 사회기술체계가 형성된다. 기술적 요소들(the technical)과 사회적 요소들(the social)은 사회기술체계 내에서 상호작용을 통해 서로를 강화해 나가면서 더 단단한 구조를 이루게 된다. 그러면서 그 사회기술체계는 체계를 유지하려는 관성(inertia)을 가지게 될 뿐 아니라 계속해서 해당 사회기술체계를 발전시켜 나가려는 또 다른 관성(momentum)을 획득한다. 물리학에서 말하는 관성의 제1법칙, 제2법칙과 유사하다.

에너지체제의 관성은 어디에서 비롯되는 것일까? 우선 에너지를 이용하기 위해 일정한 기술로 만들어지는 발전소와 같은 인공물은 오래 유지되는 속성을 가진다. 그래서 가령 설계수명이 남은 석탄화력발전소를 조기 폐쇄하는 것은 쉽지 않다. 또한 에너지체제는 사용하는 에너지원으로만 구성되는 것이 아니라 에너지원의 생산과 유통, 소비, 폐기의 전 과정이 연결되어 작동하고 거기에 다양한 사회적 요소들이 관여되어 있다(윤순진, 2002).

물리적 인공물인 에너지 인프라의 수명보다 더 강력한 관성이 해당 에너지체제에 생계를 걸고 있거나 이해를 가진 사회 내 다양한 이해관계자들에게서 나올 수 있다. 이들이 자신의 이해에 따라 기존 에너지체제의 유지와 확장을 꾀하기 때문이다. 아울러 현재의 에너지체제를 뒷받침하고 있는 법과 제도, 정책이 유지되고 있으며, 그 체제의 유지와 확장에 이해를 가지고 있는 개인과 집단, 조직이 자신들의 이익을 유지하기 위해 에너지 전환을 완강히 거부하기에 에너지 전환은 빠르게 이루어지기 어렵다.

또한 일반 시민들도 일정한 에너지체제에 익숙해지면서 해당 에너지체제를 당연하게 받아들여 변화를 낯설어하거나 변화에 소극적일 수 있으며 심지어 반대하고 저항할 수 있다. 이미 너무나 익숙해서 생활양식의 일부로 에너지체제가 연결되어 있기 때문이다. 시민의 삶과 의식이 기존 에너지체제에 갇혀 있으면 (locked-in), 에너지 전환에 걸림돌이 될 수 있는 것이다(이필렬, 2003; 윤순진 등, 2011; 윤순진·심혜영, 2015).

대의제를 기본으로 하는 현대 민주주의 사회에서 투표권을 가진 다수의 시민들이 사회의 장기적인 지속가능성을 중시하고 공공의 이해관심에 무게를 두기보다 단기적인 물질적 풍요와 편리함에 우선순위를 둘 경우 에너지 전환은 요원할 수 있다. 에너지체제의 지속가능성이 무엇이고 왜 중요하며 이를 어떻게 구현할 수 있는가와 함께 지속가능하지 않은 에너지체제를 유지하고 있는 힘이 무엇이고 이를 유지하고자 하는 집단은 누구이며 이를 극복하고 새로운 에너지체제로 전환하기 위해서는 무엇을 어떻게 해야 할 것인가에 대한 보다 깊이 있는 논의와 실천이 필요하다. 바로 이 지점에서 교육과 언론의 역할이 중요해진다.

사회기술체계의 관성에 대해 주의를 환기한 토머스 휴즈 (Thomas Hughes)에 따르면, 공고해 보이는 성숙한 사회기술체계도 체제의 지속적인 진행이나 유지에 걸림돌이 되는 역돌출부 (reverse salients)라 불리는 결정적 문제들(critical problems)을 만난다. 좁게는 기술적 요소에서 역돌출부가 나타날 수도 있지만 넓게 볼 경우 사회적, 정치적, 경제적 요인들(determinants)에서도 발생할 수 있다. 전환되어야 할 기존의 화석연료와 핵발전에 기반한 중앙집중적 에너지체제는 기후변화라는 역돌출부를 만났다고 볼 수 있다.

기후변화는 기존 에너지체제에 균열을 가하거나 붕괴시킬 수 있는 잠재력이 있다. 핵발전의 경우 심각한 폭발사고와 사용후핵연료 처리문제, 탈핵시민운동 등이 기존 원자력발전사회기술체제의 관성을 약화시키거나 무력화시킬 역돌출부로 부상하기도 했지만 기존 에너지체제의 강고함으로 무력화되지는 않았다(윤순진 등, 2011).

지속가능한 탄소중립 사회로의 전환이라는 새로운 세기의 역사적 과제는 기후변화라는 역돌출부를 만났지만 화석연료와 핵발전을 뛰어넘을 수 있는 대안이 건강하게 제시될 수 있을 때 실현될 수 있다. 역사 속에서 인류가 경험했던 에너지 전환과 달리 지금의 에너지 전환은 목적의식적으로 달성해야 하는 과제로, 이를 달성하기 위해서는 사회가 에너지에 부여하고 있는 가치나 이데올로기, 에너지의 생산과 소비를 둘러싸고 형성되어 있는 사회제반 구조와 제도의 차원에서 접근하여 에너지가 정치·경제·사회·환경적 맥락에 어떻게 결부되어 있는지를 이해해야 한다.

재생에너지는 지역의 경계 안에서 지속적으로 거듭 생산될 수 있어 고갈 가능성이나 국제에너지시장의 변동으로부터 자유롭고 현세대의 이용으로 미래세대의 선택이 제한되지 않으며 환경에 미치는 부정적인 영향이 상대적으로 적고 소규모 분산적인 방식으로 이용할 수 있다는 장점이 있다. 하지만 염두에 두어야 할 점은 재생가능에너지 이용이 반드시 환경친화적이지 않을 수 있으며 재생에너지 설비 입지가 경관의 변화를 야기함으로써 수용성이 낮을 수 있다는 점이다.

또한 해상풍력발전의 경우 바다를 이용하던 기존 이용자인 어민들이 존재하기 때문에 새로운 해양 공간을 이용하게 되는 해상풍력발전이 들어섬으로써 어민과의 갈등이 야기될 수 있다. 영농형 태양광의 경우에도 경작지로 해당 토지를 빌려서 사용하던 임차농이 존재하기에 이들과 경작지 이용 방식을 둘러싸고 갈등이 야기될 수 있다. 결국 재생에너지 발전 시설도 어떤 규모로 어디에 어떻게 설치하느냐에 따라 환경을 파괴할 가능성이 존재하며 이로 인해 사회 갈등이 야기될 가능성 또한 배제하기 어렵다.

전환이론에 따르면, 사회기술체계의 전환은 〈그림 1-7〉과 같이 다층적 관점(multi-level perspective)에서 접근해 볼 수 있다(Geels, 2002, 2011, 2019). 사회기술적 전환은 사회기술경관(socio-technical landscape), 사회기술체계(socio-technical system), 틈새혁신(niche-innovations)이라는 세 분석 수준에서의 발전이 상호영향을 미친 결과다.

최상위 사회기술경관은 외생적인 요소들의 조합으로, 개인 행위자의 통제 너머에 존재한다. 여기에는 환경과 인구 변화, 일반 정치의식의 변화, 새로운 사회운동, 경제구조 재구성, 과학적 패러다임 등장, 문화 발전 등이 포함된다. 중간 수준은 전환에 있어 1차적 관심의 대상인 사회기술체계다. 사회기술체계는 다양한 요소들이 제도화되어 있어서 경로의존성(path dependence)이 나타날 수 있으며 변화가 더딘 경향이 있다. 최하위 수준은 틈새혁신으로 급진적인 혁신을 통해 사회기술체계의 변화를 야기하는 단초가 될 수 있다. 틈새 수준에서 태동하고 개발된 기술이 기

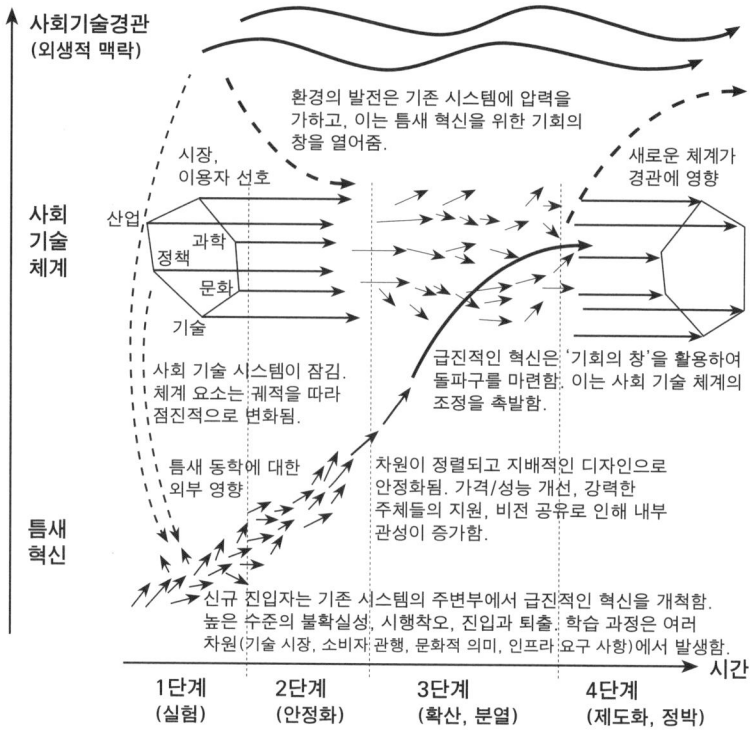

사회기술경관
(외생적 맥락)

환경의 발전은 기존 시스템에 압력을
가하고, 이는 틈새 혁신을 위한 기회의
창을 열어줌.

새로운 체계가
경관에 영향

사회
기술
체계

시장,
이용자 선호

산업

과학
정책
문화

기술

사회 기술 시스템이 잠김.
체계 요소는 궤적을 따라
점진적으로 변화됨.

급진적인 혁신은 '기회의 창'을 활용하여
돌파구를 마련함. 이는 사회 기술 체계의
조정을 촉발함.

틈새 동학에 대한
외부 영향

차원이 정렬되고 지배적인 디자인으로
안정화됨. 가격/성능 개선, 강력한
주체들의 지원, 비전 공유로 인해 내부
관성이 증가함.

틈새
혁신

신규 진입자는 기존 시스템의 주변부에서 급진적인 혁신을 개척함.
높은 수준의 불확실성, 시행착오, 진입과 퇴출. 학습 과정은 여러
차원(기술 시장, 소비자 관행, 문화적 의미, 인프라 요구 사항)에서 발생함.

시간

1단계
(실험)

2단계
(안정화)

3단계
(확산, 분열)

4단계
(제도화, 정박)

〈그림 1-7〉 사회기술적 전환에 대한 다층적 관점

출처: Geels, 2019.

존 체계와 경관에 변화를 가져올 수 있는데 이러한 변화도 시간
의 흐름에 따라 실험 수준을 거쳐 안정화되고 확산이 이루어짐으
로써 새로운 사회기술체계가 제도화된다. 따라서 새로운 사회기
술체계로의 전환은 다양한 요소들의 성공적인 조합을 통해 가능
하기에 실현이 쉽지 않은 것이다. 기존의 경로의존으로만 설명할
경우 변화의 창이 열리지 않지만 역돌출부와 틈새혁신이란 관점
을 통해 보면 변화의 가능성이 열리게 된다.

3. 언론 보도의 사회적 기능

1) 언론의 선택과 배제, 보도 틀

언론매체는 특정한 쟁점이나 사안을 사회 구성원들이 이해하는 데 매우 중요한 역할을 한다. 단순히 정보를 전달하는 것을 넘어, 사회적으로 중요한 문제를 공론화하고 해결책을 모색하는 논의의 장을 마련한다. 특히 기후변화나 에너지처럼 전문적인 과학 지식을 포함하는 쟁점의 경우, 언론은 전문가의 지식을 일반 시민이 알아듣기 쉬운 언어로 전달하여 서로를 연결하는 매개자 역할을 한다. 과학 지식을 토대로 정책이 수립·이행되는 과정에서 일반 시민과 정책 결정자, 과학자를 이어 주는 통로이기도 하다. 이러한 활동을 통해 언론은 일정한 사회 여론을 형성하고, 그 결과 정책 수립과 정책 목표 달성에 지대한 영향을 미치게 된다.

언론의 사회적 역할과 영향이 중요한 만큼, 언론 보도에서 지켜야 할 준칙으로 흔히 객관성(objectivity)과 공정성(fairness)을 꼽는다. 객관성은 사실을 있는 그대로, 검증 가능한 근거에 기초해 기자의 개인 감정과 이념, 이해관계에서 최대한 벗어나 보도하려는 태도와 절차를 의미한다. 공정성은 이해관계가 다른 당사자들에게 균형 잡힌 발언 기회와 맥락을 제공하고, 어느 한쪽에도 편파적으로 기울지 않도록 하는 형평의 기준이다. 둘은 서로 연결된 규범이지만, 초점은 약간 다르다. 객관성은 무엇이 사실인지, 그 사실을 어떤 과정으로 확인했는지에 주목하며 사실과 의견을 분리하고 출처를 투명하게 밝히며, 감정적 선정적 표현을 자제하는 데 방점을 둔다. 반면 공정성은 그 사실을 전하는 과정에서 누구의 목소리가 얼마나 반영되었는지, 비판받는 쪽의 반론권이 보장되었는지, 사회적 약자의 입장이 배제되거나 왜곡되지 않았는지를 묻는다.

따라서 객관성이 없는 공정성은 근거가 빈약한 형식적 균형에 그칠 수 있고, 공정성이 없는 객관성은 결과적으로 특정 집단에 유리한 왜곡된 현실 인식을 낳을 수 있다. 신뢰받는 언론 보도를 위해서는 두 기준이 함께 충족되어야 한다. 그러나 현실에서 객관성과 공정성을 구현하는 일은 결코 쉽지 않다. 사실 자체가 누가 어떻게 보느냐에 따라 달라질 수 있고, 보도 주체인 인간이 가치를 지닌 존재이며 언론매체 역시 어느 정도의 당파성을 지니고 있기 때문이다. 여기에 정치·경제적 압력, 광고와 소유 구조, 원고 마감 시간과 지면이나 분량의 제약 등이 더해지면, 언론이 복잡한 사안을 다면적으로 다루는 데 구조적 한계가 생긴다. 결국 객관성과 공정성에 대한 판단 자체가 가치부하적일 수밖에 없으며, 이 규범을 어떻게 이해하고 구현할 것인지에 대해서는 다양한 의견이 공존한다.

무엇보다 언론 보도는 현실에서 일어났거나 진행되고 있는 모든 사건과 사안을 다루지 않는다. 기사화 과정에서 선택과 배제가 필연적으로 작동한다. 어떤 사건 또는 사안을 선택하는 순간, 언론은 이미 일정한 관점에서 그 의미를 부여하고 구성하게 된다. 표면적으로는 객관적이거나 중립적인 형식을 취하더라도, 매체 나름의 관점과 입장이 개입하여 특정 측면을 강조하거나 확대하고, 다른 측면을 축소하거나 가리게 된다. 그 결과 사회 현실은 언론 보도를 통해 한 번 더 재구성된다. 일반 시민들, 나아가 정책결정자들조차도, 다양한 사건이나 사안들 가운데 언론이 보도가치를 지닌다고 판단해 선택한 일부에만 노출되며, 매체의 관점에서 해석하거나 구성된 기사를 통해 해당 사안을 인식하고 이해하게 될 가능성이 크다.

언론이 이처럼 선택과 배제를 통해 사회적 의제를 선정하고, 그 의제를 어떤 관점에서 얼마나 자주, 어느 정도의 비중으로 다루느냐에 따라 사회 현실은 특정 방향으로 비춰지게 된다. 특히 전달하는 사안이 정부 정책과 관련될 경우, 어떤 정책에 주목하여 기사화하는지, 이를 어떤 관점에서 해석해 어떤 의미를 부여하며 얼마나 빈번하게 보도하는지에 따라 시민들의 정책 이해와 수용도가 달라질 수 있다. 이런 과정을 통해 형성된 여론은 다시 정책결정자들에게 사회적 압력으로 작용한다.

바로 이 지점에서 '보도 틀(frame)'이 중요해진다. 언론매체가 지각된 현실 가운데 일부를 취사선택하고, 선택한 사안의 내용과 성격을 정의하며, 기사의 구조와 줄거리를 조직하는 방식을 흔히 프레임이라고 부른다(Gitlin, 1980). 우리말로는 이를 보도 '틀'이라고 할 수 있다. 보도 틀은 언론이 언어와 시각 자료를 활용하여 담론을 구성하는 과정에서 무엇을 어떻게 인식하고 해석하며 제시할지, 또 어떤 요소를 선별해서 강조하고 무엇을 배제할지를 규정하는 지속적인 양식이다. 이야기를 어떤 순서와 구조로 엮을지, 현실의 여러 측면 가운데 어떤 부분을 현저하게 부각시킬지를 결정함으로써, 수용자가 사안을 이해하는 방향을 자연스럽게 유도한다. 결국 언론이 기사를 어떻게 '틀 짓느냐'에 따라 수용자의 현실 인식과 사고의 틀이 달라질 수 있다.

2) 지식과 정보의 출처로서의 언론

일반 시민은 사회의 주요 쟁점, 특히 과학과 관련된 정보나 지식을 주로 언론 매체에서 얻는다. 기후변화와 에너지, 환경 관련 정보나 지식도 마찬가지다. 이는 여러 환경인식조사에서도 확인할수 있다. 환경부(현 기후에너지환경부)는 5년에 한 번씩 국민 환경의식조사를 실시해 왔는데 가장 최근 조사는 2023년 12월 20일부터 2024년 1월 9일까지 일반 국민 1,501명(95% 신뢰수준에서 ± 2.53%p), 전문가 504명을 대상으로 이루어졌다.

그 조사에서 환경문제와 환경정책 관련 정보를 습득하는 경로에 대해 일반 국민 절반 이상(54.9%)은 TV나 라디오와 같은 방송매체, 전문가는 60.3%가 인터넷이라 답했다. 두 번째로 높은 빈도를 보인 것은 각각 인터넷(31.1%), TV나 라디오(17.3%)였다. 다만 신문 등 인쇄매체의 경우엔 일반 국민은 1.3%, 전문가는 5.6%로 미미했다. 흥미로운 사실은 해당 조사에서 일반 국민은 52.7%가 환경교육 강화 방안으로 대중매체를 선호하였는데 이는 학교교육이란 응답(37.8%)보다 높았다. 이런 응답은 일반 국민 대상으로는 TV 등 대중매체를 통한 환경교육의 효과성이 높을 것임을 시사한다.

한국환경연구원(Korea Environment Institute, 이하 KEI)은 2012년부터 매해 국민 환경의식조사를 실시한다. 가장 최근 조사는 2024년 9월 9일부터 20일 사이에 3,040명을 대상으로 실시

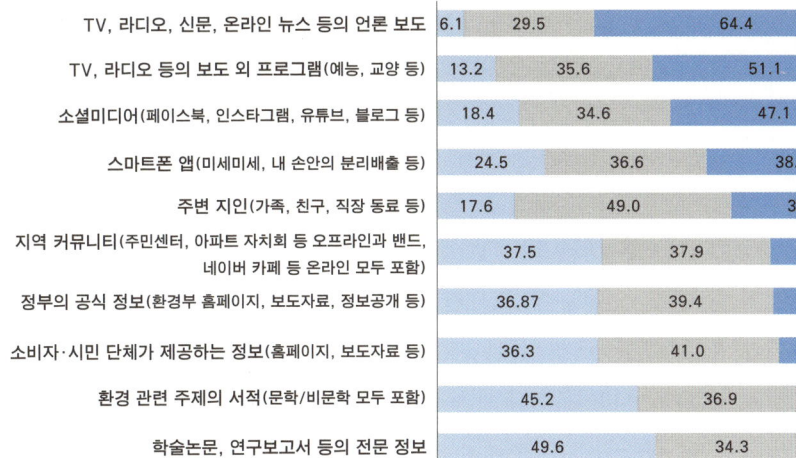

경로	①+② 이용하지 않는다	③ 보통이다	④+⑤ 이용한다
TV, 라디오, 신문, 온라인 뉴스 등의 언론 보도	6.1	29.5	64.4
TV, 라디오 등의 보도 외 프로그램(예능, 교양 등)	13.2	35.6	51.1
소셜미디어(페이스북, 인스타그램, 유튜브, 블로그 등)	18.4	34.6	47.1
스마트폰 앱(미세미세, 내 손안의 분리배출 등)	24.5	36.6	38.9
주변 지인(가족, 친구, 직장 동료 등)	17.6	49.0	33.4
지역 커뮤니티(주민센터, 아파트 자치회 등 오프라인과 밴드, 네이버 카페 등 온라인 모두 포함)	37.5	37.9	24.6
정부의 공식 정보(환경부 홈페이지, 보도자료, 정보공개 등)	36.87	39.4	23.9
소비자·시민 단체가 제공하는 정보(홈페이지, 보도자료 등)	36.3	41.0	22.6
환경 관련 주제의 서적(문학/비문학 모두 포함)	45.2	36.9	17.9
학술논문, 연구보고서 등의 전문 정보	49.6	34.3	16.1

〈그림 1-8〉 환경 관련 정보 취득 경로

출처: 염정윤·강선아, 2024.

한 것으로, 그 조사에서 환경 정보를 접하는 경로에 대한 각 매체별 이용 정도를 묻는 질문에 '매우 자주 이용+가끔 이용'을 합한 응답이 '언론 보도'라 답한 경우가 64.4%로 가장 높았다(〈그림 1-8〉 참조). 그 다음으로 높은 응답은 '보도 외 프로그램(예능, 교양 등)'이 51.1%, 소셜미디어(페이스북, 인스타그램, 유튜브, 블로그 등)가 47.1%, 스마트폰 앱(미세미세, 내 손안의 분리배출 등)이 38.9%로 나타났다.

언론 보도가 아직은 다른 경로에 비해 압도적으로 높게 1위를 기록하고 있지만 2021년 71.7%에서 2024년 64.4%로 점차 하락하는 추세를 보이고 있다. 반면 같은 기간 소셜미디어 이용은 2021년 46.4%에서 2024년 47.1%로 0.7%p 증가한 데 비해 스마트

앱 이용은 40.6%에서 38.9%로 1.7%p 감소하였다. KEI는 이런 변화에 대해 환경 정보 습득 경로가 전통 매체에서 새로운 매체로 이동한 것이라기보다 환경 정보 이용이 전반적으로 감소하고 있는 것으로 해석하였다. 하지만 이런 변화가 통계적으로 유의한지 확인하지 않아 단정적으로 말하기는 어렵지 않을까 한다.

한국에너지정보문화재단은 매해 에너지 국민인식조사를 상반기와 하반기로 나누어 조사한다. 가장 최근 자료는 2025년 조사인데 일반 국민, 핵발전 인근 지역 주민, 전문가를 대상으로 나누어서 분석하였다. 여기에서는 일반 국민을 상대로 조사한 것만 살펴보도록 한다. 일반 국민을 대상으로 한 조사는 2025년 상반기에 두 차례(1차 2025년 3월 29일~4월 1일, 4일간; 2차 2025년 6월 20일~6월 23일)에 걸쳐 각 1,000명씩 총 2,000명을 대상으로 실시되었다.

이 조사에서는 주로 원전 계속 운전(수명 연장), 원전 확대 여부, 원전 안전성에 대해 주로 질문하였다. 원전 수명 연장의 경우, '찬성'이 74.9%(적극 25.7%, 대체로 찬성 49.2%)로 '반대' 22.6%(적극 7.3%, 대체로 반대 15.4%)보다 높았다. 원전 이용 전력 발전량 증감의 경우, 현재 기준으로 원자력 발전량을 '늘려야 함'이 62.8%('훨씬' 26.1%, '약간 늘려야 한다' 36.7%)로, '줄여야 함'의 33.4%('훨씬' 11.7%, '약간 줄여야 한다' 21.7%)보다 높았다. 우리나라 원전 안전성에 대해서는 '동의(매우+동의한다)'가 79.5%로 비동의 20.5%에 비해 월등히 높았다. 다만 2038년 에너지별 발전량 비중과 관련해서는 발전량 확대가 필요한 에너지원으로 1순위와 종합순위(1+2순위) 모두 '재생에너지'(1순위 36.2%, 종합순위 60.5%)가 가장 높게 나타났다.

그렇다면 이 조사의 응답자들은 어디에서 정보를 얻은 걸까? 최근 1년간 원자력발전 정보를 습득한 매체에 대해 'TV/라디오 등 방송매체'가 38.0%로 가장 높았고 '인터넷 포털사이트' 25.4%, '페이스북, 유튜브 등 SNS' 16.1%, '신문/잡지 등 인쇄매체' 9.8%, '주변 사람' 3.5%, '정부/공공기관 홈페이지' 3.4% 순으로 나타났다.

3) 시민이 기대하는 언론의 기능과 역할

KEI의 조사에서는 환경 정보에 대한 다양한 질문을 던졌는데, 환경 정보의 충분성 인식의 경우 '충분하다(매우 충분+충분한 편)'는 응답이 12.6%로, '부족하다(매우 부족+부족한 편)'는 응답(37.3%)의 3분의 1에 불과했다. 추가로 받고 싶은 정보에 대해서는 〈표 1-1〉에 제시된 것처럼, 환경문제 대응을 위해 내가 할 수 있는 구체적인 실천 방법이 56.1%로 가장 많았고, 환경문제가 인체와 건강에 미치는 영향(44.1%), 환경문제에 대한 정부의 단기적, 중장기적 대응 정책(33.9%)이었다.

환경문제의 원인, 과정, 결과에 대한 과학적 정보(24.6%)나 환경문제 관련 가짜 정보를 가려내는 팩트체크 정보(22.8%), 나의 행동이 환경문제에 미치는 긍정적 또는 부정적 영향(18.2%) 등에 대한 수요는 상대적으로 높지 않은 편이었다. 다만 연령대별로 차이가 있었다. 환경문제 대응을 위해 내가 할 수 있는 구체적인 실천 방법에 대해서는 여성들이 훨씬 더 알고 싶어했으며 환경문

(단위: %)

구분		사례수	환경문제의 원인, 과정, 결과에 대한 과학적 정보	환경문제가 인체와 건강에 미치는 영향	환경문제에 대한 정부의 단기적 중장기적 대응 정책	환경문제 대응을 위해 내가 할 수 있는 구체적인 실천방법	환경문제 관련 가짜 정보를 가려내는 팩트체크 정보	나의 행동이 환경문제에 미치는 긍정적 또는 부정적 영향에 대한 정보	기타
전체		3,040	24.6	44.1	33.9	56.1	22.8	18.2	0.1
성별	남자	1,545	29.2	44.3	35.3	49.7	22.9	18.6	0.1
	여자	1,495	20.0	44.0	32.6	62.8	22.7	17.9	0.1
연령	19-29세	534	25.1	32.3	47.2	46.9	31.2	17.4	0.0
	30-39세	533	23.2	38.1	41.5	52.2	29.6	14.9	0.5
	40-49세	634	23.7	42.8	33.6	62.0	21.9	15.9	0.2
	50-59세	707	24.3	50.0	27.2	60.0	18.0	20.6	0.0

출처: 염정윤·강선아, 2024.

제의 원인, 과정, 결과에 대한 과학적 정보에 대해서는 남자들의 요구가 상대적으로 높았다. 환경문제 관련 가짜 정보를 가려내는 팩트체크 정보에 대해서는 상대적으로 연령이 낮은 19~29세 (31.2%)와 30~39세(29.6%)가 상대적으로 높았다.

KEI는 미디어가 제공하는 환경 정보에 대해 응답자들이 어떻게 인식하는지에 대해서도 조사하였다. '환경문제의 심각성을 그대로 보여준다'는 응답은 48.5%로, '환경문제의 심각성을 과장하여 보여준다(지나치게 과장＋약간 과장)'(26.7%)와 '환경문제의 심

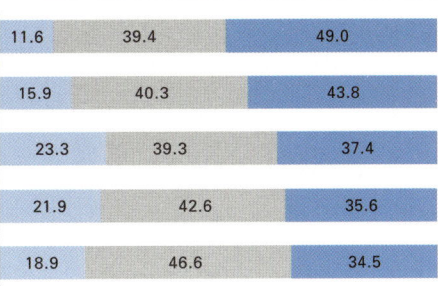

시중에 유통되는 환경 정보에 사실과 의견이 섞여 있어
정확한 정보를 파악하기 어렵다 `11.6` `39.4` `49.0`

때로는 환경 정보가 편향적이거나 특정한 의도를 위해
만들어진다고 생각된다 `15.9` `40.3` `43.8`

환경 정보는 종종 과장되고 자극적으로 만들어진다 `23.3` `39.3` `37.4`

대다수의 환경 정보는 너무 어려워 이해하기 힘들다 `21.9` `42.6` `35.6`

오늘날의 환경 정보들은 정작 중요한 내용은 다루지
않는다 `18.9` `46.6` `34.5`

〈그림 1-9〉 환경 정보에 대한 평가

출처: 염정윤·강선아, 2024.

각성을 축소하여 보여준다(지나치게 축소+약간 축소)'(24.7%)는 응답보다는 높았다. 하지만 과장하거나 축소한다는 의견을 합하면 51.4%로, 있는 그대로를 보여준다는 의견(48.5%)보다는 높았다.

결국 언론 매체가 환경문제를 정확하게 전달하지 못하고 있다는 인식을 가지고 있으며 제공되는 환경 정보에 대한 신뢰도가 낮음을 의미한다. 미디어에서 제공하는 환경 정보 자체의 정확성에 대해서는 37.7%가 '정확하다(매우 정확하다 36.5%+대체로 정확하다 1.2%)'고 응답하였다. 하지만 시중에 유통되는 환경 정보에 사실과 의견이 섞여 있어서 정확한 정보를 파악하기 어렵다는 의견이 절반에 가까운 49.0%였다. 또한 환경 정보가 편향적이거나 특정 의도를 위해 만들어진다고 생각하는 응답자들도 43.8%에 달했다. 환경 정보가 종종 과장되고 자극적으로 만들어진다는 데 동의하는 응답자도 37.4%로 나타났다. 여전히 대다수 환경 정보가 너무 어려워 이해하기 힘들다거나(35.5%), 정작 중요한 내용은 다루지 않는다(34.5%)는 평가도 대중 친화적인 언론 보도를 지향한다면 귀담아 들어야 할 대목이다.

4. 시대적 과제인 에너지 전환을 위한
언론의 역할과 도전

이제 우리는 탄소중립으로 나아가야 하는 시대, 기후회복적 발전을 지향해야 하는 시대를 살고 있다. 다르게 말하면 재생의 시대이자 전기기술 시대가 새롭게 열리고 있다. 이런 시대, 언론은 어떤 가치를 지향하며 무엇을 어떻게 보도해야 할까?

언론 보도는 에너지 전환에 관한 정보를 확산하거나 은폐할수 있으며, 새로운 에너지 기술 선택을 촉진하거나 방해할 수 있다. 또한 시민과 정책 형성에 영향을 미치며, 에너지 전환에서 매우 중요한 역할을 수행한다. 이에 이 절에서는 에너지 전환을 시대적 과제로 삼을 때 언론이 어떤 가치와 보도 원칙을 지향해야하는지, 무엇을 어떤 틀로 다루어야 하는지, 구체적으로 어떤 보도 관행을 바꾸어야 하는지를 살펴보고자 한다.

1) 에너지 전환 시대 언론이 지향해야 할 가치와 보도 원칙

에너지 전환 보도에서 언론이 가장 먼저 점검해야 할 것은 객관성과 공정성의 의미를 어떻게 재정의할 것인가 하는 문제이다. 객관성을 '양쪽의 말을 똑같이 실어 주는 것'으로 기계적 균형으로 좁게 이해하면, 기후과학이나 에너지 시스템에 대해 전문성과 신뢰 수준이 전혀 다른 주장을 마치 동등한 것처럼 배치하는 결과를 낳기 쉽다. 이는 과학적 합의를 모호하게 만드는 것을 넘어 과학적 사실과 합의를 왜곡하는 결과를 낳을 수 있고, 시민들이 이미 합의가 완료된 사안을 '아직 논쟁 중인 사안'으로 오해하게 만드는 위험을 낳는다.

에너지 전환 보도에서의 객관성은 무엇보다 과학적으로 검증된 사실과 자료에 기반해 현실을 정확하게 보여주는 것이란 점을 분명히 해야 한다. 기후위기의 원인과 위험 수준, 화석연료·원전·재생에너지 각각의 환경성과 안전성, 경제성은 이미 상당한 학문적 정책적 합의가 축적되어 있고 이미 세계 시장은 그 방향으로 전개되어 나가고 있다. 언론은 이러한 합의를 출발점으로 삼아야 한다. 다만 불확실성과 쟁점이 존재하는 영역에서는 그 범위와 근거를 분명히 밝히는 방식으로 객관성을 구현할 필요가 있다.

공정성 역시 '찬성과 반대 비율 맞추기'가 아니라, 서로 다른 이해관계자들이 정당하게 목소리를 낼 수 있는 장을 마련하는 것으로 이해할 필요가 있다. 에너지 전환은 발전사나 에너지 기업과 정부만의 일이 아니라, 석탄화력발전소와 원전 인근 지역 주민, 전환 과정에서 일자리와 생계가 달라지는 노동자, 에너지 빈곤을 겪는 취약계층과 가구, 기후위기의 가장 긴 미래를 살아갈 청년과 미래세대 모두에게 직접적인 영향을 미친다. 그럼에도 실제 보도에서는 정부나 정치권, 대기업이 주된 정보원으로 등장하고, 지역 주민과 노동자, 취약계층의 목소리는 갈등이 표면화될 때에만 부분적으로 소환되는 경우가 많다. 에너지 전환 보도에서의 공정성이란 '힘센 두 당사자 사이의 중립'이 아니라, 사회적으로 더 취약한 집단이 구조적으로 배제되지 않도록 균형을 조정하는 책임에 가깝다.

최근 에너지 전환 보도 분석 결과(이현승, 2025)를 보면, 보수언론은 원전, 수소, 산업경쟁력, 비용 부담을 중심으로, 진보언론은 기후위기와 정의로운 전환, 재생에너지 확대를 중심으로 프레임을 짜는 경향이 뚜렷하다. 정파성이 강한 구도 속에서 에너지 전환 이슈가 정책 평가와 정치 공방의 재료로 소비될 때, 시민들은 기후위기와 에너지 전환을 '또 하나의 진영 갈등 이슈'로만 인식하게 된다. 21세기 에너지 전환은 수요를 낮추면서 재생에너지 중심의 유연하고 분산적인 체제로의 전환을 주요 내용으로 하면서 선택의 여지없이 가야만 하는 길이기에, 언론은 자신의 정치적 성향을 떠나 에너지 전환을 지속가능한 사회로의 전환이라는 공동 과제로 다루어야 한다.

요약하면, 에너지 전환 시대의 언론은 과학적 사실과 사회적 약자를 기준으로 객관성과 공정성을 재해석하고, 정파적 경쟁의 언어를 넘어 공동의 위험과 공동의 책임을 설명하는 언어를 개발하고 대안을 제안하는 방향으로 나아가야 한다. 기후위기 시대 탄소중립은 거스를 수 없는 공동의 목표지만 이를 달성하는 다양한 방법들 간에는 비교 검토가 필요하며 문제를 더 잘 해결하는 방법에 대한 고민과 제안이 필요하다. 언론이 바로 이런 고민과 제안을 담아낼 필요가 있다.

2) 무엇을 보도할 것인가: 의제 설정과 보도 틀의 전환

언론이 에너지 전환을 다룰 때 어떤 문제를 중심에 놓고, 어떤 틀로 해석하느냐가 시민들의 인식과 정책 선택에 큰 영향을 미친다. 보도의 '틀'은 우리가 문제를 어떻게 정의하고, 누구에게 책임을 묻고, 어떤 해법을 상식적으로 받아들이게 되는지를 결정하는 인식의 창이 된다.

지금까지 한국의 에너지 전환 보도에서는 "전기요금 인상", "경제 부담", "블랙아웃 위험" 같은 단기 비용·위험 틀과 "탈원전 실패", "원전 부활" 등 정쟁 중심 틀이 반복해서 등장해 왔다(이현승, 2025). 반면, 탈석탄과 감원전, 재생에너지 확대, 에너지 절약과 효율 개선을 통한 수요 감축이 서로 어떻게 맞물려야 하는지, 어떤 정책 조합이 기후위기 대응과 산업 및 일자리 전환, 에너지 빈곤 완화를 함께 달성할 수 있는지를 구조적으로 비교하고 설명하는 보도는 상대적으로 부족하다.

앞으로 에너지 전환 보도에서 언론이 다루어야 할 중심 의제는 다음과 같이 재구성될 수 있다.

첫째, '비용 문제'를 넘어 '분배와 정의 문제'로 보기다. 에너지 전환에는 분명 비용이 들지만, 그 비용을 누가 언제 어떤 방식으로 부담하는지가 더 중요하다. 화석연료를 계속 쓰는 비용, 전환을 늦춰서 발생하는 기후피해 비용, 지금 전환을 추진할 때 필요한 투자 비용을 서로 비교하고, 세대 간, 계층 간, 지역 간, 부담과 혜택이 어떻게 나누어지는지, 어떤 정책 조합이 가장 정의로운 전환을 만들 수 있는지를 지속적으로 조명할 필요가 있다.

둘째, 정책 공방을 넘어 '사회적 전환'과 '정의로운 전환'의 관점으로 확장하기다. 정권에 따라 핵발전·석탄·재생에너지 정책이 바뀌는 과정을 단순히 '전 정부 뒤집기'나 '현 정부 옹호나 공격'의 틀에서만 바라보면, 에너지 전환의 주체는 늘 정부와 정치권에 머무르게 된다. 언론은 석탄발전 축소 과정에서 노동자와 지역이 겪는 변화, 재생에너지와 효율 혁신이 만드는 새로운 일자리, 에너지 빈곤층을 보호하기 위한 요금과 복지 정책, 지방정부와 지역 시민사회의 전환 노력을 함께 조명함으로써, 에너지 전환을 '정책 논쟁'에서 '사회적 전환'의 이야기로 확장하는 역할을 해야 한다.

셋째, 위험과 기회를 동시에 보여주는 보도 틀이 필요하다. 기후위기의 심각성을 충분히 알리는 것은 필수이지만, '재난·위기 보도'에만 머물면 시민들에게 무력감과 회피를 불러올 수 있다. 기후위기 대응을 위해 적극적으로 나선 이들에게 좌절감과 열패감을 안기기보다, 그래서 최근 관심이 높아지고 있는 기후 불안과 기후 우울, 더 나아가 기후 소진을 겪게 하기보다, 희망을 가지고 적극적인 해결에 함께 나설 수 있도록 해야 한다. 이를 위해서는 에너지 효율과 절약, 재생에너지, 정의로운 전환 전략이 만들어내는 새로운 기회와 대안을 함께 보여주는 보도가 있어야 시민들이 전환 과정에 참여할 동기를 느끼고 효능감과 자신감을 가질 수 있게 된다.

요약하자면, 에너지 전환은 결국 어떤 사회를 선택할 것인지에 대한 상상력의 문제이기도 하다. 언론은 단기적 갈등과 사건을 넘어서, 장기적인 전환의 방향과 경로, 그 과정에서 발생할 충돌과 협력의 가능성을 조망하고 연결하는 역할을 해야 한다.

3) 어떻게 보도할 것인가: 보도 관행과 제약을 넘어서는 실천

마지막으로, 에너지 전환 보도에서 언론이 실제 현장에서 바꿀 수 있는 관행들을 정리해 볼 필요가 있다.

첫째, 사건 중심이나 논쟁 중심 보도에서 설명과 해석, 해법 중심 보도로의 전환이다. 정책 발표, 요금 인상, 발전소 사고, 지역 갈등 등 사건이 발생했을 때 이를 신속하게 전달하는 것은 언론의 기본 기능이다. 그러나 에너지 전환은 개별 사건을 넘어서는 장기적인 구조 변화이기 때문에, 왜 이런 정책이 나왔는지, 어떤 대안과 선택지가 있는지, 다른 나라들은 어떤 경로를 밟고 있는지 등을 자료와 사례를 통해 차분하게 설명하는 설명형 기사와 연속 기획, 나아가 솔루션 저널리즘(solution journalism, 해법 중심 보도)이 뒷받침되어야 한다. 여기서 해법 중심 보도란 단순히 희망적인 사례 소개가 아니라, 어떤 문제가 있을 때 그 문제를 풀기 위해 어디에서 어떤 시도가 있었는지, 그 시도가 어떤 성과와 한계를 가졌는지, 다른 맥락에 적용 가능한지를 증거에 기반해 취재하고 검증해서 보도하는 방식을 말한다. 즉, 문제를 지적하는 데서 멈추지 않고 '이 문제를 풀기 위해 무엇이 시도되었고, 우리는 무엇을 배울 수 있는가'를 함께 보여주는 보도 관행이라고 할 수 있다.

둘째, 정보원과 취재 네트워크의 재구성이다. 현재 많은 보도는 정부 부처, 국회, 대기업을 중심으로 취재원이 조직되어 있어, 에너지 전환 쟁점이 자연스럽게 정책과 산업 중심 틀 안에 갇히기 쉽다. 여기에 석탄화력발전소나 핵발전 지역 주민과 노동자, 에너지 빈곤을 겪는 가구와 복지 현장, 지방정부와 마을 단위 에너지 전환 실천, 청년과 교육 현장, 시민사회와 협동조합을 꾸준히 취재하는 네트워크를 더한다면, 에너지 전환 보도는 훨씬 입체적인 얼굴을 갖게 될 것이다.

셋째, 정파성과 시장 압력 속에서 지켜야 할 최소한의 기준을 분명히 하는 것이다. 한국 언론 현실에서 정파적 구도와 광고나 후원, 클릭 경쟁의 압력을 무시하기는 어렵다. 그럼에도 에너지 전환 보도에서 만큼은 과학적 사실을 의도적으로 왜곡하거나, 극단적인 사례를 부풀려 공포를 자극하거나, 특정 진영의 이해에 맞게 상대 진영의 주장을 단순화하거나 조롱하는 방식으로 기후와 에너지 이슈를 소비하는 관행은 지양해야 한다. 언론은 위험을 단순히 '정치적 공격의 소재'로 만드는 행위자가 아니라, 다른 입장과 이해관계를 가진 집단들이 공통의 사실과 언어 위에서 토론할 수 있는 공론장의 조건을 만들어 가는 매개자여야 한다. 에너지 전환은 기술과 정책의 문제이자 동시에 시민의 삶과 민주주의의 문제이기도 하다. 기후위기와 에너지 전환이라는 거대한 전환기에, 언론은 위험을 정확히 알리면서도 다양한 주체들의 목소리를 공정하게 담고 갈등과 이해관계를 투명하게 드러내되 공통의 해법과 상상력을 모아 가는 과정에 기여할 책임이 있다.

에너지 전환은 결국 사회가 함께 결단하고 학습해야 할 공동의 과제이다. 언론이 이 과정에서 사실에 충실한 안내자, 서로를 이해하도록 돕는 통역자, 공정한 심판자로서의 역할을 제대로 수행할 때, 에너지 전환은 갈등과 분열의 서사가 아니라 기후위기 시대에 한국 사회가 성숙해지는 과정으로 기록될 수 있을 것이다.

2장

에너지 전환,
기후위기 대응 그 이상

박상욱

JTBC 기자

1. 지구 온난화의 시대를 넘어 끓는 지구의 시대로

2023년 7월 3일, 전 지구 일평균기온이 17.01℃를 기록했다. 집계 이래 북극부터 중위도와 적도, 남극에 이르기까지 지구의 일평균기온이 17℃를 넘은 것은 처음이었다. 당장 서울의 낮 최고기온은 이날 34.9℃로 평년(28℃)을 크게 웃돌았다. 이후에도 7월엔 '역대 가장 뜨거운 날'이 이어졌다. 중국 북서지방의 최고기온은 50℃를 상회했고, 미국 애리조나주 피닉스에서도 43℃의 폭염이 찾아왔다. 스페인과 이탈리아, 그리스 등 지중해 인근 유럽의 최고기온이 연일 40℃를 넘어서는 폭염이 이어졌다. '전에 본적 없는' 기온은 이후 일주일 넘게 계속됐다. 당시 안토니우 구테흐스 (António Manuel de Oliveira Guterres) 유엔 사무총장이 사상 최악의 폭염을 계기로 한 발언은 우리가 직면한 기후위기의 현실을 보여주는 대표적인 예다. 국제사회의 연대와 앞으로의 희망을 주로 이야기했던 이전과는 전혀 다른 톤이었다. 더위에 대한 우려를 넘어 얼핏 절망으로 보일 만큼의 절박함이 담겼다.

"인류는 현재 매우 책임이 막중한 상황에 놓여 있습니다. 오늘

(2023년 7월 27일), 세계기상기구(WMO)와 유럽 코페르니쿠스 기후변화서비스(CCCS)는 2023년 7월이 인류 역사상 가장 더운 달이 될 것이라는 공식 데이터를 발표했습니다. 이를 확정하기 위해 이달이 끝날 때까지 기다릴 필요도 없습니다. 남은 며칠 사이 미니 빙하기가 오지 않는다면, 2023년 7월은 오늘 예측대로 모든 기록을 갈아치울 것입니다.

그 결과는 분명하고, 비극적입니다. 몬순 폭우에 휩쓸려간 아이들, 불길을 피해 도망치는 가족들, 무더위에 쓰러진 노동자들… 북미와 아시아, 아프리카, 유럽 등 지구 곳곳에서 잔인한 여름을 보내고 있습니다. 이는 재앙입니다. 이 모든 일의 책임이 우리 인간에게 있다는 것은 과학자들에겐 분명한 사실이고요. 모든 것은 그간의 예측, 그리고 반복했던 경고와 일치합니다. 유일하게 놀라운 점은, 이러한 변화의 속도뿐입니다. 기후변화는 이미 시작됐습니다. 끔찍하게도, 고작 시작에 불과합니다. 지구 온난화(Global Warming)의 시대는 끝났습니다. 끓는 지구(Global Boiling)의 시대가 도래했습니다."

― 2023년 7월 27일 언론 브리핑

그렇게 뜨거웠던 2023년, 유럽중기예보센터의 5세대 국제기후분석자료(ERA-5)에 따르면, 전 지구의 연평균기온은 14.98℃로 역대 가장 높았고, 이듬해인 2024년, 15.09℃를 기록하며 처음으로 15℃ 선이 깨졌다. '끓는 지구'라는 표현을 부른 기준선인 '전 지구 일평균기온 17℃'를 넘긴 날은 18일에 달했다. 뒤이어 시작된 2025년, 연초 일평균기온 추이가 2023년과 2024년의 수준을 뛰

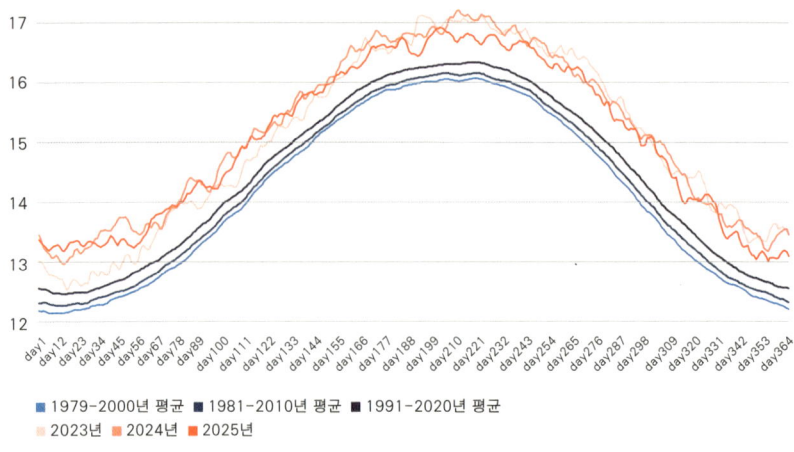

■ 1979-2000년 평균 ■ 1981-2010년 평균 ■ 1991-2020년 평균
■ 2023년 ■ 2024년 ■ 2025년

〈그림 2-1〉 전 지구 일평균기온 추이(단위: ℃)

출처: Climate Reanalyzer, 재구성.

어넘으며 모두를 긴장에 빠뜨렸지만, 다행히 한여름 일평균기온
은 16.86℃를 기록하며 17℃를 간신히 밑돌았다. 물론, 이는 2024
년과 2023년 다음으로 높은 '역대 3위'에 해당한다. '전 지구 연평
균기온 15℃ 안팎, 한여름 전 지구 일평균기온 17℃ 안팎'은 끓는
지구의 시대에서 뉴 노멀(새로운 일상)이 된 셈이다. 이러한 '뉴 노
멀'의 모습은 연중 일평균기온을 그래프로 그린 〈그림 2-1〉에서
뚜렷이 드러난다. 그간 우리가 경험한 '평균값'과는 확연히 동떨
어진 '뜨거운 날'이 연일 계속되고 있는 것이다. 그리고 2025년은
산업화 이전(1850~1900년) 평균보다 1.44℃ 높은 연평균기온을
기록하며 '역대 세 번째로 더운 해'가 됐다.

　　한국의 상황은 더욱 심각하다. 1912~2024년, 전 지구 연평균
기온이 1.5℃ 오르는 사이, 한국의 연평균기온은 3.6℃ 상승했다.
가장 단적인 예로, 1991~2000년 113일이었던 여름일수는 2011~

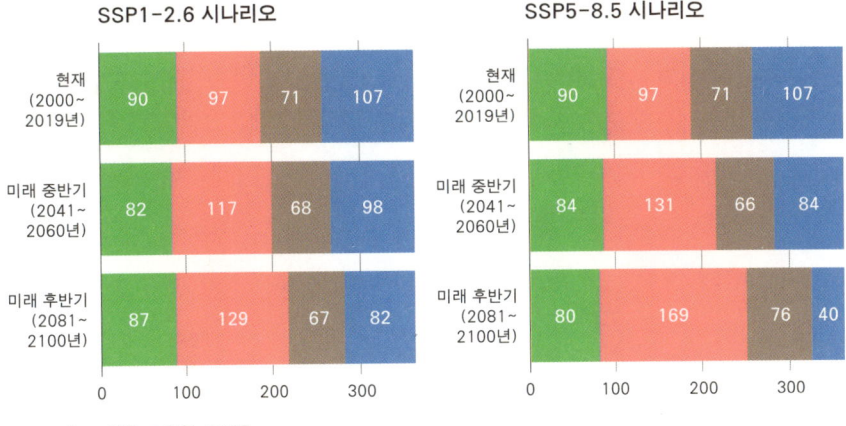

SSP1-2.6 시나리오

봄	여름	가을	겨울
현재 (2000~2019년)	90	97	71	107
미래 중반기 (2041~2060년)	82	117	68	98
미래 후반기 (2081~2100년)	87	129	67	82

SSP5-8.5 시나리오

봄	여름	가을	겨울
현재 (2000~2019년)	90	97	71	107
미래 중반기 (2041~2060년)	84	131	66	84
미래 후반기 (2081~2100년)	80	169	76	40

■봄 ■여름 ■가을 ■겨울

⟨그림 2-2⟩ 앞으로의 계절길이 전망(단위: 일)

출처: 기상청, 재구성.

2020년 127일로 2주 길어지고, 102일이던 겨울일수는 87일로 보름 짧아졌다.

이러한 변화는 앞으로도 지속될 것으로 보인다. 국립기상과학원에 따르면, 온실가스 감축을 위해 최선의 노력을 하더라도 (SSP1-2.6 시나리오■) 2081~2100년 여름일수는 129일로 넉 달이 넘고, 별다른 감축 노력을 기울이지 않으면(SSP5-8.5 시나리오)

■　　SSP(Shared Socioeconomic Pathways, 공통사회경제경로) 시나리오는 IPCC(International Panel on Climate Change, 기후변화에 관한 정부간 협의체)의 6차 보고서에 사용된 미래 기후변화 예측 시나리오를 일컫는다. 인구와 경제, 에너지, 토지 이용 등 사회경제적 변화를 다양하게 가정한 글로벌 표준 시나리오 체계로, 온실가스 배출량만을 반영했던 종전의 RCP(Representative Concetration Pathways, 대표농도경로) 시나리오보다 미래 상황을 다각도로 분석할 수 있다. SSP 시나리오는 지속가능한 성장을 실현하면서도 기후변화 대응에 가장 적극적으로 나서는 SSP1-2.6부터 SSP2-4.5, SSP3-7.0, 그리고 성장에만 몰두해 온실가스 감축엔 나서지 않는 SSP5-8.5까지 크게 네 가지 시나리오로 구분된다.

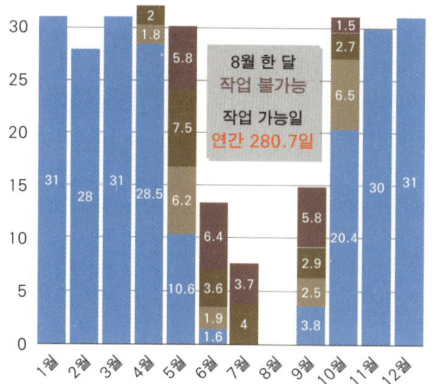

SSP1-2.6 시나리오 (최대 37.8℃, 최소 10.5℃)

8월 한 달
작업 불가능
작업 가능일
연간 280.7일

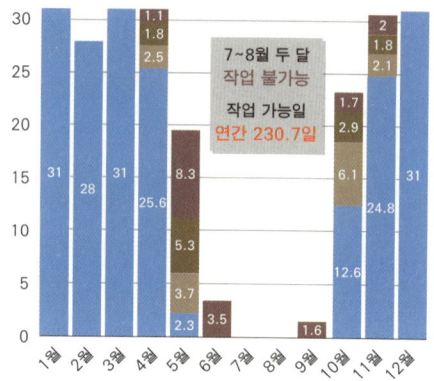

SSP5-8.5 시나리오 (최대 42.2℃, 최소 12.6℃)

7~8월 두 달
작업 불가능
작업 가능일
연간 230.7일

■ 계속작업 ■ 매시간 75% 작업, 25% 휴식 ■ 매시간 50% 작업, 50% 휴식 ■ 매시간 25% 작업, 75% 휴식

〈그림 2-3〉기후변화 시나리오별
2075년 중등작업 월별 작업 가능일 전망(단위: 일)

출처: 기상청·한국산업안전보건공단, 재구성.

여름은 169일, 장장 5개월 이상 이어질 전망이다.

이러한 변화는 그저 계절의 변화로 그치지 않는다. 이는 노동이 불가능한 환경으로의 변화를 의미한다. 폭염 속 노동자의 생존권을 보장하기 위한 '고열작업환경 관리지침'에 따르면, 작업 강도에 따라 온도별 '작업휴식시간비'라는 것이 정해져 있다. 중등작업의 경우, 26.7℃까진 휴식 없이 계속작업이 가능하다. 28℃까진 매시간 25%의 휴식을 병행해야 하고, 29.4℃에 이르기까진 매시간 50%, 31.1℃까진 매시간 75% 휴식을 취해야 한다. 31.1℃를 넘어설 경우엔 중등작업이 불가하다.

당장 적극적인 기후변화 대응에 나서는 상황을 상정한 SSP1-2.6 시나리오에 따르더라도, 50년 후 한반도에선 연간 작업 가능일이 280.7일에 그친다. 8월 한 달 내내 중등작업 자체가 불가하고, 7월에도 그나마 작업을 진행하려면 매시간 25% 일하고 75%를 쉬어야 3.7일, 50% 일하고 50% 쉬어야 4일을 일할 수 있다. 사실상 7월에도 제대로 된 작업이 불가한 셈이다. 6월과 10월에도 계속작업이 가능한 날은 각각 1.6일과 3.8일에 그친다.

기후변화 대응에 나서지 않는 SSP5-8.5 시나리오의 상황은 더욱 나쁘다. 7, 8월 두 달 동안 중등작업이 가능한 일수는 단 하루도 없다. 6월과 9월에도 매시간 25% 일하고 75%를 쉬었을 때 간신히 3.5일과 1.6일을 일할 수 있을 뿐이다. 5월에도 계속작업 가능일수는 2.3일뿐이다. 노동자의 열악한 노동환경에 대한 우려뿐 아니라 국가 전체의 정상적인 경제활동 자체가 수개월간 멈추는 것이다. 이처럼 기후변화는 그저 온도가 오르고, 식탁에 오르는 음식의 종류가 바뀌는 수준의 일이 아니다. 에어컨 좀 더 틀고, 사과 대신 망고나 바나나를 먹는 것으로 끝나는 것이 아니라 우리의 생존 그 자체를 위협하는 것, 그것이 기후변화의 현실이다.

2. 모든 것의 원천, 에너지

지구의 기온과 대기 중 온실가스 농도는 서로 비례한다. 온실가스 감축이 가장 근원적인 기후위기 대응 방법인 이유다. 현재 인류가 인위적으로 뿜어내는 온실가스의 약 4분의 3은 에너지에서 비롯된다. 기후위기 대응을 이야기할 때, 에너지 전환이 언제나 거론될 수밖에 없는 이유다.

에너지 전환의 핵심은 탈화석연료와 전기화, 그리고 재생에너지의 확대에 있다. 국제에너지기구(International Energy Agency, 이하 IEA)에 따르면, 전 세계 에너지 공급에 있어 화석연료의 비중은 2010년 82%에서 2023년 80%로 소폭 감소했다. 재생에너지의 비중이 8%에서 12%로 증가한 덕분이다. 인류의 최종에너지 소비에 있어 전기의 비중은 같은 기간 17%에서 20%로 증가했다. 그리고 전력 생산에 있어 2010년 약 20%의 비중을 차지했던 재생에너지의 발전 비중은 2023년 30%로 더욱 높아졌다. 우리가 사용하는 에너지를 생산부터 이용 과정 모두에서 온실가스의 배출이 불가피한 화석연료에서 전기로 옮겨가고, 그 전기를 청정한 방법으로 생산하는 방향으로 인류가 빠르게 나아가고 있는 것이다.

하지만 기후변화 대응만으론 에너지 전환을 설명할 수 없다. 안타깝게도 '인류의 지속가능한 미래'라는 목표는 개별 국가의 정책이나 국제사회의 협약 등에 있어 테마(Theme)로 기능할 수는 있을지언정, 실질적으로 국가나 개별 경제활동 주체의 변화를 부르는 동인이 될 수 없다. 현실 속 에너지 전환의 동인은 더 많은 편익과 더 강한 권력에 있다. 이를 외면한 채 '오직 지구'만을 외치며 추진하는 에너지 전환 정책은 그 자체로 추진 동력을 얻기 어려우며, 정책의 대상이 되는 이해관계자들의 공감과 동참, 지지를 끌어내기 어렵다.

에너지는 말 그대로 모든 것의 원천이다. 우리가 움직이고, 살아가고, 결과물을 얻는 모든 과정에서 에너지는 필수적이다. 불을 이용할 줄 아는 자와 모르는 자의 사이에서부터 힘의 차이는 만들어졌다. 이후에 석탄으로, 석유와 가스로 힘을 결정짓는 에너지가 달라졌을 뿐, 글로벌 패권 다툼의 중심엔 언제나 에너

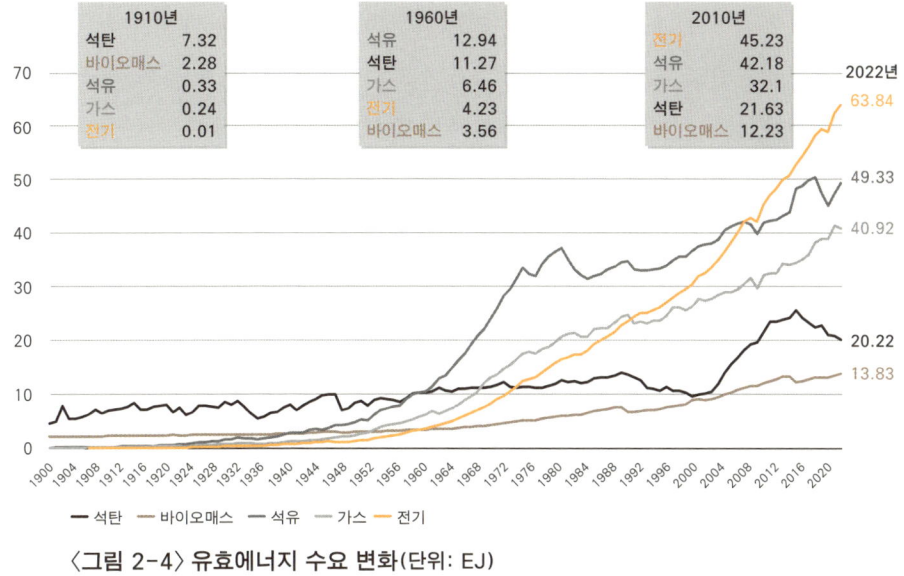

1910년		1960년		2010년	
석탄	7.32	석유	12.94	전기	45.23
바이오매스	2.28	석탄	11.27	석유	42.18
석유	0.33	가스	6.46	가스	32.1
가스	0.24	전기	4.23	석탄	21.63
전기	0.01	바이오매스	3.56	바이오매스	12.23

2022년
63.84
49.33
40.92
20.22
13.83

━ 석탄 ━ 바이오매스 ━ 석유 ━ 가스 ━ 전기

〈그림 2-4〉 유효에너지 수요 변화(단위: EJ)

출처: Ember, 재구성.

지가 자리했다.

　　1769년, 제임스 와트의 증기기관 특허로 석탄 수요는 빠르게 급증했다. 이후 200년 가까이 석탄은 우리가 사용하는 최종적인 형태의 에너지 가운데 '제1 에너지원'으로 자리매김했다. 석탄과 증기기관은 영국이 세계 최강의 국가로 거듭나는 배경이 됐다. 자국에 매장된 양질의 석탄을 이용해 산업화를 이룩하는 한편, 증기기관은 국력 강화의 토대로 작용했다. 무역 역량뿐 아니라 해군의 우월적 지위를 지키는 데 증기선이 핵심적인 역할을 한 것이다. 1910년까지만 하더라도, 석탄은 땔감 같은 고전적 바이오매스(22.4%)를 제외하면 우리가 유효에너지를 얻기 위해 필요한 에너지원의 거의 전부(71.8%)였다.

그러나 '석탄 제국' 영국에선 1905년, 안정적인 에너지원이었던 석탄을 벗어나려는 논의가 시작됐다. 당시 신규 전함 설계를 이끌었던 해군제독 존 피셔가 함정의 연료를 석탄에서 석유로 바꿔야 한다고 주장한 것이다. 미국에서 대규모로 석유를 시추하기 시작한 지 40년 안팎의 후로, 중동의 걸프만에서도 석유 생산이 자리 잡지 못한 때의 일이다. 이러한 발칙한 제안은 강한 반발을 불렀지만, 마침내 그의 주장은 현실이 됐다. 당시 해군장관인 윈스턴 처칠의 추진력 덕분이다.

> "석유 함정을 늘리는 것은 해군의 우월적 지위를 지켜내는 수단이다. 하지만 국내에선 우리가 필요로 하는 만큼의 석유가 발견되지 않았다. 평시든, 전시든 상관 없이, 이를 이용하려면 먼 타국에서 해상으로 수송해 공급받아야 한다. 반면, 국내엔 세계에서 가장 질 좋은 석탄이 넘쳐난다.
>
> 석유로의 전환은 '고통스러운 바다와의 투쟁'과 같다. 하지만 이런 어려움과 위기를 극복하고 나면, 영국 해군의 힘과 효율성은 세계 최강이 될 것이다. 한마디로 패권은 '모험에 대한 보상'이다."
> — 윈스턴 처칠(Yergin, 1990)

처칠 당시 해군장관은 이러한 신념과 함께 1911년 연료 전환을 강행했고, 그 결과 1912~1914년 세 차례에 걸쳐 해군력 증강 프로그램이 추진됐다. 연료 전환 직후 발발한 제1차 세계 대전에서 처칠의 담대한 결정은 빛을 봤다. 영국을 비롯한 연합국과 독일 등 동맹국의 전쟁은 내연기관 대 증기기관의 전쟁이기도 했다. 연합국은 석탄에서 석유로의 신속한 전환으로 기동성에 있어 우위를 점할 수 있었으며, 동맹국은 증기기관을 이용하는 철도에 의존해야만 했다. 당시 독일의 유보트가 집중하여 공격했던 대상은 영국 및 프랑스를 향하는 석유 운반 선박이었다. 이는 전쟁에서 석유와 내연기관이 얼마나 핵심적인 전략 자산이었는지를 보여주는 방증이다. '새로운 에너지원'인 석유는 이렇게 글로벌 패권을 좌지우지하는 자원으로 거듭났다. 그 결과 1958년 석유 수요는 10.51EJ(엑사줄)▪을 기록하며 석탄(10.41EJ)을 처음 넘어서게 됐다. 그로부터 얼마 지나지 않은 1967년, 가스 수요가 12.17EJ을 기록하며 11.34EJ의 석탄을 넘어서며 인류는 본격적인 석유와 가스(Oil & Gas)의 시대에 접어들게 됐다.

20세기 초, 미국은 빠르게 자국 내 석유 생산량을 늘려가며 압도적인 입지를 차지했다. 지금이야 '석유와 가스'라는 자원을 놓고 많은 이들이 중동을 떠올리지만, 걸프만 인근에서의 석유 생산이 유의미해진 것은 20세기 중반 이후의 일이다. 이 지역에서의 석유 생산이 늘어난 건 미국과 영국 등 서구 자본과 기술, 인력이 진출한 덕분이다. 걸프 지역 국가들은 자국 내 부존자원을 개발할 기술과 인력이 없었기 때문이다. 걸프산 석유로 서구가 자신들보다 막대한 부를 쌓는 것을 지켜볼 수밖에 없었던 이유다.

석유파동은 이들의 목소리가 힘을 갖게 된 계기가 됐다.

▪   EJ(Exajoule)은 에너지의 단위로, 10의 18제곱 줄(Joule)을 의미하며, 주로 국가나 전 세계적인 규모의 에너지 소비 및 생산량을 나타낼 때 사용되며, 약 278TWh(테라와트시)에 해당한다. 1EJ는 수소 약 700만 톤 또는 석유 약 1.7억 배럴에 해당한다.

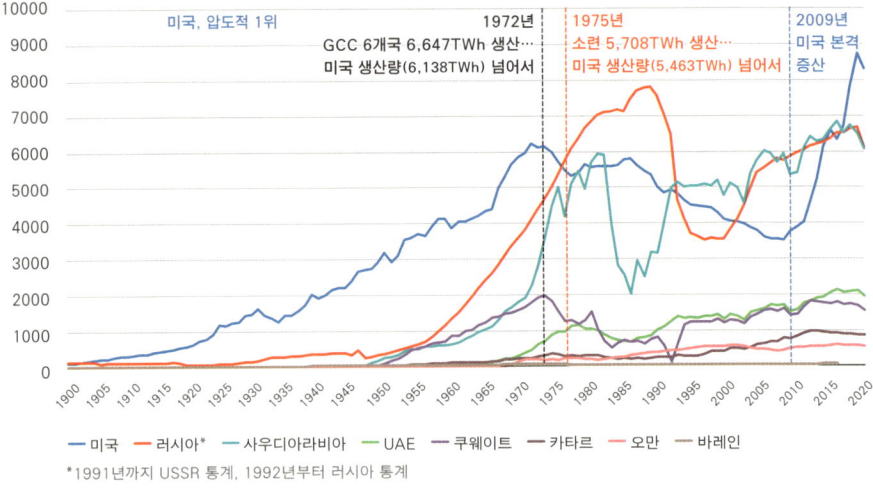

*1991년까지 USSR 통계, 1992년부터 러시아 통계

〈그림 2-5〉주요 산유국 석유 생산량 추이(단위: TWh)

출처: Our World in Data, 재구성.

1973년 10월, 사우디아라비아 주도로 걸프 지역 국가들이 석유 금수조치에 나선 것이다. 서구의 지원을 배경으로 하는 이스라엘과 아랍 사이의 분쟁은 1차 석유파동의 원인으로 꼽힌다. 그러나 이들이 '단체 행동'에 나설 수 있었던 실질적 배경은 '석유 생산 패권'의 변화에 있다. 걸프 지역의 6개 산유국(사우디아라비아, 쿠웨이트, UAE, 카타르, 오만, 바레인)의 생산량은 1940년대부터 점차 늘어났으나 '제1 생산국'인 미국의 생산량을 넘어설 만큼은 아니었다. 1960년, 중동 국가들의 주도로 석유수출국기구(OPEC)가 출범했지만, '영향력 있는 목소리'를 내기엔 역부족이었다.

시간이 흘러 점차 걸프 6개국의 생산량은 미국의 생산량과 근접해졌고, 석유파동 직전인 1972년, 6개국은 6,647TWh(테라와트시)의 석유를 생산하며 미국의 생산량(6,138TWh)을 초과하기에 이르렀다. 걸프 지역의 목소리가 글로벌 석유 시장, 나아가 글로벌 에너지 패권 다툼의 장에서 영향력을 발휘할 수 있게 된 것이다.∎

'제1 생산국'이었던 미국의 지위를 위협한 것은 비단 걸프 6개국만이 아니었다. 2차 세계대전 이후 미국과 소련의 대립과 경쟁이 극심해지는 상황 속, 소련은 전쟁 이후 급격하게 석유 생산량을 늘려갔다. 미국과의 패권 경쟁에 있어 필수적인 자원이 에너지원, 그중에서도 석유였기 때문이다. 1975년, 소련은 5,708TWh의 석유를 생산하며 처음으로 미국의 생산량(5,463TWh)을 넘어섰다. 이후에도 소련은 1988년 생산량을 7,809TWh까지 늘려가며 미국과의 격차를 벌렸다. 그러나 이후 소련의 석유 생산은 급감했다. 그리고 1991년, 소련의 대미(對美) 석유 생산 우위는 끝나게 됐다. 소련의 몰락(1991년 12월 26일 해체)과도 궤를 같이한 것이다. 러시아의 석유 생산이 다시 늘어나기 시작한 것은 블라디미르 푸틴이 러시아의 제2대 대통령으로 취임한 2000년부터였고, 이듬해인 2001년, 4,462TWh를 생산하며 미국의 생산량(4,007TWh)을 다시 넘어섰다. 푸틴은 강한 러시아를 표방하며 글로벌 패권 경쟁에서 미국과의 대결에 나섰는데, 신냉전의 시대에서도 석유는 패권을 좌우하는 핵심 에너지원으로 자리매김한 셈이다.

∎ 훗날 이들 6개국은 1981년 걸프협력회의(Gulf Cooperation Council, GCC)라는 경제 협력체를 만들었다.

3. 전기화의 시대, 새로운 에너지 패권 투쟁

한편, 석탄에서 석유와 가스로 패권의 근원이 바뀌는 사이 인류가 최종적으로 소비하는 에너지의 형태에 있어 전기의 비중은 점진적으로 커졌다. 유효에너지 수요에서 전기는 1972년 11.45EJ을 기록하며 석탄(11.31EJ)을 넘어섰고, 1990년엔 24.37EJ로 가스(23.17EJ)를, 2007년엔 42.08EJ로 석유(42.06EJ)를 추월하기에 이르렀다. 바야흐로 '전기화의 시대'에 접어든 것이다. 그리고 글로벌 강대국들은 에너지 패권 경쟁의 새로운 라운드에 돌입했다.

전기화의 시대에서 에너지는 이전 화석연료의 시대 대비 지리적 입지의 중요성이 약해지게 됐다. 이전까진 국토 내에 매장된 자원의 양과 이를 활용할 수 있는 기술과 자본이 패권을 결정지었다면, 전기의 경우 지정학적 영향을 덜 받기 때문이다. 이는 전적으로 재생에너지 발전기술 덕분에 가능한 일이다. 어디에서나 구할 수 있는 햇빛과 바람을 통해 전기를 생산함으로써 기존의 에너지 무역 패턴이 재구성되고, 그 결과 '에너지원의 무기화'가 어려워지게 됐다. 누가 더욱 빠르게 전기화와 재생에너지로의 전환을 달성하고, 관련 기술을 내재화하느냐가 관건이 된 이유다.

현재까지 재생에너지로의 전환과 전기화는 소위 '왕년의 패권국'과 중국을 중심으로 전선을 나눠볼 수 있다. 가장 먼저 에너지 전환에 나선 것은 유럽이다. 석유파동, 체르노빌 사고, 그리고 기후변화 등은 유럽이 꼽는 주요한 에너지 전환의 이유다. 그러나 이런 이유들로 추진되는 에너지 전환의 궁극적인 지향점은

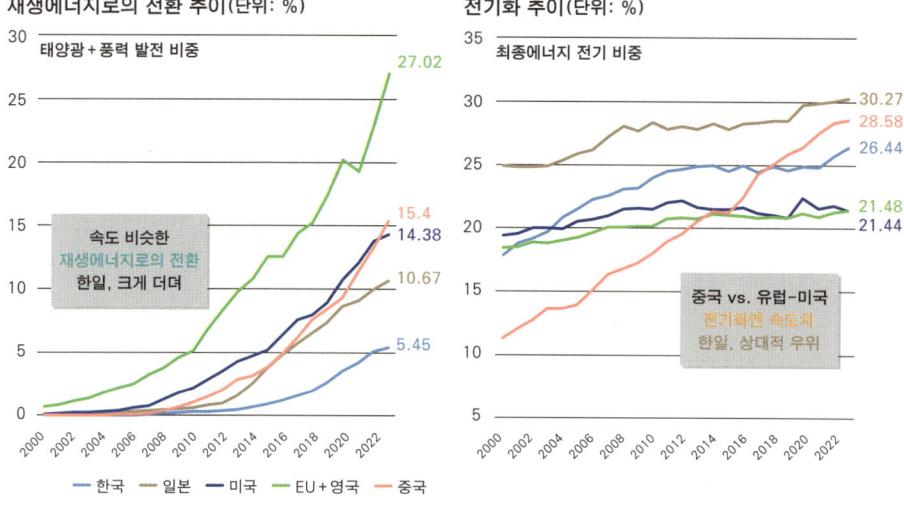

재생에너지로의 전환 추이(단위: %)

태양광+풍력 발전 비중

27.02

속도 비슷한
재생에너지로의 전환
한일, 크게 더뎌

15.4
14.38

10.67

5.45

한국　일본　미국　EU+영국　중국

전기화 추이(단위: %)

최종에너지 전기 비중

30.27
28.58
26.44

21.48
21.44

중국 vs. 유럽-미국
전기화엔 속도차
한일, 상대적 우위

〈그림 2-6〉 주요국 재생에너지 전환 및 전기화 추이

출처: IEA, 재구성.

'지속가능한 미래'와 같은 이상주의 또는 환경주의적 목표만이 아니다. 화석연료의 시대, 증기기관과 내연기관으로 이어지는 변화의 출발지였음에도 정작 그 주도권은 미국과 러시아, 중동 등이 거머쥐게 됐던 만큼, 유럽에겐 재생에너지로의 전환이 다시금 과거의 영광을 되찾을 수 있는 모멘텀이기도 했다.

전환기 초반, 유럽은 발 빠른 재생에너지 확대를 시작으로 경쟁국과의 격차를 벌리고 있다. 2000년 유럽(EU+영국) 0.74%, 미국 0.14%, 중국 0.05%였던 태양광 및 풍력 발전의 비중은 2010년 유럽 5.13%, 미국 2.24%, 중국 1.08%로 변화했다. 유럽은 이후 재생에너지로의 전환에 더욱 박차를 가하며 2015년 12.54%, 2020년 20.21%, 2023년 27.02%로 급속히 태양광과 풍력 등 '변동성 재생에너지(Variable Renewable Energy, VRE)' 비중을 높였다.

21세기 초까지 기술 측면에서나 환경에 대한 관심 측면에서나 중국 대비 재생에너지로의 전환 수준이 높았던 미국의 경우, 차근차근 태양광과 풍력 등의 발전 비중을 높여 2015년 5.21%, 2020년 10.74%를 기록했으나 2023년엔 14.38%로 중국에 역전을 허용했다. 중국은 2015년을 전후로 전환의 속도를 더욱 빠르게 가져갔다. 그 결과 변동성 재생에너지의 발전 비중은 2015년 3.85%에서 2020년 9.36%, 2023년 15.4%로 높아졌다. 유럽이나 중국과 달리 기존 화석연료 패권을 쥐고 있던 상황에서도 미국이 이 같은 변화에 나선 것은 충분히 평가할 만하다. 2010년을 전후로 다시금 석유 생산량을 늘려온 와중에도 재생에너지로의 전환을 부정하고, 이러한 변화를 무력화하기보다는 새로운 패권 전쟁의 중요성에 주목하고, 주요 경쟁 대상에 뒤처지지 않을 정도의 보조를 맞춰온 것이다.

선도적 위치의 유럽과 이를 뒤따르는 미국과 중국으로 정리할 수 있는 재생에너지로의 전환과 달리, 전기화의 양상은 조금 다르다. 2000년대 초반, 미국과 유럽은 최종에너지에서 전기의 비중이 20% 안팎을 기록해 10% 초반에 머물렀던 중국보다 상대적으로 높은 전기화 비율을 보였다. 그러나 중국은 2000년 11.36%, 2005년 13.93%, 2010년 18%로 빠르게 전기의 비중을 높였고, 2015년엔 21.25%를 기록하며 당시 유럽(21.15%)이나 미국(21.55%)과 비슷한 수준에 이르렀다. 이후에도 중국의 전기화는 멈추지 않았고, 2023년엔 최종에너지소비에서 전기의 비중이 28.58%까지 높아지며 전통 선진국의 수준을 넘어섰다. 이는 전기화가 비단 재생에너지 발전설비의 확대를 넘어 전력 인프라스트

럭처의 대대적인 전환 또한 필요로 한다는 것을 보여주는 사례이다. 이미 오랜 시간 전력 인프라를 갖추고, 도시와 산업 등이 그에 적응해 온 선진국의 입장에선 대대적인 인프라의 신설이나 확충이 어렵지만, 아직 그 체계를 갖추지 못 한 국가에선 인프라의 확대나 새로운 전기화 기술의 도입에 저항이 적은 것이다.

한편, 이러한 흐름 속 일본과 한국의 모습에서도 차이를 확인할 수 있다. 재생에너지로의 전환에 있어 한국과 일본은 '패권 전쟁의 장'에선 떨어져 있는 상태이다. 일본의 경우, 2000년대 초반까지 재생에너지로의 전환에 별다른 진전이 없었으나 2011년 후쿠시마 참사 이후 신규 발전원의 투입이 필수였던 만큼 이후 태양광과 풍력 등 변동성 재생에너지의 발전 비중은 빠르게 커졌다. 2000~2010년, 0.04%에서 0.65%로 소폭 늘어나는 데 그쳤던 비중은 2011년 0.86%, 2015년 3.81%, 2020년 8.66%로 점차 늘어 2023년 10.67%까지 확대됐다.

한국의 경우, 패권 다툼에 한창인 유럽과 미국, 중국뿐 아니라 일본과도 동떨어진 수준에 그치고 있다. 2007년에 이르러서야 태양광과 풍력 등은 전체 발전량의 1,000분의 1을 간신히 넘어섰고, 2016년에서야 1.21%를 기록하며 1%대를 돌파했다. 2023년 기준, 한국의 태양광과 풍력 등 변동성 재생에너지의 발전 비중은 5.45%로 유럽의 5분의 1, 중국의 3분의 1, 일본의 절반 수준에 그친다.

전기화의 경우엔 양국 모두 주요 전통 선진국들보다 되려 높은 수준을 보이고 있다. 전기의 사용 역사나 전력 인프라의 노후화 정도에 비추어 상대적으로 '젊은 인프라'를 갖춘 덕분이다.

문제는 앞으로다. 노후화에 따른 인프라의 대대적 교체 주기를 맞게 된 미국과 유럽은 재생에너지로의 전환에 맞춰 인프라를 새로 들여놓기에 상대적으로 유리한 상황이다. 반면, 한국과 일본은 현존 인프라의 수명이 남아 있는 상황에서 재생에너지에 맞는 인프라로 대대적인 전환에 나서느냐, 기존 인프라를 최대한 활용하면서 지출을 최소화하느냐 두 가지 선택지 사이에서 고민할 수밖에 없는 상황이다.

4. 온실가스 감축 그 이상인 에너지 전환의 효과

변동성 재생에너지의 증가세는 가히 역대급 속도로 진행 중이다. 영국에 기반을 둔 글로벌 기후·에너지 싱크탱크 엠버(Ember)의 분석에 따르면, 발전원별 1,000TWh의 발전량을 기록하기까지 수력발전은 39년, 석탄화력발전은 32년, 가스화력발전은 28년의 시간이 걸렸다. 이후 등장한 원자력발전의 경우엔 발전원 특성상 대량의 전기를 생산할 수 있는 만큼, 그 기간이 12년으로 단축됐다. 한편, 태양광과 풍력 등 변동성 재생에너지의 경우 간헐성이라는 특징으로 기존 전통적인 발전설비 대비 이용률 또는 효율이 떨어진다는 한계로 인하여 실제 발전설비의 용량과 연간 발전량의 괴리가 존재한다. 그럼에도 풍력발전은 등장 12년 만에, 태양광발전은 불과 8년 만에 1,000TWh의 발전량을 기록했다. 실제 발전원별 발전량의 증가세를 살펴보면, 변동성 재생에너지는 전통 발전원들과 비교할 수 없을 정도로 가파른 기울기로 발전량의

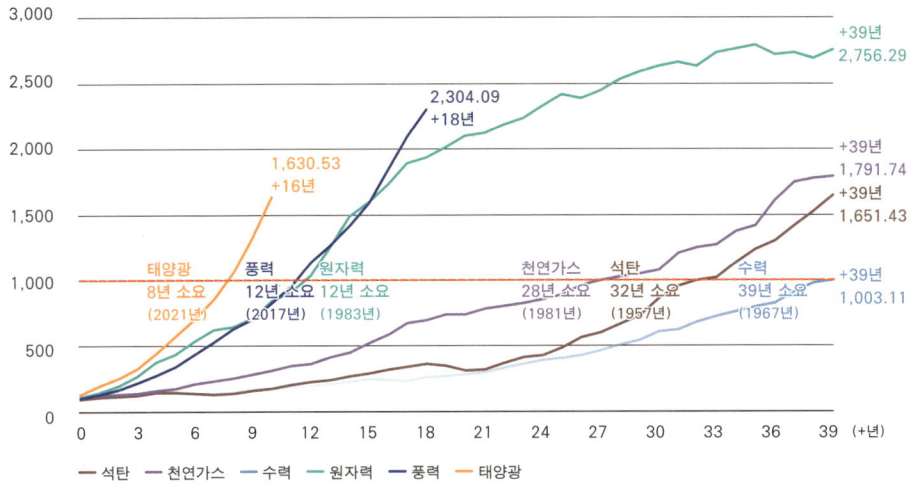

〈그림 2-7〉 발전원별 연차별 발전량 추이(단위: TWh)

출처: Ember, 재구성.

증가를 기록하고 있다. 이는 그만큼 엄청난 속도로 태양광과 풍력 등의 발전설비가 증가했다는 방증이다.

　IEA에 따르면, 2013~2018년 전 세계에서 총 992GW 규모의 재생에너지 발전설비가 신규로 추가됐고, 2019~2024년 추가된 설비 용량은 2,372GW로 더욱 급증했다. 이러한 증가세를 이끈 것은 변동성 재생에너지였다. 2013~2018년, 태양광발전은 438GW, 풍력발전은 298GW 더 늘었고, 2019~2024년엔 태양광의 경우 1,622GW, 풍력은 556GW의 설비가 추가됐다. 신규 설치분의 92%가 변동성 재생에너지였던 것이다.

　이처럼 세계 각국에서 빠른 속도로 재생에너지의 확산이 일어나는 것은 '온실가스 감축'만을 이유로 설명하기 어렵다. 나라마다 서로 다른 상황 속에서 이런 공통된 현상이 나타나는 것을 설명할 수 있는 요인으로는 경제성과 안보를 꼽을 수 있다. VRE의 확산은 규모의 경제를 부르며 비용의 절감을 이뤄냈다. 그 결과 국제재생에너지기구(International Renewable Energy Agency, 이하 IRENA)의 집계에 따르면, 2024년 태양광발전과 육상풍력발전의 균등화 발전단가(Levelized Cost of Electricity, 이하 LCOE)는 각각 4.26센트/kWh(킬로와트시), 3.4센트/kWh를 기록했다. 이는 화석연료발전(5~18센트/kWh)보다도 저렴한 수준이다. 해상풍력발전 또한 7.91센트/kWh까지 비용이 떨어지며 정부의 지원이나 보조 없이도 시장의 원리에 따라 경쟁할 수 있을 정도가 됐다.

재생에너지로의 전환과 전기화는 효율 측면에서도 높은 경제성을 갖는다. 화석연료를 태우는 내연기관의 경우, 그 효율이 30% 안팎에 불과하다. 화석연료를 이용해 전기를 생산하는 과정에서도, 화석연료를 이용해 자동차를 움직이는 과정에서도 본래의 목적대로 사용되는 에너지보다 열이나 소음, 진동 등으로 버려지는 에너지가 더 많은 것이다. 전기화를 통해 효율을 높임과 더불어, 그 전기를 가장 효율적으로 생산하는 방식이 바로 재생에너지 발전이다.

전 세계 인구의 4분의 3은 화석연료 순수입국(수출과 수입 중 수입이 더 많은 나라)에 살고 있다. 또한, 화석연료 수입에 GDP의 5% 이상을 지출하고 있는 나라에 살고 있는 이들은 전 세계 인구의 4분의 1에 달한다. 이런 상황에서 전기화와 재생에너지로의 전환은 국가의 에너지 안보 강화라는 기능을 수행하게 된다. 외부성에 따른 가격 변동에 취약해지지 않으면서 안정적으로 자국 영토 내의 햇빛과 바람을 통해 전기를 생산, 공급할 수 있기 때문

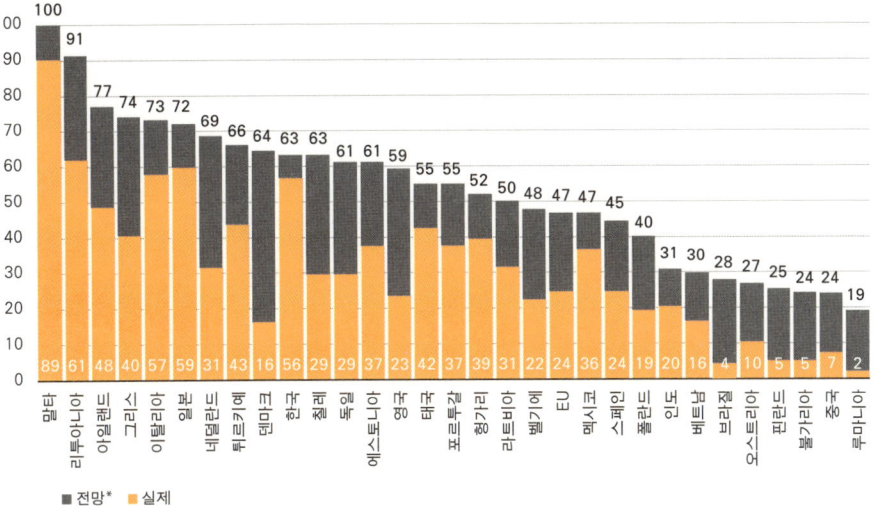

〈그림 2-8〉 전력공급에서 수입산 화석연료의 비중(단위: %, 2023년 기준)
출처: IEA, 재구성.

이다.

　때문에 세계 각국은 발 빠르게 에너지 전환에 돌입했고, 이는 예상보다 더 큰 폭의 에너지 안보 향상이라는 결과를 불렀다. IEA는 2023년 기준, 전력공급에 있어 수입산 화석연료에 대한 의존도가 높을 것으로 예상된 30개국의 전망과 실제를 비교했다. 30개국 모두, 2023년의 실제 수입 의존율은 당초 전망보다 낮았다. 재생에너지의 확대로 가능한 결과이다.

　2023년에도 전력 생산의 100%를 수입산 화석연료에 의존할 것으로 예상됐던 말타의 경우, 실제 2023년 수입 의존도는 89%에 그쳤다. 수입 의존도가 64%에 달할 것으로 예상된 덴마크의 경우, 변동성 재생에너지를 중심으로 전력믹스를 재편함에 따라 실제 의존율은 16%로 전망치의 4분의 1을 기록했다. 중국(7%)과 핀란드, 불가리아(각 5%), 브라질(4%), 루마니아(2%)의 경우, 당초 예상과 달리 한자리수의 낮은 의존율을 보였다.

예상 의존율 상위 30개국 가운데 당초 전망치보다 절반 이하로 의존도를 낮춘 국가는 위에 언급한 덴마크(전망 64%, 실제 16%)나 브라질(전망 28%, 실제 4%), 핀란드(전망 25%, 실제 5%), 불가리아(전망 24%, 실제 5%), 중국(전망 24%, 실제 7%), 루마니아(전망 19%, 실제 2%) 외에도 네덜란드(전망 69%, 실제 31%), 칠레(전망 63%, 실제 29%), 독일(전망 61%, 실제 29%), 영국(전망 59%, 실제 23%), 벨기에(전망 48%, 실제 22%), 폴란드(전망 40%, 실제 19%), 오스트리아(전망 27%, 실제 10%) 등 총 13개국에 달한다.

반면, 전망 대비 실제 의존율의 감소폭이 20% 미만에 그친 나라는 3개국에 그친다. 위에 언급한 말타와 일본(전망 72%, 실제 59%), 한국(전망 63%, 실제 56%)이 전부다. 그리고 이들 30개국 가운데 2023년 기준 수입 화석연료 의존율이 절반을 넘는 나라는 말타와 리투아니아(전망 91%, 실제 61%), 이탈리아(전망 73%, 실제 57%), 그리고 일본과 한국 총 4개 나라뿐이다. 과연 이런 현실 속에서 한국의 에너지 전환은 언제까지 '환경주의자의 유별난 어젠다'로 남아야 하는 것일까.

에너지 전환은 패러다임의 전환이다. 그 과정에서 전기화와 태양광과 풍력 등 변동성 재생에너지로의 전환은 지배적 디자인으로 자리 잡았다. 수십 년 전의 사고의 틀에 갇혀 '화석연료 수입국'의 포지션을 버리지 못하는 것은 지구를 위해서만이 아니라 한국이라는 국가와 한국의 경제, 산업, 그리고 시민사회 등 모두에 심각한 리스크로 남을 수밖에 없다.

5. 기후 문해력의 필요성

1980~1990년대 초반까지 '지구 온난화'로 불리었던 현상을 우리는 1990년대 중반 이후부터 점차 '기후변화'로 부르기 시작했다. 그리고 2010년대부턴 '기후위기'라는 표현이 등장하기에 이르렀다. 온실가스 농도가 해마다 '역대 최고'를 경신하면서 극한 기상현상이라는 이상(異常)이 일상(日常)이 된 탓이다. 그 결과, 우리는 '100년에 한 번' 혹은 '200년에 한 번' 찾아올 법한 폭염이나 호우, 가뭄을 이제 매년 또는 한 해 걸러 겪게 됐다.

　하루가 다르게 암울해지는 기후위기의 현실 속, 이러한 극한 기상현상과 충격적인 미래 전망을 전하는 보도에 대한 피로도는 높아지고, '기후 우울증'이라는 표현마저 등장하기에 이르렀다. 이런 인식의 문제와는 달리 한국의 온실가스 감축은 여타 선진국과 비교조차 할 수 없을 만큼 미미하고, 1인당 에너지 사용량 또한 좀처럼 줄어들지 않으며, 그러한 에너지 가운데 청정에너지 비중 또한 개발도상국보다도 못 한 모습을 보이고 있다. 피로를 넘어 우울감을 느끼는 와중에 실제 변화는 없는 이런 현실은 언행 불일치를 넘어 언행 '양극화'에 가까워지는 중이다.

　금세기 들어 국내 기후변화 관련 보도는 점차 늘어났고, 2020년 탄소중립 선언을 기점으로 기후변화를 키워드로 한 기사는 폭발적으로 증가했다. 이 과정에서 한국의 기후변화 보도와 해외의 보도를 비교, 비평하는 사례 또한 늘어났다. 프랑스 모 일간지는 기사 말미에 해당 기사를 작성하는 과정에서 뿜어낸 온실가스의 양을 계산해 '탄소 발자국'을 공개하기도 했고, 영국 모 일간지는 환경서약을 발표하고 온실가스 감축을 선언하기도 했다.

선진국의 언론 매체든, 개도국의 언론 매체든, 가리지 않고 '선진 사례'에 대한 소개글이나 이를 소개하는 기사, 또는 각종 세미나에서의 발제는 다수의 '기후변화 담당 언론인'에게 큰 울림을 남긴 것이 사실이다. 다만, 그 울림은 현실의 변화로 옮겨지지 못했다. 이는 기자 개인만의 문제도, 데스크만의 문제도, 편집권자만의 문제도 아니다. 언론뿐 아니라 정부, 산업계, 시민사회 모두의 기후 문해력(리터러시) 부재에서 비롯된 일이다.

1990년 10월, "지구 온난화를 막기 위해 온실가스 배출을 제한하는 국제협약 체결 논의가 본격화하고 있다"는 보도가 일제히 쏟아졌다. 이어 "에너지와 환경은 떼려야 뗄 수 없는 문제"라며 국가적 차원의 대책이 필요하다는 해설 형식의 박스성 기사 또한 뒤따랐다. 이어 1994년 7월엔 "미국과 일본, EU가 탄소세를 부과할 경우 한국의 수출이 큰 타격을 입을 것"이라는 산업연구원의 연구 결과를 인용한 보도가 다수 나왔고, 1998년엔 "온실가스 감축계획 수립, 청정에너지 확대, 에너지 저소비형 산업구조로의 전환 등을 추진하는 범정부 대책기구를 구성한다"는 보도도 이뤄졌다. 1990년의 기사는 수 년 후 '교토협약'이라는 이름으로, 1994년의 기사는 30년 후 EU의 '탄소국경조정제도(Carbon Border Adjustment Mechanism, CBAM)'로 현실이 됐다. 그리고 1998년에 만들어진 기구는 명맥을 유지해 지금의 탄소중립녹색성장위원회로 이어졌다.

기후라는 표현 자체가 '30년간 기상요소의 평균값'을 의미하는 만큼, 기후변화 대응 또한 긴 호흡으로 꾸준히 진행된 것이다. 하지만 이런 긴 호흡을 따라 이 문제에 천착한 언론인을 찾기란 매우 어려운 일이다. 한국의 '레거시' 미디어(전통 매체)에게 레거시를 요구하기 어려운 것이 업계의 현실이기 때문이다. 폭 넓은 인사이트(통찰력)와 취재 인맥, 이를 통한 발 빠른 팩트 체크와 보도의 생산은 한국 언론인에게 제1의 덕목이다. 스페셜리스트(전문기자)보다 제너럴리스트(범용기자)를 지향하게 된 배경이기도 하다.

사례로 언급한 1990년과 1994년, 1998년의 기사를 한 사람이 동일한 부서에서 작성한 경우는 현재까지 개인적으로 확인한 바에 따르면 전무하다. 통상 언론업계의 순환근무, 인사이동을 감안하면 당연한 결과이다. 1990년, 국제적인 협약의 움직임을 보도했던 기자가 1994년의 선진국 탄소세 부과 가능성을 취재했다면, 1994년, 선진국의 탄소세 부과 가능성을 보도했던 기자가 1998년의 대책기구 구성을 취재했다면, 그리고 취재와 보도에 이어 자신이 문제를 제기했던 것이 어떻게 현실 정책에서 반영됐는지, 혹은 정권교체 등의 이유로 정책 추진이 제대로 되지 않았는지 취재했다면 어땠을까. 최소한 2020년 탄소중립 선언 이후 등장한 탄소중립 시나리오를 보고 "갑작스런 정부의 선언에 모두가 화들짝 놀랐다"거나 "갑작스런 EU의 결정에 산업계가 충격에 빠졌다"는 문장은 쓸 생각조차 하지 못했을 것이다. 대부분의 경우, 해당 출입처의 기자에게 '처음 겪는 문제'였을 것이기 때문이다.

그럼 30여 년간 수없이 바뀐 제너럴리스트가 아닌, 한 자리를 지킨 스페셜리스트가 이를 모두 보도했다면 달랐을까. 물론, 이는 그저 꿈만 같은 이야기다. 과거부터 이어져 온 통상의 업계 조직구조상, 1990년의 기사는 국제부 기자(혹은 특파원)가, 1994년의 기사는 산업부 기자가, 1998년의 기사는 정치부의 청와대 출입 기자가 썼을 가능성이 크다. 반대로, 환경부를 출입하는 기자가 이 취재의 키를 쥘 가능성은 낮다. 소위 '취재 영역'을 일컫는 일본어 표현과 함께 부서간 감정이 상하는 일을 겪어야 했을지도 모른다. 마냥 "그랬다면 달랐을 것"이라 답하기 쉽지 않은 이유다.

언론 내부에서 기후 문해력이 자리 잡지 않는 한, 이 문제는 해결될 수 없다. 정책학 이론에서 이야기하는 정책 형성 과정에서 언론의 역할은 매우 중요하다. 사회문제가 사회적 쟁점이 되고, 그것이 공중의제로 거듭나 정책의제화하고, 그렇게 만들어진 정책의 결과를 환류해 보완하는 일련의 과정에서 언론은 문제를 지목하고, 쟁점화 또는 의제화하며, 정책의 결과물을 감시, 비판하는 것이다.

정책의 종류에 관계없이, 각각의 단계에 참여하는 부서는 사회부이기도, 정책부이기도, 정치부이기도, 때로는 국제부나 문화부이기도 하다. 이처럼 하나의 사회문제가 정책으로 만들어지기까지 다양한 부서가 동원되는데, 게다가 그 부서에서 취재를 하는 부원들은 부서를 오간다. 국정감사를 앞두고 날카로운 정책 비판을 한 언론인이 해당 부서에 머무르며 그 비판이 수용돼 어떻게 개선되는지 지켜보고, 피드백을 할 수 있는 경우가 얼마나 될까. 보통은 그 이후 상황에 대해 미처 챙기지 못하고 부서를 떠나거나, 전혀 다른 새로운 아이템을 찾아 몰두 중인 경우가 다수일 것이다.

정책 스펙트럼이 광대한 기후 정책의 경우, 장기적인 취재와 지속적인 보도가 더욱 중요해진다. 기후변화와 관련한 국제협약, 산업, 무역, 금융, 에너지, 고용 및 노동, 안보, 식량, 재해재난 등 다양한 정책이 즐비하며, 기후변화로 스포츠나 문화 이슈가 영향을 받기도, 반대로 스포츠나 문화 이벤트를 통해 기후변화에 대응하려는 경우도 많다. 이런 상황에서도 이를 '혹한기 한철', '혹서기 한 철', '호우기 한 철' 날씨 보도에 한, 두 문장 없는 식으로 스페셜리스트에게 맡기는 것이 '옳은 방법'일까.

기후 문해력의 중요성은 비단 언론에만 해당하는 것이 아니다. 1990년대 초반 국제사회의 논의에도 불구하고, 1990년대 중반 정부출연연구기관의 경고에도 불구하고, 1990년대 후반 국무총리를 위원장으로 하는 대책기구의 구성에도 불구하고 정부와 산업계, 시민사회 모두 기후 대응의 첫걸음을 떼기까진 너무도 긴 시간이 걸렸다. 그 중요성은 모두가 인지하고 있으나 여러모로 '먼 일'이라고 여긴 탓이다.

국내 기후변화 관련 인식조사 결과를 보면, 한국인의 기후 인식은 매우 높게 나타난다. 한국환경연구원(KEI)이 2021년 진행한 설문조사에 따르면, 우리나라 시민의 84.7%는 기후위기가 심각하다고 답했다. 기후위기 대응이 필요하냐는 질문엔 이보다 높은 86.3%가 필요하다고 답했다. 이보다 앞선 2019년, 한국리서치의 설문조사에선 93%가 "일상에서 기후변화로 인한 영향을 체감한다"고 답했고, 응답자의 90%가 "국가나 개인이 노력하면 기후변화를 막거나 늦출 수 있다"고, 88%가 "비용이 더 들더라도 에너지 절약에 도움되는 친환경 제품을 사용할 의사가 있다"고 했다.

국제 비교 연구에선 기후 대응을 선도하는 주요 국가들보다도 더 높은 인식 수준을 보이기도 한다. 2022년, 미 예일대의 기후변화커뮤니케이션센터가 온실가스 배출량이 가장 많은 15개국을 대상으로 한 설문조사에서 한국인의 93%가 기후변화에 유의하고 있는 것으로 나타났다. 기후변화를 대하는 입장을 '경각심을 가짐'-'걱정함'-'주의함'-'관심 없음'-'의심함'-'거부함' 총 6개 종류로 나누었는데, 41%가 '경각심을 갖는다', 35%가 '걱정한다', 17%가 '주의한다'고 답했다. 기후변화를 '의심한다'는 응답은 2%에 그쳤고, '거부한다'는 응답은 없었다. 이는 에너지 전환 선도국으로 거론되는 독일('의심함' 8%, '거부함' 3%)이나 영국('의심함' 7%, '거부함' 4%)뿐 아니라 미국('의심함' 11%, '거부함' 11%) 등에 비해 월등히 높은 수준의 기후 감수성을 보여주는 결과다.

한국의 현실은 어떨까. 민주주의 사회에서 시민이 가장 적극적으로 의견을 표출하고, 사회적 변화를 이끌어내는 가장 주효한 방법은 선거이다. 독일과 영국, 미국에서 기후·에너지 의제가 주요 선거에서 중요 의제로 거듭나며 '기후 선거'라는 표현이 등장했던 것과 달리, 한국의 선거에서 이 의제는 핵심으로 거듭난 적이 없다. 지난 21대 대통령 선거 과정에 이르러서야 처음으로 기후위기 대응을 주제로 한 토론이 이뤄졌지만, 그마저도 기후위기 대응에 대한 각 후보나 정당별 정책 대결이 아닌, 무의미한 비방만 가득했다.

시민사회의 또 다른 중요한 선택인 소비에 있어서도 상황은 비슷하다. 에너지의 대부분을 수입에 의존하는 상황 속, 유가의 변동엔 연비 운전이나 최저가 주유소 검색 등 적극적으로 대응하는 것과 달리, 절반 이상을 수입산 화석연료에 의존하는 전기의 요금이나 전량을 수입산 화석연료에 의존하는 도시가스 요금의 인상은 시민사회와 정계 모두에서 '금기어'로 여겨진다.

2020년 기준, 한국의 가정용 전기요금은 kWh당 9센트 수준으로 독일(37센트/kWh)이나 영국·일본(26센트/kWh)에 크게 못미치고, 세계 최대 화석연료 생산국인 미국(15센트/kWh)과도 차이가 크다. 한국처럼 10센트 미만인 곳들로는 UAE(8센트/kWh), 러시아(6센트/kWh), 사우디아라비아(5센트/kWh) 등 산유국이 자리한다. 한국이 이들과 비슷한 수준의 저렴한 전기요금을 유지하는 것이 정상적인 상황일까. 많은 이들이 이 문제에 공감하면서도 '전기요금 정상화'에 대한 목소리는 좀처럼 나오지 않는다.

K-배터리와 K-전기차의 우수성을 한목소리로 외치나 전기차 보급은 좀처럼 속도가 나지 않고 있다. "전 세계적으로 전기차 캐즘(확산의 단절)이 심각하다"고 주장하나 최근 10년간 전 세계 전기차 판매량은 단 한 번도 줄어든 적이 없다. 그럼에도 '한국 한정'인 이야기를 '글로벌 트렌드'인 양 이야기하고 있다.

2024년 전 세계에서 판매된 자동차 가운데 배터리전기차(Battery Electric Vehicle, 이하 BEV)의 비중은 22%를 기록했다. 주요 자동차 생산국별로 살펴보면, 한국의 BEV 판매 비중이 9.2%에 머문 사이 중국은 48%, 독일 19%, 미국 10%의 BEV 판매 비중

을 각각 기록했다. 내연기관에 대한 규제 없이 2015년부터 10년
간 보조금만 집행해 온 정책의 결과이자, 전기차 관련 주식은 사
더라도 정작 자가용을 전기차로 바꾸지 않는 아이러니한 소비자
선택의 결과이다.

이런 상황에 대한 명확한 인식을 한 이후에야, 즉, 사회 전반
의 기후 문해력이 자리 잡은 이후에야 정상적인 기후대응 논의
가 가능할 것이다. 무대응에 따른 위험을 지적해 적극적인 기후
대응을 부르고, 그러한 기후 대응에 대한 환류를 통해 더 나은 대
안을 제시해야 하는데, '적극적인 기후 대응'이라는 첫 단추조차
끼워지지 않은 지금의 상황에선 환류할 결과물조차 존재하지 않
는다.

기후 문해력이 자리 잡으려면, 언론과 더불어 교육의 역할
이 무엇보다 우선되어야 한다. 기후변화에 관한 초등 교재와 중
등 교재가 수년 전 환경부 주도로 마련됐지만, 이를 채택한 학교
는 찾아보기 어렵다. 의무교육과정과 고등학교를 거쳐 대학에 진
학하더라도, 기후변화를 제대로 공부할 수 있는 전공은 학부가
아닌 대학원에 있는 경우가 대부분이다.

이는 2020년대 중반에 이르러서도 기후변화 관련 용어가 여
전히 '전문가의 언어'로만 남아 있고, 우리의 생활에 녹아들지 못
한 채 기후변화를 설명할 때마다 '삐쩍 마른 북극곰', '죽어가는 고
산 침엽수', '아열대성 어종으로 가득해지는 한반도 바다'와 같은
인간 외의 생태계 현상이 대표적인 이미지나 사례로 사용되는 이
유이기도 하다.

'기후변화가 중요하다고 생각하십니까?'라고 묻지 않고, '정

치, 부동산, 국민연금, 경제, 북한, 대미관계, 수출, 기후변화 가운
데 가장 중요한 순서대로 나열하시오'라고 물었을 때, 우리는 어
떻게 답할까. 그 답이야말로 기후 문해력을 가늠할 수 있는 '진짜'
기후변화 인식의 바로미터일 것이다.

3장

덴마크와 일본의 에너지 전환, 시민 참여를 이끌어내다

송원일

제주MBC 기자

1. 제주의 재생에너지 보급과 발전 현황

제주도에 살다 보면 햇빛이 귀한 걸 알게 된다. 날씨가 호락호락 하지 않기 때문이다. 맑은 날씨를 보이다가도 비바람이 종종 몰아치곤 한다. 햇빛이 지표면을 비추는 일조시간도 많지 않다. 제주는 연간 1,800시간 정도로 우리나라 평균 2,200시간보다 400시간이 적다.

그런데도 태양광발전과 풍력발전 같은 재생에너지 보급 속도는 제주가 전국에서 가장 앞서 있다. 제주도의 재생에너지 발전 비중은 20%에 이른다. 제주에서 쓰는 전기의 5분의 1을 풍력과 태양광발전으로 생산하고 있는 것이다. 우리나라 전체 평균보다 2배 높다. 그런데 몇 년째 20% 벽에 가로막혀 있다. 출력제한 (Curtailment) 때문이다.

제주에서 출력제한은 왜 일어날까

출력제한은 발전기의 전력 생산을 강제로 중단하는 것을 말한다. 햇빛이 많이 나고 바람도 세게 불어 태양광발전과 풍력발전으로

〈사진 3-1〉 제주 중산간에 들어선 태양광발전소(위)와 풍력발전소(아래)

전기를 더 많이 생산할 수 있는데도 발전기를 멈춰야 하는 상황이 벌어지고 있는 것이다.

　　출력제한은 전기가 갖는 독특한 성질 때문에 발생한다. 전기는 발전소에서 생산돼 전력망(송전망-배전망)을 거쳐 소비된다.

이 과정에서 전기의 공급과 수요가 항상 일치해야 한다. 전기 공급이 수요보다 조금이라도 많거나 적으면 곧바로 정전이 발생하기 때문이다.

그래서 전력 수요가 늘어나면 공급을 늘려야 하고, 거꾸로 전력 수요가 줄어들면 공급을 줄여야 한다. 바로 이 지점에서 출력제한이 발생한다. 전력 수요가 감소해 전기가 남아돌 때 전력 공급을 줄이려고 강제로 발전을 중단시키는 것이 바로 출력제한인 것이다. 출력제한은 주로 봄과 가을에 많이 발생한다. 여름에는 냉방용, 겨울에는 난방용 전기 소비가 늘어나지만 봄, 가을에는 냉난방이 필요 없어 전력 수요가 줄어들기 때문이다. 봄, 가을에 햇빛이 많이 나고 바람이 세게 불면 태양광과 풍력 발전량은 크게 늘어나는데 전력 수요가 적다 보니 강제로 발전을 중단시키는 일이 많아지는 것이다. 발전량이 많아진다고 해서 화력발전소와 육지에서 전기를 공급받는 해저연계선을 중단하는 것은 쉽지 않은 일이다. 조명등처럼 껐다가 바로 켤 수가 없기 때문이다. 한 번 가동을 멈추면 다시 켜는 데 최소 3~4시간이 필요하다 보니 최소 발전량을 항상 유지해야 한다. 이 때문에 전기 공급량이 많아지면 쉽게 껐다 켤 수 있는 재생에너지의 전기 생산을 가장 먼저 중단하는 것이다.

재생에너지 확산을 막는 출력제한

제주에서 처음 출력제한이 발생한 것은 2015년으로, 당시 풍력발전을 3차례 중단시켰다. 이후 풍력과 태양광발전이 늘어나면서

2024년에는 181차례로 늘었다. 제주에서 출력제한 때문에 발생한 손실액만 200억 원에 이른다.

　출력제한은 최근 전국으로 확산되고 있다. 재생에너지가 전국 곳곳에서 늘고 있기 때문이다. 문제는 출력제한을 해결하지 못하면 재생에너지 확산이 불가능하다는 점이다. 제주도의 경우 출력제한 때문에 재생에너지 발전 비중이 몇 년째 19% 대에 머물러 있다. 심지어 2024년부터는 신규 재생에너지 발전사업 허가도 중단된 상태다.

　우리나라 전력 시스템은 몇 년 전까지만 해도 전력을 모자라지 않게 공급하는 것이 중요했다. 여름과 겨울의 최대 전력수요를 맞추기 위해 계속 발전시설을 늘려야 했다. 그러나 재생에너지가 늘어나면서 이제는 순간적으로 남아도는 전기를 처리하는 것이 더 중요해졌다. 안정적인 전력 시스템 유지를 위해서는 전력 공급보다 전력 수요를 어떻게 관리하느냐가 더 중요해진 것이다. 특히 출력제한 문제를 해결하지 못하면 재생에너지의 확산은 불가능한 상황에 놓여 있다.

　제주에서 출력제한이 점점 심각해지자 지역 언론의 관련 기사도 늘어나기 시작했다. 그러나 해결책을 찾으려는 시도는 눈에 띄지 않았다. 쉽게 다룰 수 있는 주제가 아니었다. 지역 언론의 여건도 녹록치 않다. 어렵고 복잡한 문제를 붙들고 시간을 들여 심층취재하기에는 취재 인력도, 예산도 모자라기 때문이다.

　취재기자 경력이 30년에 가까워지자 뭔가 깊이 있는 취재를 해보자는 생각이 고개를 들었던 것 같다. 그래서 현상을 전달하는 보도가 아니라 문제의 원인과 해법을 찾아보자는 다소 무모한 도전에 나섰다. 본격적으로 전기란 무엇인지 공부를 시작했다. 처음부터 쏟아지는 난해한 전문 용어들. 계속 할 수 있을지 근심이 쌓여갔다. 전문가들을 만나 이해가 될 때까지 묻고 또 물었다. 출력제한의 원인과 해법은 무엇일까? 쉽지 않은 주제를 붙잡고 씨름을 계속했다. 그러다 세계에서 가장 빠르게 재생에너지를 보급하는 덴마크의 사례가 눈에 들어왔다. 취재를 하면서 해법을 찾을 수 있겠다는 기대가 조금씩 커졌다.

2. 덴마크의 재생에너지 발전 현황

덴마크는 재생에너지 발전 비중이 80%에 이른다. 우리나라보다 8배 높다. 2030년에는 100% 재생에너지로 전기를 공급한다는 목표를 세웠다. 덴마크는 어떻게 재생에너지를 빠르게 확산하고 동시에 출력제한을 해결하고 있을까? 해답을 찾기 위해 2023년과 2024년 연속으로 덴마크를 방문해 취재를 이어갔다.

2023년 10월 인천공항을 출발해 20시간을 날아 덴마크 코펜하겐에 도착했다. 공항을 벗어나 시내로 향하는 거리 풍경이 군더더기가 없다. 도로 한가운데 가로등 조명이 허공에 매달려 있다. 우리나라처럼 도로 양 옆에 가로등을 나란히 세우는 대신 가느다란 쇠줄에 매달아 놓은 모습이 신기했다. 효율을 중시하는 나라다웠다. 차도와 인도 사이에는 자전거도로가 있다. 온갖 종류의 자전거 행렬이 속도를 낸다. 시민의 60%가 자전거로 출퇴근하는 도시. 이미 일상에서 녹색 전환(Green Transition)이 빠르게

〈사진 3-2〉 덴마크 코펜하겐의 도로 한가운데 있는 가로등(왼쪽)과 인도 가운데 설치된 가로등(오른쪽)

진행되고 있음을 느낄 수 있다.

덴마크의 수도 코펜하겐은 세계 최초로 '탄소중립 수도'를 목표로 내건 도시다. 화석연료에서 벗어나 재생에너지 기반의 도시를 만들기 위해 다양한 녹색 전환 정책을 추진하고 있다. 도심 버스의 90% 이상이 전기와 바이오가스를 이용한다. 도심 건물의 98%가 재생 열원 기반의 지역난방을 이용한다. 무엇보다 풍력과 태양광발전 같은 재생에너지 발전 비중을 높이기 위해 노력하고 있다. 에너지만 놓고 보면 미래 도시에 와 있는 셈이었다.

1) 덴마크의 해상풍력발전의 현주소

덴마크는 탄소중립을 위해 2030년까지 전기의 100%를 재생에너지로 공급하는 계획을 추진하고 있다. 태양광발전과 육상풍력발전이 포화 상태에 이른 덴마크는 해상풍력발전에 집중하고 있다. 2024년 기준 덴마크의 해상풍력발전 용량은 2.3GW(기가와트)다. 1991년 세계 최초로 해상풍력발전을 시작한 지 30년 만에 이룬 실적이다. 더 놀라운 것은 2030년까지 9GW를 추가로 건설하겠다는 계획이다. 이는 원자력발전소 9개와 맞먹는 규모로, 지금까지보다 훨씬 빠른 속도로 지어야 가능한 목표다. 실현할 수 있을까? 취재 과정에서 만난 덴마크 정부와 기업 관계자 모두 '가능하다'고 말한다. 이러한 덴마크의 자신감은 어디에서 오는 것일까?

주민 반대를 해결한 미들그룬덴 해상풍력단지

현장을 보기 위해 2024년 10월 코펜하겐 해안에서 3.5km 떨어진 미들그룬덴(Middelgrunden) 해상풍력단지로 향했다. 30명 정도 탈 수 있는 나무배가 파도에 요동친다. 제주도 바람은 비할 바가 아니다. 잠깐 자세를 바꾸는 사이에 배를 덮친 파도를 뒤집어썼다. 머리도 코트도 흠뻑 젖었다. 강한 바람과 높은 파도 때문에 해상풍력발전기에 상륙해 발전기 꼭대기에 올라가려는 계획은 취소됐다.

이곳은 지난 2000년 2MW(메가와트)짜리 발전기 20개가 설치돼 코펜하겐 주민 4만 가구에 전기를 공급하고 있다. 미들그룬

〈사진 3-3〉 덴마크 코펜하겐 앞바다에 들어선 미들그룬덴 해상풍력단지 전경

덴 해상풍력단지는 세계에서 가장 상징적인 시민참여형 해상풍력 프로젝트로 알려져 있다. 코펜하겐의 녹색 전환과 재생에너지 민주화를 대표하는 사례다.

그러나 1993년 사업을 처음 추진할 당시에는 주민들의 강한 반대에 부딪혔다. 바다 경관과 해양 생태계가 훼손되고 어민 피해가 우려된다는 이유에서였다. 주민들의 반발을 해결한 방법은 크게 두 가지였다.

첫 번째는 투명하게 정보를 공개하고, 여러 차례 회의를 열어 주민들을 설득한 것이다. 취재팀이 만난 한스 크리스티안 쇠렌슨 미들그룬덴 풍력발전 대표는 주민들의 참여가 무엇보다 중요하다고 말한다. 사업 추진 과정에서 "솔직하고 개방적이어야 한다"는 것이다.

두 번째는 주민 참여를 이끌어내기 위해 덴마크 해상풍력

역사상 처음으로 시민출자형 모델을 채택한 것이다. 시민 조합원 8,500명이 참여해 1인당 4,000유로로, 한화 650만 원 정도를 투자했다. 생산한 전기를 팔아 얻은 수익은 배당 형태로 공유하면서 재생에너지에 대한 주민 수용성을 높이는 계기가 되었다.

정부 주도 입지 선정과 '원스톱숍' 제도 도입

이후 덴마크 정부는 사전 조사를 거쳐 해상풍력단지를 건설할 수 있는 지구를 지정해 공개했다. '정부 주도의 입지 선정 방식'을 도입한 것이다. 지역 주민들에게 모든 정보를 투명하게 알리겠다는 취지였다. 특히 법으로 어민들의 피해 보상 절차를 정하고 해상풍력 사업자가 주민들과 보상 협의를 끝내야 허가를 받을 수 있도록 했다. 또한 중앙정부와 지방자치단체, 어민단체가 초기 단계부터 공동 협의체를 구성해 갈등 요소를 해결했다.

한국에서는 2025년 2월 '해상풍력 보급 촉진 및 산업 육성에 관한 특별법'이 국회를 통과하면서 정부 주도의 해상풍력 입지 선정 방식이 도입되었다. 이전까지는 사업자가 해상풍력발전 후보지를 정해 정부에 사업계획서를 제출하면 인허가를 내주는 방식이었다. 입지 선정을 사업자에게 맡기다 보니 주민 갈등, 환경 훼손 논란이 끊이지 않았다.

덴마크가 세계에서 가장 빠르게 해상풍력단지를 건설하는 또 다른 비결은 신속한 인허가 절차다. 덴마크 에너지청(Danish Energy Agency, DEA)이 중심이 돼 관련 정부 부처와의 협의를 일괄 해결하는 '원스톱숍(One-Stop Shop)' 제도를 도입한 결과 인허가 기간이 평균 34개월로 단축됐다. 평균 68개월 걸리는 한국의 절반 수준이다.

'원스톱숍'은 2013년부터 덴마크 정부가 해상풍력 개발의 기본 절차로 채택한 제도이다. 덴마크 에너지청이 중심 창구로서 인허가와 환경영향평가, 어업, 항로, 국방 등 10여 개 부처의 절차를 조정하는 방식이다. 법적, 행정적 불확실성을 줄이고 어업 분쟁과 환경 갈등을 줄여 민간사업자의 리스크를 줄이는 효과를 거두고 있다. 영국과 네덜란드, 한국 등 여러 나라가 덴마크의 원스톱숍 제도를 참고해 해상풍력 보급 정책을 추진하고 있다.

해상풍력발전을 통한 지역경제 활성화

덴마크는 해상풍력발전을 확산하기 위하여 지역경제 활성화와 연계시키는 전략도 추진하고 있다. 덴마크 남서부 해안에 자리 잡은 항구도시 에스비에르는 유럽에서 바람이 가장 많이 부는 북해와 맞닿은 곳이다. 2024년 10월 취재팀이 방문했을 때 드넓은 항만 부지에는 100m가 넘는 풍력발전기 몸체와 80m에 이르는 발전기 날개 등 초대형 부품 수백 개가 늘어서 있었다. 모두 북해에 건설 중인 해상풍력단지로 운반할 부품들이었다. 이곳에서 풍력발전기를 조립한 다음 대형 운반선에 수직으로 세워 실어 나른다. 지금까지 해상풍력단지 60곳, 24GW를 건설하기 위해 운반한 풍력발전기만 4천 개가 넘는다.

해상풍력발전단지 건설이 증가하면서 해상풍력단지를 운영하고 관리하는 기업들도 새로 등장했다. 해상풍력단지가 평균 30

〈사진 3-4〉 덴마크 에스비에르항에 보관 중인 해상풍력발전기 부품들(위)과
운반선으로 옮기기 위해 세워놓은 풍력발전기 타워(아래) 모습

년 동안 운영되는 점을 감안하면 장기적으로 안정된 일자리가 창
출되고 지역경제도 활성화되는 효과가 나타났다.

　　에스비에르는 1970년대까지만 해도 어선 600여 척이 드나
드는 어촌이었다. 그러나 어획량이 줄면서 어선업이 쇠퇴했고 인

구도 감소했다. 이후 에스비에르가 주목한 것이 바로 해상풍력발전이었다. 대규모 부품들을 보관하고 조립하기 위해서는 넓은 항만 부지가 필요하다는 점을 이용해 해상풍력 '배후 항만'을 육성하기 시작했다. 그 결과 에너지 관련 일자리가 5,000개 넘게 생겼고 주민들도 변화를 실감하고 있다. 주민들의 생각이 긍정적으로 바뀌면서 해상풍력단지 건설에 탄력이 붙는 선순환 구조가 만들어졌다.

덴마크는 지금보다 4배 더 많은 해상풍력발전단지를 추가로 건설해 100% 재생에너지로 전기를 공급한다는 야심찬 계획을 추진하고 있다. 이를 위해 지역 주민들의 공감과 지지를 이끌어내 재생에너지를 확산하기 위한 단단한 토대를 만들고 있다.

2) 덴마크의 출력제한 해법

실시간 전기요금제를 통한 출력제한 해결

문제는 출력제한이었다. 재생에너지가 빠르게 확산하면서 덴마크는 우리와 마찬가지로 출력제한 문제에 부딪히게 되었다. 덴마크는 어떻게 이 문제를 풀고 있을까?

취재팀은 덴마크 코펜하겐에 있는 스타트업인 '트루 에너지(True Energy)'를 2023년 10월 방문했다. 이곳은 전기차 충전 애플리케이션을 개발하고 운영하는 회사로, 하루 중 전기요금이 가장 쌀 때를 골라 자동으로 충전할 수 있도록 하는 프로그램을 개발했다. 사용자는 하루 중 전기요금이 가장 싼 시간대를 확인하고 전기차를 자동으로 충전할 수 있다. 전기차 충전 요금을 절약할 수 있기 때문에 이용자가 늘고 있다. 전기요금이 실시간으로 달라지는 덴마크의 전기요금 제도를 이용한 것이다.

실시간 전기요금제는 출력제한 해결에도 도움을 주고 있다. 전력 수요가 줄어 전기가 남아돌 때 전기요금이 내려가면 전기차를 일제히 충전시켜 전력 수요를 끌어올리게 된다. 소비자는 전기요금을 아낄 수 있고 발전사업자는 출력제한을 하지 않아도 되기 때문에 모두가 이익이다. 특히 전기차에 있는 배터리들을 모아서 거대한 에너지 저장장치로 활용하고 있었다. 전기가 남아돌 때는 전기차 배터리를 일제히 충전해 전력 수요를 늘리고 전기가 모자랄 때는 배터리에서 전기를 꺼내 전력 공급을 늘릴 수 있기 때문이다.

덴마크는 유럽에서도 가장 앞서 '실시간 전기요금제'를 도입한 나라다. 재생에너지 발전 비중이 높아지면서 날씨에 따라 전력 공급이 요동치는 상황에 대응하기 위한 방법이었다. 전력 공급이 변할 때마다 전력 수요를 탄력적으로 조절하기 위해 실시간으로 변하는 전기요금제도를 도입한 것이었다. 덴마크는 가정용 전력계량기를 스마트화하는 작업을 추진하고 2016년부터 실시간 전기요금제를 전국으로 확대했다.

소비자는 고정요금제와 변동요금제 가운데 하나를 선택할 수 있다. 변동요금제를 선택하면 전기요금이 수시로 달라지기 때문에 저렴한 시간대를 골라 전기를 이용하는 것이 중요하게 된다. 이 지점에서 새로운 사업 기회가 창출됐다. 전기요금이 싼 시간대를 사용자에게 알려주고 전기를 쓸 수 있도록 안내하는 소프

트웨어 업체들이 속속 등장한 것이다. 소비자가 일일이 신경 쓰지 않아도 애플리케이션만 설치하면 자동으로 저렴한 전기를 이용해 전기요금을 절약할 수 있게 되었다.

전력 도매시장에 도입된 실시간 변동형 가격제

덴마크는 발전사업자들이 전기를 판매하는 도매시장에도 변동형 가격 제도를 도입하고 있다. 발전사업자를 대상으로 연간, 월간, 주간 단위의 장·단기 계약시장과 함께 '하루 전 시장(Day-Ahead Market)', '당일 시장(Intraday Market)', '실시간 시장(Real-Time Market)'을 운영하고 있다. 우리나라가 '하루 전 시장'만 운영하는 것과는 대조적이다.

우리나라는 2001년 4월 '전력산업 구조개편 촉진법'에 따라 전력 도매시장을 개설했다. 한전이 발전과 송전, 배전, 판매를 모두 독점하는 구조를 개편하기 위해 발전 부문을 분리하면서 도입한 제도였다. 이때부터 '하루 전 시장'이 운영되기 시작했다. 화력발전소와 원자력발전소 중심이던 상황에 적합한 방식이었다.

'하루 전 시장'은 발전소들이 다음 날 발전량을 하루 전 오전 11시까지 제출하면 전력거래소가 예상 전력수요에 맞춰 공급량을 결정한다. '하루 전 시장' 방식은 하루 전에 발전량을 예측하기 때문에 과거 화력발전소 중심이던 상황에서는 문제가 발생하지 않았다. 그러나 재생에너지가 확산하면서 상황이 달라졌다. 날씨에 따라 발전량이 요동치기 때문에 하루 전에 예측한 발전량과 다르게 오차가 크게 벌어지는 일이 빈번하게 발생했다.

덴마크도 2000년까지 '하루 전 시장' 중심의 전력 도매시장을 운영했다. 그러나 재생에너지가 확산하면서 탄력적인 전력 도매시장으로 개편하기 시작했다. 2004년부터 실시간 조정 시장을 도입하고 이후 '하루 전 시장'과 '당일 시장', '실시간 시장'의 3단계 시스템을 운영하고 있다.

덴마크에서는 발전사가 생산한 전기를 거래하는 도매시장에서도 실시간으로 가격이 변동한다. 전력 도매가격이 전력 공급과 수요에 따라 결정되는 것이다. 전력 공급에 비해 전력 수요가 줄면 도매가격이 내려간다. 전력 수요가 크게 감소하는 경우에는 심지어 마이너스 가격으로 떨어진다. 덴마크는 2009년부터 전력 도매시장에 마이너스 가격 제도를 도입했다.

마이너스 가격으로 떨어진 상황에서 전기를 생산하면 발전사업자는 전력대금을 받는 것이 아니라 거꾸로 돈을 내야 한다. 전력 수요가 없는데도 전기를 생산한데 따른 사실상 '벌금'인 셈이다. 마이너스 가격 제도를 도입한 결과 가격 신호를 통해 출력제한을 하는 효과를 거두고 있는 것이다.

재생에너지 발전소가 수천 개로 늘어나면 공정하게 출력제한 대상을 결정하기가 어렵다. 그래서 덴마크는 전력 공급과 수요에 의해 결정되는 도매가격에 따라 발전소 스스로 전력 생산량을 결정하도록 했다. 마이너스 가격 제도가 도입된 이후 경제성이 떨어지는 발전소의 손실이 증가했다. 피해는 화력발전소에 집중됐다. 마이너스 가격으로 떨어져도 화력발전소는 최소한의 출력은 유지해야 하기 때문에 '벌금'을 감수하면서도 발전기를 가동하는 상황이 증가했다. 결국 채산성이 떨어지는 석탄발전소들이

2010년대 중반 이후 급속히 폐쇄됐다. 가격 경쟁을 통한 출력제한이 이뤄지면서 1995년 95%를 차지했던 화력발전소는 25년 만에 20% 아래로 떨어졌고, 재생에너지는 5%에서 80%를 돌파하며 16배 증가했다. 마이너스 가격 제도가 화석연료의 퇴출을 촉진하는 경제적 압력 수단으로 작용한 것이다.

한국의 전력시장 현황 및 비교

우리나라는 전력 소매시장과 도매시장에서 여전히 화력발전에 기반한 시스템에 머물러 있다. 주택용 전기요금제도는 1년 내내 고정된 요금제가 적용된다. 전기가 남아돌아도 전기요금이 내려가지 않기 때문에 소비자들은 굳이 전기를 사용할 필요가 없어진다. 덴마크가 실시간 변동형 전기요금제를 도입해 출력제한을 해결하는 수단으로 활용하는 것과는 대조적이다.

또한 우리나라는 전력 도매시장에서도 하루 전에 다음 날 전력 도매가격이 결정되는 시스템이 시행되고 있다. '하루 전 시장'만 존재하는 것이다. 과거 화력발전소만 있던 상황에서는 전기 생산량을 미리 계획해 공급해도 큰 문제가 없었다. 그러나 날씨에 따라 전기 생산이 수시로 변하는 재생에너지가 확산하면서 상황이 달라졌다. 그런데도 전력 도매시장은 변화된 상황을 쫓아가지 못하고 있는 것이다.

우리나라가 '하루 전 시장' 제도를 고집하는 이유로 전문가들은 화력발전 중심의 전력 시스템 때문이라고 지적한다. 특히 전력시장을 공정하게 운영해야 하는 전력거래소가 한전과 한전의 발전자회사들의 영향력 아래에 있는 것이 문제라고 말한다. 전력거래소 이사회와 전력시장의 주요 운영 규칙을 정하는 전력거래소의 각종 위원회가 한전과 한전 발전자회사의 관계자 위주로 구성되기 때문이라는 것이다. 현재 한전의 발전자회사는 모두 6개다. 한국수력원자력과 남동발전, 중부발전, 서부발전, 남부발전, 동서발전이다. 한전이 지분 100%를 갖고 있다. 한전의 발전자회사들은 원자력과 화력발전 중심이기 때문에 재생에너지 확산에 맞는 전력 시스템 도입을 꺼린다는 것이 전문가들의 분석이다. 전력시장의 거버넌스를 어떻게 변화시켜야 하는지가 시급한 과제라고 말한다.

이런 현실에서 작은 변화의 움직임이 나타나고 있다. 2024년 6월부터 제주도에서 처음으로 실시간 전력 도매시장이 도입됐다. 정부는 재생에너지 보급이 국내에서 가장 빠른 제주에서 먼저 시행한 뒤 효과를 분석해 전국으로 확대할 계획이다. 재생에너지를 확산하기 위해서는 실시간 시장 도입을 미룰 수 없다고 판단한 것이다.

그러나 전기 소매시장에서는 여전히 고정 요금제가 시행되고 있다. 재생에너지가 늘어나 전력 공급이 수시로 변하는 상황에서 전기 수요를 탄력적으로 조절할 수 있는 실시간 변동형 전기요금제는 도입되지 않고 있다. 재생에너지를 확산하겠다고 하면서도 이를 뒷받침할 전력시장의 변화는 지지부진한 것이 우리의 현실이다.

또 다른 문제는 우리나라의 전기요금이 선진국과 비교하면 너무 싸다는 점이다. 덴마크의 전기요금을 살펴보면서 두 번 놀랐다. 덴마크는 재생에너지가 확산하면서 연료비가 0원인 풍력과 태양광발전이 늘어나 전력 생산비용이 세계 최저 수준을 보이고 있다. 재생에너지의 규모가 커지자 발전단가가 떨어졌고 액화천연가스(LNG), 석유, 석탄은 물론 원전보다 더 저렴한 발전원으로 자리매김하게 되었다.

그런데 전기 소매요금은 세계에서 가장 비싼 편에 속한다. 덴마크 정부의 정책 때문이었다. 재생에너지 보급을 위한 각종 세금과 부담금을 부과해 전기요금을 크게 올려놓은 것이다. 덴마크의 전기요금에서 전기 자체의 생산비용은 20~25%에 지나지 않는다. 나머지 75~80%는 세금과 부과금, 송배전망 요금이다. 이 가운데 세금이 절반 정도다. 덴마크가 높은 전기요금 체계를 유지하는 이유는 크게 세 가지다. 첫째는 에너지 절약을 유도하기 위해서다. 전기 소비를 억제하고 에너지 효율을 높여 국가 전체적으로 에너지 수요를 줄인다는 목표이다. 둘째는 재생에너지 확산에 필요한 재원을 확보하기 위해서다. 셋째는 해상풍력발전을 확산하는 데 필요한 막대한 전력망 구축 비용을 확보하려는 것이다. 덴마크는 전력 도매가격이 세계에서 가장 싸지만 전기 소매요금은 세계에서 가장 비싼 나라이다. 반면에 우리나라는 전력 도매가격은 세계에서 가장 비싸고 전기 소매요금은 가장 싼 나라이다.

한국에서 전기요금 문제는 일종의 성역에 속한다. 덴마크 취재를 마치고 기획뉴스를 방송한 이후 시청자들의 항의성 댓글이 이어졌다. 덴마크가 소매 전기요금 시장의 독점구조를 폐지하고 다양한 전기 판매업체들이 진입할 수 있도록 한 내용에 대해 한전을 민영화하려는 의도가 아니냐는 비판이었다. 한전 민영화는 결국 전기요금 인상으로 이어질 것이란 주장이 잇따랐다. 전력을 거래하는 도매시장과 소매시장의 변화를 이끌기 위해서는 불가피하게 전기요금 인상에 대한 사회적 공론화가 필수적인데도 정치권은 물론 언론도 진지하게 다루기를 꺼리고 있는 것이 현실이다.

그렇다면 덴마크에서는 어떻게 해서 이런 일이 가능했을까? 덴마크 재생에너지 전환을 홍보하는 비영리기구인 '스테이트 오브 그린(State of Green)'의 대표와 만나 그 비결을 들을 수 있었다. 1970년대 석유파동으로 경제위기를 겪은 덴마크는 여야 정치권의 합의로 재생에너지 확대 정책을 입법화했다. 이후 합의된 내용을 바꾸려면 만장일치가 있어야 한다고 했다. 재생에너지에 대한 정치적 리스크를 없애 에너지 전환이 속도를 내고 있다는 것이었다.

그는 덴마크에는 대화와 토론, 협상을 통해 합의를 도출하는 정치문화가 있기 때문에 가능했다고 했다. 덴마크의 정치문화가 부러우면서도 또 다른 숙제를 떠안은 기분이었다. 사회적 공론화를 위한 언론의 역할은 무엇이며 어떻게 해야 할지 여전히 고민이다.

3) 덴마크의 탄소중립을 위한 노력

그린 수소를 활용한 다양한 청정 연료 개발

덴마크는 재생에너지 출력제한 문제를 해결하면서 에너지 분야의 녹색 전환에 속도를 내고 있다. 대표적인 시도 가운데 하나가

그린 수소를 활용한 새로운 청정 연료 개발이다. 덴마크는 그린 수소를 재생에너지 확산을 위한 중요한 수단으로 육성하고 있다.

최근 세계적으로 주목받고 있는 수소는 물을 전기분해하여 만든다. 수소의 종류는 물을 전기분해할 때 사용하는 전기에 따라 4가지로 나뉜다. 풍력과 태양광발전 같은 재생에너지 전기로 만들면 그린 수소, LNG발전을 이용하면 블루 수소, 원자력발전 전기로 만들면 핑크 수소, 석탄화력발전을 이용하면 그레이 수소다.

덴마크를 포함한 유럽연합(EU)은 그린 수소만을 '지속가능 수소'로 인정하고 있다. 블루 수소는 과도기 기술로 인정하되 2035년 이후에는 단계적으로 축소할 계획이다. 반면 우리나라는 '수소경제법'상 청정 수소에 그린과 블루, 핑크 수소를 모두 포함시켰다.

취재팀은 2024년 10월 덴마크 남쪽 도시 소너보르그에 자리 잡은 에너지 기업 '스티스달'을 찾았다. 규모는 크지 않지만 재생에너지로 만든 전기를 이용해 그린 수소를 생산하고 있었다. 2023년 설치한 3MW 규모의 수전해시설(물을 전기분해하는 시설) 2기에서 생산하는 그린 수소는 1시간에 120kg이다.

그린 수소는 다양하게 활용할 수 있는 높은 확장성 때문에 주목받고 있다. 이곳에서 그린 수소를 이용해 만드는 완제품은 청정 연료인 e-메탄(e-methane). 축산 분뇨와 음식물 쓰레기가 발효될 때 나오는 이산화탄소를 모은 뒤 그린 수소와 반응시켜 만든다. 전기를 이용하기 때문에 전기(electricity)를 뜻하는 알파벳 e를 붙여 e-메탄이라 부른다.

e-메탄은 도시가스로 쓰는 LNG와 성분이 같다. LNG의 성분도 결국은 메탄이다. 이 때문에 e-메탄은 LNG와 혼합해서 사용할 수 있다. LNG를 운반하는 기존 도시가스 배관에 e-메탄을 바로 주입할 수 있다는 점이 장점이다. 덴마크는 2038년까지 LNG 수입을 중단하고 e-메탄으로 대체할 계획이다.

덴마크 카쏘 지역에 있는 에너지 기업인 '유러피언 에너지'는 그린 수소를 이용해 또 다른 청정 연료를 만든다. 52MW 규모의 수전해시설에서 그린 수소를 만든 다음 이산화탄소와 반응시켜 연간 3만 2,000톤의 e-메탄올을 생산한다.

e-메탄올은 대형 선박과 항공기 연료인 석유를 대체할 청정 연료로 떠오르고 있다. 세계적 규모의 해운업체 중 하나인 덴마크 머스크사가 2023년 e-메탄올을 쓰는 선박을 발주하는 등 앞으로 e-메탄올 수요는 늘어날 전망이다. 취재팀이 만난 에밀 비크예르 유러피언 에너지 부사장은 "e-메탄올을 연료로 쓰는 선박 200척이 발주된 상태이고, 2030년까지 대략 7천만 톤의 e-메탄올을 소비할 것"이라고 말했다.

e-메탄올은 탄소 배출이 없는 플라스틱을 만드는 데도 활용되고 있다. 덴마크의 유명한 완구업체 '레고'와 제약회사 '노보 노디스크'가 e-메탄올을 이용한 플라스틱으로 제품을 만들기 시작한 것이다. 우리가 일반적으로 쓰는 플라스틱은 석유나 천연가스에서 얻은 '그레이 메탄올'을 투입해 만든다. 세계적인 기업들이 탄소 배출을 줄이기 위해 '그레이 메탄올' 대신 청정 연료인 e-메탄올을 이용해 만든 플라스틱으로 바꾸고 있는 것이다. 덴마크는 그린 수소를 이용해 e-메탄올을 만들고 플라스틱 산업의 근본적

인 탈탄소화를 이루기 위한 도전에 나섰다.

관건은 그린 수소의 생산 단가를 낮추는 것이다. 이를 위해서는 지금보다 더 저렴한 재생에너지 전기를 더 많이 생산해야 한다. '유러피언 에너지'는 점점 수요가 늘고 있는 그린 수소를 안정적으로 확보하기 위해 대규모 태양광발전단지를 직접 조성하고 있다. 이미 유럽에서 두 번째 큰 300MW 규모의 태양광발전을 가동해 필요한 전기의 50%를 자급하고 있다.

덴마크는 그린 수소를 이용한 다양한 청정 연료 개발을 추진하고 있다. 덴마크 정부는 2021년 12월 '피투엑스(Power-to-X, PtX)' 국가 전략을 발표했다. 재생에너지 전기(Power)를 이용해 그린 수소를 만든 다음 다양한 청정 연료(X)로 전환하겠다는 구상이다. 이를 위해 2030년까지 물을 전기분해해서 수소를 만드는 수전해시설의 설비 용량을 4~6GW까지 늘리는 목표를 세웠다.

덴마크의 '피투엑스' 전략은 다양한 측면에서 시너지 효과를 노리고 있다. 풍력과 태양광 전기가 많이 생산될 때는 남아도는 전기로 그린 수소를 만들어 출력제한을 해결할 수 있다. 또한 그린 수소를 이용해 e-메탄과 e-메탄올을 만들어 화석연료를 대체하는 효과도 얻을 수 있다. 그리고 풍부한 재생에너지 전기를 이용해 그린 수소를 대량생산한 뒤 수출하는 전략도 추진하고 있다.

'에너지 섬' 프로젝트 추진

덴마크는 대규모 해상풍력발전단지를 건설하는 데 필수적인 송전망 설치 문제도 그린 수소를 활용해 해결하고 있다.

덴마크는 2030년까지 9GW에 이르는 대규모 해상풍력발전단지를 건설할 최적지로 육지에서 80km 이상 떨어진 먼바다를 선택했다. 해안경관을 해치지 않고 어민 피해도 줄일 수 있기 때문이다. 문제는 여러 곳에 해상풍력단지를 건설하고 육지까지 해저 송전선로를 따로따로 설치할 경우 막대한 사업비가 들어간다는 점이다.

이를 해결하기 위해 덴마크 정부가 도입한 방법이 '에너지 섬(Energy Islands)' 프로젝트다. 여러 개의 해상풍력단지 중간 지점에 '에너지 섬'을 만들어 해저송전선로를 모은 뒤 육지까지 하나의 송전선로로 연결하는 방식이다.

덴마크 정부는 북해와 발트해 2곳에 '에너지 섬'을 설치할 계획이다. 북해 에너지 아일랜드는 덴마크 서해안에서 80~100km 떨어진 지점에 인공섬을 건설한다. 초기에는 3~4GW의 해상풍력발전단지를 건설하고 향후 확장을 통해 최대 10GW까지 건설할 계획이다. 또 다른 곳은 스웨덴과 인접한 발트해에 있는 본홀름섬이다. 북해에는 인공섬을 만들어 추진하지만 발트해에는 실제 섬에다 '에너지 아일랜드'를 조성한다. 본홀름섬 주변 바다에는 해상풍력발전단지 3.8GW를 건설해 섬과 연결할 계획이다.

덴마크 정부는 이 '에너지 섬' 프로젝트를 통해 유럽의 그린 발전소가 되겠다는 비전을 제시하고 있다. 덴마크 국내는 물론 주변 국가에 전기와 그린 수소, 청정 연료를 공급하는 에너지 수출국이 되겠다는 구상이다.

특히 '에너지 섬'에는 그린 수소를 생산하는 시설을 갖추고

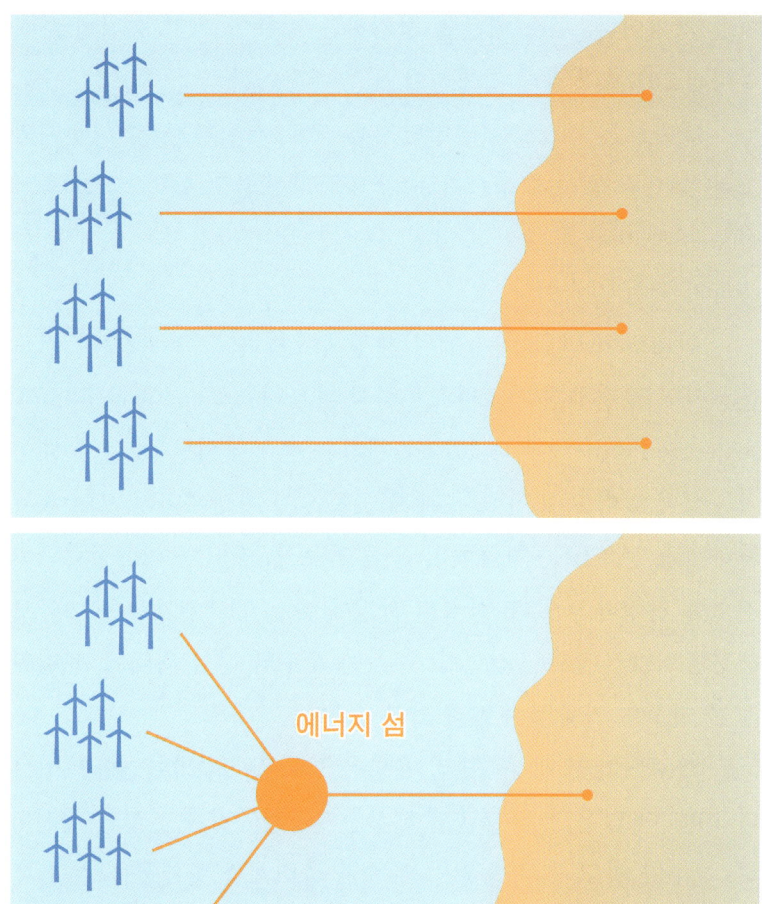

〈그림 3-1〉 해상풍력단지에서 각각 해저송전선을 설치하는 경우(위)와 '에너지 섬'을 거쳐 해저송전선을 설치하는 경우(아래) 비교

출처: 제주MBC 뉴스, 재구성.

여기서 만든 그린 수소를 육지와 주변 국가에 보내는 배관도 설치할 계획이다. 수소 배관을 설치하는 비용이 해저 송전선로 건설비의 20%에 불과해 경제성이 높기 때문이다.

덴마크는 해상풍력발전단지를 새로 건설하는 경우 전기와 그린 수소를 동시에 생산하는 방식을 채택하고 있다. 해저 송전선로 투자 비용을 줄이고 그린 수소가 갖는 확장성을 최대한 활용하기 위한 전략이다.

취재팀이 만난 덴마크의 재생에너지 전문 투자·개발 펀드 운용사인 코펜하겐 인프라스트럭처 파트너스(Copenhagen Infra-structure Partners, 이하 CIP) 관계자는 한국에서도 '에너지 섬'이 가능성이 있다고 조언했다. 세계 곳곳에서 재생에너지 사업에 투자하고 있는 CIP는 한국에서 울산과 포항, 전남의 해상풍력단지 건설을 진행하고 있다. 한국의 사정에 밝은 CIP 관계자는 대규모 해상풍력발전단지를 건설할 수 있는 제주와 전남 해역에 '에너지 섬'을 만들면 가능성이 있다고 분석했다.

제주도의 현재 풍력발전 용량은 300MW로, 2035년까지 이보다 10배 더 많은 3,000MW의 해상풍력발전단지를 건설할 계획이다. 제주가 안고 있는 송전망 부족과 출력제한 문제를 해결할 대안으로 덴마크의 '에너지 섬' 사례는 중요한 시사점을 주고 있다.

에너지 자립에 도전하는 본홀름섬

2023년 10월 취재팀은 코펜하겐에서 비행기로 30분 거리에 있는 본홀름섬을 찾았다. 소형 프로펠러 비행기가 바람에 요동쳤다.

제주도의 바람도 만만치 않은데 조금 더 거세게 부는 것 같았다. 본홀름섬은 덴마크와 스웨덴 사이에 있는데 제주도의 3분의 1 면적에 주민 4만 명이 살고 있다. 과거 석탄과 석유 발전에 100% 의존하다가 2007년부터 재생에너지를 도입하기 시작했다. 2023년에는 섬에서 쓰는 전기의 75%를 재생에너지로 만들고 있다. 나머지 25%는 바로 옆에 있는 스웨덴과 해저연계선을 통해 전기를 주고받는다. 제주도에서도 발전량이 모자라 필요한 전기의 30% 정도는 전라남도와 연결된 해저연계선을 통해 공급받는 것과 비슷했다.

본홀름섬은 재생에너지 전기 100% 자급 목표를 달성하기 위해 해상풍력발전단지를 추가로 건설하는 계획을 추진하고 있다. 특히 재생에너지 전기로 그린 수소를 만든 다음 청정 연료인 e-메탄올을 생산하는 계획도 구상 중이다. 북유럽의 해상 요충지라는 점을 활용하는 방법이다. 주변에 있는 독일과 스웨덴, 핀란드, 러시아에서 발트해를 지나 대서양으로 나가려면 본홀름섬을 지나야 하기 때문이다. 연간 6만 척의 선박이 본홀름섬을 지나간다. 재생에너지 확산을 위해 본홀름섬은 이 점에 주목했다.

선박 연료로 쓰는 석유를 녹색 연료로 바꾸는 계획을 추진하기로 한 것이다. 재생에너지로 만든 전기로 물을 전기분해해 수소를 만든 다음 청정 연료인 e-메탄올을 생산하는 계획을 추진하고 있다. 전기 배터리를 설치하기 어려운 대형 선박 같은 교통수단의 연료로 공급한다는 구상이다.

재생에너지 발전량이 많아지면 남는 전기로 수소를 만들고 e-메탄올을 생산하면 출력제한을 막을 수 있다. 장기적으로는 재생에너지의 안정적인 수요처를 확보할 수 있게 된다. 화석연료 대신 e-메탄올을 사용하는 선박이 늘어나고 연료 주입을 위해 섬을 찾는 선박이 증가하면 지역경제 활성화에도 도움을 줄 것으로 기대하고 있다.

한국과 덴마크의 그린 수소 활용 비교

덴마크는 그린 수소가 갖는 확장성에 주목하고 재생에너지 확산을 위하여 다양한 활용 방법을 추진하고 있다. 우리나라의 수소 활용 전략과 대조적이다. 현재 제주도에서 진행되고 있는 그린 수소 정책이 대표적이다. 제주도는 재생에너지 전기를 이용하여 그린 수소를 생산하는 실증 사업을 추진하고 있다. 제주시 구좌읍 행원리에 물을 전기분해하는 3.3MW 규모의 수전해시설에서 하루 200kg의 그린 수소를 생산하고 있다. 앞으로 수전해시설의 규모를 계속 늘려 그린 수소를 더 많이 공급할 계획이다.

그런데 현재 수소를 활용하는 방법은 한 가지에 집중돼 있다. 수소 버스와 수소 청소차를 도입해 연료로 공급하고 있는 것이다. 그린 수소 사용처를 늘리기 위해 제주도는 수소 트램 도입도 검토하고 있다. 또 다른 활용법은 발전소 연료로 공급하겠다는 것. 앞으로 LNG발전소에서 LNG와 수소를 섞어서 연료로 사용하는 수소 혼소 발전을 계획하고 있다. 수소 혼소를 둘러싼 우려가 많은 상황인데도 그린 수소 활용의 핵심으로 수소 혼소 발전을 계획하는 정책이 타당한지 논란이 커지고 있다.

제주도의 그린 수소 활용 정책은 덴마크와 비교하면 지나치

〈사진 3-5〉 제주시 구좌읍 행원리에 설치된 그린 수소 생산 시설

게 제한돼 있다. 수소가 갖는 확장성을 제대로 활용하지 못하고 있는 것처럼 보인다. 화석연료를 대체할 수 있는 가능성이 많은데도 자동차 연료와 발전소 연료로 국한되는 현실을 보면서 정책의 상상력을 더 발휘해야 하는 건 아닌지 생각이 들었다.

탄소중립을 위한 '전기선박'

탄소중립 사회를 실현하기 위해 덴마크 정부는 화석연료 사용을 중단하고 대신에 전기로 바꾸는 '전기화' 전략을 추진하고 있다. 대표적인 방법이 교통수단의 연료를 석유에서 전기로 바꾸는 것이다. 이에 따라 휘발유와 경유를 쓰는 자동차 대신 전기 자동차 보급을 확대하고 있다. 2024년 기준 새로 등록된 승용차 가운데 51%가 전기차였다. 덴마크는 2030년부터 휘발유와 디젤 승용차 판매를 중단하는 방안을 추진하고 있다.

덴마크 정부는 또한 섬과 본토를 운항하는 연안 여객선의 전기화도 추진하고 있다. 취재팀은 덴마크 에스비에르항을 방문해 전기로 움직이는 카페리 여객선에 직접 탑승해 보기로 했다. 항구에 도착하고 조금 뒤 차량과 승객을 태운 카페리 여객선 한 척이 들어왔다. 승객 300명과 자동차를 실을 수 있는 커다란 배인데도 시끄러운 엔진 소리가 들리지 않았다. 전기자동차처럼 엔진 소음이 거의 없었다.

전기로 움직이는 카페리 여객선이 도입된 것은 2021년 10월로, 유네스코 세계자연유산으로 지정된 덴마크 서쪽의 파뇌섬 주변 바다를 보호하기 위한 조치로 시작되었다. 배가 항구에 접안하자 커다란 충전 케이블이 자동으로 내려와 여객선에 연결됐다. 충전시설 용량이 2.6MW로 7분 만에 충전이 끝났다. 한 번 충전하면 항구와 파뇌섬 사이 2.5km 거리를 왕복할 수 있다. 운항 시간은 왕복 26분이며, 여객선에 설치된 배터리의 10% 전기만으로도 충분하다. 혹시 발생할 수 있는 사고에 대비해 배터리 용량을 충분히 확보한 것이다. 비상시에도 바다 위에서 오랜 시간 운항할 수 있도록 하는 조치다.

정원 300명인 이 여객선을 이용하는 승객은 연간 180만 명에 이른다. 승객들은 전기선박이 더 조용하고 편안하다고 말한다. 여객선에서 만난 승객들은 속도도 빠르고 조용하고 편안하다고 말했다.

선박 밑에 있는 기계실은 어떤 모습일지 직접 살펴보았다. 일반 선박에 설치된 커다란 엔진이 없다 보니 작은 공간에 전자장비 몇 개만 설치돼 있었다. 대신 전기 배터리를 보관하는 공간

〈사진 3-6〉 덴마크 에스비에르항을 오가는 전기 카페리 여객선(위)과
여객선에 설치된 배터리(아래) 모습

이 따로 구분돼 있었다. 안으로 들어가니 부피가 꽤 되는 듯 보였
다. 선장의 설명으로는 배터리 용량이 1,107kWh(킬로와트시)로
무게만 15톤에 이른다고 한다. 배터리 무게가 상당하지만 연료탱
크와 엔진이 없어 전체 여객선의 무게는 일반 선박과 큰 차이가
없다고 했다.

가까운 거리를 오가는 전기선박은 항구에 정박할 때마다 충전할 수 있기 때문에 더 늘어날 전망이다. 전기선박을 만드는 덴마크 기업 '댄포스'의 클라우스 라르센 해양부문총괄은 카페리 여객선의 경우 전기화를 추진하기에 이상적이라고 말했다. 항구와 항구를 이동할 때마다 항상 충전할 기회가 있다는 점 때문이다. 앞으로 배터리 압축 기술이 발전되면 장거리 선박들도 전기 배터리를 장착할 수 있을 것으로 전망했다.

덴마크는 가까운 거리를 운항하는 선박 같은 소형 교통수단은 직접 전기를 이용하도록 바꾸고 있다. 항공기와 컨테이너 운반선 같은 대형 교통수단은 전기 배터리를 장착하기가 쉽지 않아 그린 수소로 만든 e-메탄올을 사용해 석유를 대체하는 방법을 추진하고 있다.

주택과 건물의 난방용으로 전기 히트펌프 도입

덴마크 정부가 추진하는 '전기화'의 두 번째 분야는 주택과 건물의 난방용 열에너지를 전기로 바꾸는 것이다. 난방과 온수 공급을 하는 보일러의 연료로 석유, 가스 대신에 전기를 쓰겠다는 구상이다. 덴마크는 2012년 신축 건물에 석유보일러와 가스보일러 설치를 금지했다. 기존 건물에 설치된 석유보일러와 가스보일러도 단계적으로 제거하거나 전기로 전환하는 정책을 추진하고 있다. 2035년까지 주택 난방에서 가스보일러를 퇴출시키는 목표도 세웠다. 보일러를 전기로 전환하기 위한 핵심 수단은 '히트펌프'다.

히트펌프는 낮은 곳에서 높은 곳으로 물을 퍼올리는 펌프처럼 공기 중에 있는 열을 흡수해 옮기는 장비다. 공기를 압축하면 온도가 올라가고 팽창시키면 온도가 내려가는 성질을 이용한다. 겨울에는 건물 외부의 공기에서 열을 흡수해 건물 안으로 옮기고, 여름에는 건물 내부 공기의 열을 흡수해 건물 밖으로 이동시키는 방식이다. 가스보일러나 전기보일러는 가스나 전기로 직접 가열하는 방식이기 때문에 에너지 효율이 높지 않다. 반면에 히트펌프는 공기 중의 열을 흡수하는 방식이기 때문에 에너지 효율이 3배가량 더 높다. 전기를 사용하기 때문에 탄소 배출도 없다. 국제에너지기구(IEA)가 건물 난방에서 탄소중립을 실현하기 위한 유력한 수단으로 히트펌프를 권장하는 이유이다.

2023년 10월 취재팀은 히트펌프를 설치한 덴마크의 한 가정집을 방문했다. 그동안 석유보일러를 사용하다가 전기를 쓰는 히트펌프로 바꿨다고 말했다. 탄소 배출을 하지 않아 친환경적인데다 경제적으로도 도움이 된다고 했다. 실시간으로 달라지는 전기요금제에 가입해 전기요금이 쌀 때 히트펌프를 돌려 난방을 충분히 했다가 전기요금이 오를 때는 가동을 멈추는 방식으로 사용한 덕분이다. 겨울철 난방요금이 30% 넘게 줄었다고 했다. 덴마크 사람들이 저녁식사를 하고 샤워를 하는 오후 5시부터 밤 9시 사이가 전기를 가장 많이 쓰기 때문에 이 시간대를 피해 난방을 하고 있었다. 휴대폰에 설치한 앱을 통해서 전기요금에 따라 자동으로 켜졌다 꺼졌다 한다는 것이다.

주택에서 이런 방식으로 히트펌프를 사용하면서 덴마크는 전기가 남아돌 때 전력 수요를 조절하는 효과도 거두고 있다. 전기요금이 떨어지면 히트펌프를 가동해 난방을 하고 전기요금이 올라가면 가동을 멈춰 전력 수요를 조절한다. 가정집을 마치 에너지 저장장치처럼 활용하는 셈이었다. 전기가 남아돌 때 출력제한을 하는 대신에 히트펌프를 가동해 주택을 열로 충전하는 방식이었다.

가장 큰 걸림돌은 히트펌프를 설치할 때 드는 초기 비용이 비싸다는 점이다. 그래서 정부가 초기 설치비용의 일부에 대해 보조금으로 지원하는 정책을 추진하고 있다. 초기 설치비 부담을 줄여 주민들에게 히트펌프 설치를 유도하겠다는 것이다. 재생에너지를 보급하는 초기 단계에서 보조금 지원 정책은 가시적인 효과를 얻을 수 있는 유력한 수단으로 인정을 받고 있다. 덴마크 정부는 히트펌프 설치비를 지원하면서 주민들의 난방비 부담을 줄이고 탄소중립을 앞당기는 효과를 거두고 있다.

3. 일본, 주민 생활과 직결되는 재생에너지 확산 정책 추진

재생에너지를 취재하다 보니 이상한 점이 눈에 띄었다. 한국의 에너지 정책과 언론 보도가 재생에너지 공급에 치우쳐 있다는 생각이 들었다. 풍력과 태양광발전을 얼마나 확산하느냐가 중요하게 다뤄지고 있었다. 해상풍력발전단지 확대, 알이백(RE100) 기업을 위한 재생에너지 공급, 태양광발전 이격거리 규제 완화 등등. 언론의 보도도 재생에너지 공급에 집중돼 있었다.

재생에너지를 사용하는 소비자와 수요 측면에 대한 관심은 부족했다. 전기와 가스요금 인상 때문에 힘들어하는 서민을 위한 해결책은 언론의 주요 관심사가 아니었다. 문제가 심각하다거나 어려움이 가중되고 있다는 식의 뉴스만 반복 재생되고 있었다. 에너지 전환을 위한 주민 공감대를 이끌어내려는 정책도, 언론 보도도 찾아보기 어려웠다. 소비자 입장에서 보면 에너지 전환은 내 문제가 아닌 먼 얘기일 뿐이었다.

그래서 주민들의 삶을 바꾸고 소비자에게 이득이 되는 재생 에너지 정책에 대해 취재해 보기로 했다. 우리와는 다른 방향에서 에너지 전환을 다루고 있는 일본의 사례에 주목했다. 에너지 수요 측면에서 주민들의 공감과 지지, 참여를 이끌어내고 있는 사례를 찾아 일본으로 향했다.

취재팀은 2024년 12월 일본 도쿄도 다치가와시에 있는 공동주택에 사는 사토우 겐지 씨의 집을 방문했다. 초겨울 날씨가 제법 쌀쌀한데도 아직 난방을 하지 않고 있었다. 가스보일러를 설치해서 난방과 온수 공급을 하는데 갈수록 난방비 부담이 커지고 있다고 했다. 수입에 의존하는 LNG 가격이 해마다 급등하고 있기 때문이다.

일본은 주택에서 쓰는 에너지의 절반 이상이 난방과 온수 공급에서 소비된다. 특히 난방용 에너지의 68%, 온수공급용 에너지의 87%는 석유와 가스 같은 화석연료를 쓰고 있다. 일본은 2050년까지 탄소중립 사회를 실현하기 위하여 주택 부문의 화석연료 사용량을 줄이는 정책을 추진하고 있다.

1) 가스보일러 대신 전기 '히트펌프'로

주택 난방용 열에너지를 재생에너지로 바꾼 사례를 찾아 취재팀은 도쿄 인근의 지바현 인자이시를 2024년 12월 방문했다. 어린이 놀이터에서 딸과 함께 놀고 있는 오다기리 씨를 만났다. 취재 의도를 설명하자 선뜻 집을 보여주겠다고 했다.

2년 전 새로 지은 주택에 입주한 오다기리 씨는 가스보일러 대신 히트펌프로 난방을 하고 있었다. 전기를 쓰는 히트펌프는 커다란 온수 탱크와 열교환기로 이뤄져 있다. 외부 공기로부터 열을 흡수해 물을 데우고 온수탱크에 저장했다가 바닥 난방을 하는 원리다. 겨울에도 아이들이 맨발로 뛰어다닐 수 있어 좋다고 했다. 이산화탄소 배출도 없고 친환경적인 데다 경제적으로도 이익이라고 자랑을 늘어놓았다.

주택 옥상에 태양광발전기가 있어 전기로 난방을 해도 부담이 적다는 것이다. 오다기리 씨가 사는 주택단지는 모든 주택 지붕에 태양광발전기가 설치돼 있다. 200여 채의 단독주택들이 스스로 전기를 생산하고 탄소 배출이 적은 히트펌프로 난방을 하는 방식이었다. 처음 조성할 때부터 친환경적인 주택단지를 목표로 사업이 계획되었다.

일본 정부의 통계자료를 보면 도쿄의 4인 가구 기준 도시가스 보일러의 연간 가스료는 6만 7,900엔, 우리 돈 65만 원 정도이다. 그러나 히트펌프는 연간 전기료가 3만 1,900엔으로 30만 원 정도여서 연료비가 절반 이하로 줄어든다. 일본 정부는 2050년까지 탄소중립을 실현하기 위해 해마다 주택용 히트펌프를 90만 대씩 보급해 2030년까지 1,590만 대를 보급할 계획이다.

전기 소비 많은 대형 건물에도 '히트펌프' 보급

일본 정부는 주택은 물론 상업용 건물에도 히트펌프 보급을 추진하고 있다. 일본 도쿄 중심부에 자리 잡은 오타니호텔은 객실 수가 1,500개로 초대형 규모를 자랑한다. 60년 전 문을 연 뒤 지난 2007년 리모델링을 하면서 일본 호텔 최초로 히트펌프를 설치했다. 1,500개의 객실에 난방과 온수 공급을 하면서 발생하는 탄소 배출량을 줄이기 위한 선택이었다.

높이 634m로 일본에서 가장 높은 건축물인 도쿄 스카이 트리도 히트펌프를 설치했다. 연간 2,000만 명이 찾는 전망대와 쇼핑몰에 탄소 배출 없이 난방과 온수 공급을 하기 위해서였다.

일본의 부문별 최종 에너지 소비량을 보면 1973년부터 2021년까지 약 50년 동안 업무용은 2배, 가정용은 1.8배 증가해 전체 평균 1.1배를 크게 앞질렀다. 업무용과 가정용으로 쓰는 에너지가 난방과 온수 공급에 집중되는 현실에서 에너지 소비와 탄소 배출을 줄이기 위해 일본이 선택한 대안이 바로 전기를 쓰는 히트펌프였다.

취재팀이 만난 마에 마사유키 도쿄대 교수는 "탈탄소는 전기화와 같으며 에너지를 전기로 전환하는 것을 의미한다"고 했다. 그리고 "주택 부문의 탈탄소를 더욱 확산하기 위해서는 현재 20% 수준인 일본의 히트펌프의 점유율을 더 늘리는 것이 중요하다"고 강조했다.

〈사진 3-7〉일본 지바현 인자이시에 조성된 친환경적 주택단지(위)와
오다기리 씨 주택에 설치된 전기 히트펌프(아래)

초기 설치비 부담 해결 위해 '보조금' 지원

2024년 8월까지 일본에서 보급된 히트펌프는 900만 대. 일본 정부는 2030년까지 주택용 히트펌프 1,590만 대와 산업용 1,700만 대를 보급할 계획이다. 그러나 문제는 비싼 초기 설치비용이다. 이 문제를 해결하기 위해 일본 정부는 적극적인 보조금 정책을 도입했다. 취재팀이 만난 일본 경제산업성 자원에너지청의 미야오카 슈스케 과장은 연간 90만 대의 히트펌프를 계속 보급해야 하는데 보조금 정책을 통해 달성할 수 있을 것으로 예상하고 있었다. 이는 전기차를 보급하기 위해 정부가 보조금을 지원하는 것과 같은 방식이다. 비싼 가격 때문에 소비자가 구입을 꺼리는 상황을 정부가 보조금을 지원해 해결하려는 것이다.

일본에서 가정용 히트펌프의 초기 설치비는 대략 55만 엔, 우리 돈 520만 원 정도다. 정부가 1대당 최대 13만 엔(120만 원)을 지원하고 여기에다 오래된 보일러를 철거하면 최대 10만 엔(94만 원)을 추가로 지원한다. 초기 설치비는 비싸지만 연료비가 절반 정도 줄어들어 장기적으로는 이익이다. 정부가 어떤 정책을 추진하느냐에 따라 주민들의 공감과 지지, 참여를 이끌어낼 수 있는지를 일본의 사례는 보여주고 있다.

국제에너지기구(IEA)도 2050년 냉방과 난방, 온수 공급 분야의 이산화탄소 감축의 절반 정도를 히트펌프가 담당할 것이라며 중요성을 인정했다. 일본은 2009년부터 히트펌프를 재생에너지로 인정하고 국가 에너지 통계에 포함시켰다. 유럽과 미국에서도 보조금을 지원하면서 히트펌프 보급에 적극 나서고 있다.

그러나 우리나라는 히트펌프 보급에 소극적이다. 이미 삼성과 LG 같은 대기업과 중소기업들이 히트펌프를 생산하고 수출도 하고 있지만, 정작 국내에서는 제대로 보급되지 않고 있다.

가장 큰 문제는 비싼 제품 가격과 초기 설치비 때문이다. 전기자동차를 보급하기 위해 정부와 지방자치단체가 보조금을 지원하면서 권장하는 것과 대조적이다. 건물 분야의 탄소중립을 위해서는 히트펌프 보급이 필수적인데도 제도적 지원 방안이 아직까지 마련되지 않고 있는 것이다. 그동안 재생에너지 정책이 공급에 집중된 결과 소비자 입장에서 수요 관련 정책은 소홀했다는 인상을 지울 수 없다. 다행히 최근 히트펌프를 재생에너지에 포함시켜 보조금을 지원할 수 있도록 하는 법률 개정안이 발의되었다. 앞으로 국회에서 어떤 결정을 내릴지 주목된다. 정부 정책에도 변화가 나타나고 있다. 기후에너지환경부는 2025년 12월 열에너지의 탈탄소화를 위한 히트펌프 보급 활성화 방안을 발표했다. 2035년까지 히트펌프 350만 대를 보급해 온실가스 518만 톤을 감축하겠다는 목표를 제시했다. 2026년에는 시범적으로 제주 지역 1,500가구에 히트펌프를 보급한다. 정부의 정책 변화가 균형 잡힌 재생에너지 정책을 추진하는 계기가 될지 지켜볼 일이다.

태양광발전과 히트펌프 설치한 주택단지 건설

주민들의 생활과 밀접한 난방용 열에너지의 탄소중립을 실현하기 위하여 일본은 집집마다 태양광발전기와 히트펌프를 갖춘 대규모 주택단지를 공급하는 방법도 추진하고 있다. 취재팀은 2024

〈사진 3-8〉 일본 사이타마현 우라와미소노구의 태양광발전기가 설치된 주택단지 전경

년 12월 일본 도쿄 북쪽에 있는 사이타마현 우라와미소노구의 한 주택단지를 방문했다. 단지 안에 조성된 150여 채의 단독주택 지붕마다 태양광발전기가 설치돼 있었다. 사이타마시가 2012년 고급 주택단지 건설을 추진하다 무산되자 계획을 바꿔 탄소 배출 없는 주택단지를 조성한 것이다. 2021년 준공된 이 주택단지의 핵심은 태양광발전기와 연계한 전기 난방시스템이다.

마을에서 만난 히다 씨는 취재팀에게 주택단지 자랑을 늘어놓았다. 전기와 도시가스를 동시에 쓰는 하이브리드 보일러가 설치돼 탄소 배출도, 난방비도 모두 줄었다는 것이다. 태양광발전으로 생산한 전기를 먼저 쓴 뒤 모자랄 경우 전기요금이 쌀 때는 전기로, 전기요금이 비쌀 때는 가스로 난방을 하기 때문이다.

취재팀은 또 다른 주택단지도 방문했다. 도쿄에서 자동차로 1시간 30분 거리에 있는 지바현 인자이시. 1970년대부터 도쿄의 인구 분산을 위해 뉴타운을 조성하고 있는데 최근 들어선 주택단지의 풍경이 독특했다. 다른 곳과 달리 지붕마다 태양광발전기가 설치됐기 때문이다. 주민들은 직접 생산한 전기로 히트펌프를 돌려 난방을 하기 때문에 연료비 부담이 거의 없다.

탄소 배출을 하지 않고 난방비 부담도 줄여 주민 참여를 이끌어내겠다는 것이 일본 정부의 전략이다. 태양광발전과 전기 난방시스템을 갖춘 대규모 주택단지를 계속 공급하면서 일본은 열에너지의 탄소중립을 향해 나아가고 있다.

신축 주택에 태양광발전 설치를 의무화한 도쿄

일본은 재생에너지를 확산하기 위하여 주민친화형 정책에 주력하고 있다. 주민들의 에너지 비용 부담을 줄이고 동시에 탄소중립도 실현하는 정책에 초점을 맞추고 있는 것이다. 주민들이 당장 이익을 얻도록 만들어 재생에너지에 대한 공감과 지지를 이끌어내고 탄소중립을 실현하는 데 참여시키는 전략이다.

대표적인 또 하나의 정책이 주택 태양광발전을 보급하는 것이다. 일본 도쿄에서는 태양광발전기를 설치한 주택이 늘고 있다. 전기요금이 비싸다 보니 태양광발전기를 설치해 전기요금 부담을 덜기 위해서이다.

도쿄도는 이런 상황에서 과감한 정책을 도입했다. 신축 주택에 태양광발전기를 의무적으로 설치하도록 하는 조례를 제정한 것이다. 도쿄도의회는 2022년 12월 신축 주택에 태양광패널 설치 의무화 조례를 제정했다. 시행일은 2025년 4월 1일부터로 정했는데 일본 지방자치단체 가운데 처음이다. 조례를 제정한 이유는 주택에서 배출하는 탄소를 줄이기 위해서였다. 일본에서는 지난 20년 간 산업과 교통 등의 부문에서는 탄소 배출량이 줄었지만 가정 부문은 2.3배 늘었기 때문이다.

주택 태양광발전기 의무 설치 대상은 1년간 연면적 2만 제곱미터 이상 주택이나 건물을 공급하는 상위 50개의 대형 건설사들이다. 연간 도쿄도 내에서 새로 짓는 주택은 4만 6,000가구 정도다. 이 가운데 절반인 2만 3천 가구에 해마다 태양광발전이 설치될 전망이다. 2050년까지 예상되는 태양광발전 규모는 지금보다 3배 많은 2GW로 늘어난다. 도쿄 도심에 원자력발전소 2개를 새로 짓는 효과를 얻게 된다.

문제는 주택 태양광발전기를 설치하면 건설비용이 증가해 신축 주택의 가격이 인상될 것이란 우려이다. 그런데도 도쿄도의 주민 여론조사 결과 찬성이 56%로 반대 41%를 앞섰다. 특히 연령별로 보면 10대의 86%, 20대의 77%가 찬성한 반면 50대는 43%, 60대는 41%가 찬성해 나이가 어릴수록 태양광발전 의무화에 대한 찬성이 높았다.

도쿄도는 초기 건설비용 상승에 대한 부담을 줄이기 위해 보조금 정책을 도입했다. 도쿄도는 2025년 4월 시행한 태양광발전 의무화 정책의 확산을 위해 발전용량 1kW당 보조금 10만 엔을 지원하고 있다. 도쿄도에 이어 가와사키시도 2025년 4월부터 신축 주택 태양광발전 의무화 제도를 시행하기로 하는 등 전국적으로 확산될 전망이다.

　주택 태양광발전기의 확산은 난방용 열에너지를 석유와 가스 대신 전기로 전환하는 촉매제가 될 것으로 예상되고 있다. 전기 사용량이 늘어나도 스스로 전기를 생산하면 저렴하게 이용할 수 있기 때문이다. 일본은 2050년이 되면 주택에서 쓰는 에너지 가운데 가스는 31%에서 8%로, 석유는 17%에서 5%로 줄고 대신에 전기는 52%에서 87%로 늘어날 것으로 전망한다.

2) 일본의 출력제한 해법

변동형 전기요금제를 도입하다

태양광발전이 빠르게 증가하면서 풀어야 할 문제도 나타났다. 일본은 중국과 미국, 인도에 이어 세계에서 네 번째로 태양광발전을 많이 설치한 나라다. 국제에너지기구(IEA)가 발표한 자료에 따르면 2023년 기준으로 태양광발전 용량이 91.4GW로 풍력발전 5.2GW보다 17배 더 많다. 일본이 태양광발전에 집중하는 이유는 전기가 필요한 곳에서 전기를 생산할 수 있는 장점 때문이다. 주택이나 상가, 공장, 사무용 건물 등등에서 필요한 전기는 직접 만들어 쓸 수 있도록 하겠다는 것이다. 소비자 입장에서는 전기요금 부담을 덜 수 있고 국가 전체적으로는 탄소 배출을 줄이는 효과를 거둘 수 있게 된다.

　그러나 태양광발전이 급증하면서 낮에 전기가 많이 생산될 경우 강제로 발전을 중단시키는 출력제한이 문제로 등장했다. 일본 정부는 이 문제를 풀기 위해 새로운 시도에 나섰다. 취재팀은 일본 도쿄에 있는 한 스타트업을 방문했다. 전기를 판매하는 회사 '루프(LOOP)'였다. 이곳은 일본 환경성과 공동으로 출력제한을 해결하기 위한 실증 사업을 추진하고 있다.

핵심 수단은 30분 간격으로 전기요금이 달라지는 변동형 전기요금제를 이용하는 것이다. 낮에 햇빛이 좋아서 전기가 많이 생산되면 전기요금을 떨어뜨린다. 그러면 전기 소비가 늘어나 출력제한을 막을 수 있게 된다. 실제로 발전량이 많은 시간에는 전기요금이 kWh(킬로와트시)당 0.01엔까지 떨어진다. 사실상 공짜로 전기를 쓸 수 있는 것이다.

취재팀이 만난 루프 에너지혁신과장 하야토 노무라는 변동형 전기요금제의 장점에 대해 자세히 설명했다. "태양광발전량이 늘어나 전기 수요를 웃돌면 정전이 발생하기 때문에 남는 전기를 버려야 하는데 전기요금이 내려가면 전기를 쓰도록 유도해 출력제한을 막을 수 있다"고 했다.

변동형 전기요금제와 함께 일본은 집집마다 전기를 저장할 수 있는 소형 에너지 저장장치도 함께 보급하고 있다. 일본 도쿄도는 가정용 축전지 설치비용의 4분의 3을 지원한다. 8kWh 축전지의 설치비는 우리 돈으로 1,600만 원이지만 보조금 1,200만 원을 지원받으면 자부담 400만 원으로 설치할 수 있다.

전기차를 이용하면 집에서 쓰는 사흘 치 분량의 전기를 저장할 수 있다. 또 다른 에너지 저장장치로 이용할 수 있는 셈이다. 전기 히트펌프도 전기가 남아돌 때 미리 물을 데우는 방식으로 출력제한을 해결하는 데 도움을 주고 있다.

문제는 이런 다양한 방법들이 실제로 효과를 발휘하려면 전기가 남아돌 때 전기요금이 내려가야 한다는 점이다. 전기요금이 떨어지지 않으면 남아도는 전기를 쓸 이유가 없기 때문이다. 재생에너지 확산으로 발생하는 출력제한을 막기 위해 일본이 2016년 4월부터 변동형 전기요금제를 도입한 이유다.

재생에너지를 늘리기 위해서는 필연적으로 출력제한 문제를 해결해야 하는데 덴마크는 물론 일본에서도 전력 공급과 수요에 따라 전기요금이 달라지는 실시간 변동형 요금제를 도입하고 있다. 또한 실시간 요금제를 이용해 전기를 판매하는 다양한 스타트업들이 전력시장에 참여할 수 있도록 전기 판매 독점 구조를 해소한 점도 비슷했다. 반면에 우리나라는 재생에너지를 확산하겠다고 하면서도 전력시장의 독점구조를 해결하는 데는 여전히 소극적이다. 이 문제가 가져올 파장이 만만치 않기 때문이다. 한전의 민영화 논란과 전기요금 인상 문제 등 폭발성이 큰 주제이다 보니 정치권도 언론도 계속 외면하고 있는 것이 현실이다.

4. 기후위기 해결과 에너지 전환을 위한 언론의 역할

기후위기를 해결하고 에너지 전환을 실현하기 위해서는 언론의 역할이 중요하다. 그러나 그동안 언론 보도는 기후위기의 심각성과 에너지 전환 과정의 문제를 다루는 데 집중해 왔다. 빙하가 녹아내리고 해수면 상승과 이상 기후로 세계 곳곳에서 몸살을 앓는 내용을 해마다 보도하고 있다. 갈수록 더 심각해지고 있다는 것이 뉴스이다. 탄소중립과 에너지 전환을 다루는 보도 또한 진행 과정에서 드러나는 문제에 집중하고 있다. 태양광과 풍력발전을 둘러싼 환경훼손 논란, 송전탑 건설 갈등, 한전의 사상 최대 적자와 전기요금 인상 논란 등등 갈등 중심의 보도가 이어지고 있다.

이제 우리나라 언론도 대안을 모색하는 데 좀 더 관심을 가졌으면 한다. 언론의 속성상 당연히 문제와 갈등을 보도해야 하지만 거기에 멈추지 않고 원인과 해법을 찾는 기사가 더 많이 나와야 한다. 이를 위해서는 언론의 보도시스템이 달라져야 한다.

개인적으로 재생에너지 관련 기획보도를 하고 덴마크와 일본의 에너지 전환 과정을 취재할 수 있었던 것은 행운이었다. 두 가지 측면에서 운이 따랐다. 첫 번째 운은 기획취재 지원을 받을 수 있었던 점이다. 지역언론의 경우 경영상황이 너무 좋지 않다 보니 기획 취재를 하기 쉽지 않다. 자체 예산도 없고 인력 사정도 열악하기 때문이다. 다행히 한국언론진흥재단의 기획취재 지원과 방송기자연합회의 연수 프로그램에 선정돼 다녀올 수 있었다.

두 번째는 부끄럽지만 고참 기자였기 때문이다. 지역방송의 보도국 취재기자 수는 10명 안팎인 경우가 많다. 매일 뉴스 리포트를 제작해야 하는데 사건사고를 포함해 발생 기사는 대부분 후배들이 맡는 구조. 선배 기자들도 리포트를 제작하지만 상대적으로 여유가 있는 편이다. 고참 기자의 경우 다양한 취재를 할 수 있는 시간이 조금 더 있는 셈이다. 선배 기자들이 전문 분야를 정하고 심층 취재를 꾸준히 이어간다면 우리 언론이 갖는 전문성과 심층성 부족을 해결하는 데 조금이나마 도움이 되지 않을까 생각한다.

공익적인 기획보도를 위한 공적인 지원 확대, 기자들의 전문성을 높이기 위한 교육연수 강화, 기자 스스로 전문성을 높이려는 노력이 결합된다면 우리 언론 보도의 내용과 수준도 더 높아지지 않을까 기대해 본다.

4장

한국과 영국의
에너지 전환은
어떻게 다른가

서승신

KBS전주 기자

1. 문제 제기: 사과나무가 비닐하우스로 들어간 사연

전북 장수에 가면 기이한 사과 농장이 하나 있다. 사과나무는 대개 노지(露地), 그러니까 사방이 트인 맨땅에서 키우는데 이 농장은 600평(1,980m²) 규모 비닐하우스 안에서 재배한다. 바나나 망고 같은 열대성 작물도 아닌데 엄청난 비용까지 들여가며 비닐하우스에서 사과를 키운다? 얼핏 생각하면 도무지 이해가 가지 않는다. 하지만 농장주는 어쩔 수 없었다고 말한다. 거의 매년 봄만 되면 찾아오는 냉해, 즉 언 피해 때문이다. 농장주는 20년째 사과를 키우고 있는데 몇 해 전부터 기후변화로 냉해가 아주 심해졌다고 설명한다. 나무가 죽거나 열매가 많이 달리지 않아 소득을 올리기는커녕 손해만 봤다고 한다.

농장주가 사과 농사를 포기할까 하다가 마지막으로 찾은 해결책이 바로 비닐하우스다. 3.3m²당 50만 원, 그러니까 3억 원에 가까운 큰돈을 쏟아부었다. 언제 회수할지 모르지만 그래도 봄마다 냉해를 걱정하지 않아도 돼 마음은 편해졌다고 위안을 삼는다. 최근 중앙정부는 물론 다른 지방자치단체들까지 찾아와 신기한 눈으로 바라본 뒤 여러 조사를 해간다고 한다. 벤치마킹 가능

〈사진 4-1〉 전북 장수에 위치한 사과농장 비닐하우스 내경

성을 모색하는 것이다.

기후변화는 우리 식탁도 위협하고 있다. 2025년 8월 전북 남원시 운봉읍 지리산 자락의 한 배추밭을 찾았다. 해발 470m 준고랭지에서 시험 재배에 들어간 배추, '하라듀'를 취재하기 위해서였다. 하라듀는 한자 여름 '하(夏)'에 영어 견딤을 뜻하는 단어 '듀러빌러티(Durability)'를 거꾸로 발음한 '라듀'를 결합한 것으로 '여름 더위를 견뎌내는 배추'라는 의미다.

이날 한국농수산식품유통공사(aT) 사장도 현장을 방문했는데, 우리 고랭지 배추의 70% 이상이 무더위에 녹아내리고 있다고 우려했다. 하라듀 육종이 성공하지 못하면 앞으로 우리는 국내산 여름 배추를 아예 못 먹을 수도 있다고 걱정했다. 한국의 고랭지 배추 재배 면적은 지난 1996년 10.793ha(헥타르)를 정점으로 매년 줄고 있고, 2023년에는 3.995ha까지 감소했다. 2050년에는 현재

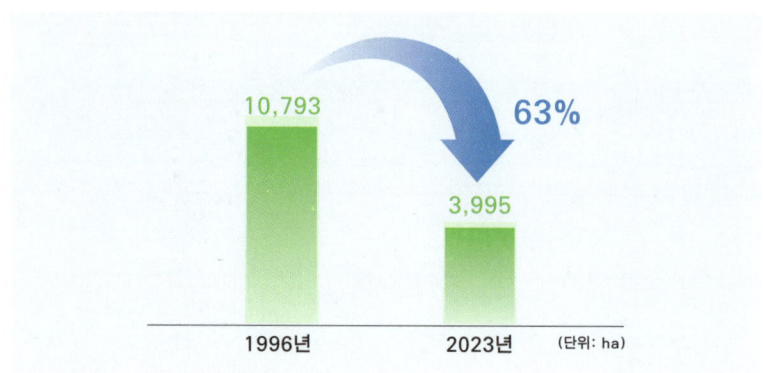

〈그림 4-1〉 국내 고랭지 배추 재배 면적 추이
출처: aT(한국농수산식품유통공사), 재구성.

의 7%까지 줄고 2090년에는 아예 사라질 전망이다.

아직은 먼 미래라고 생각하기 쉬운 기후변화의 역습, 하지만 우리 먹거리를 생산하는 농업에서는 이미 일상이 된 지 오래다. 그렇다면 시시각각 다가오는 재앙 앞에서 다른 나라들은 어떤 선택을 하고 있을까? 그 선택의 출발점을 찾아 산업혁명의 진원지, 영국으로 향했다.

2. 영국 에너지 전환 현장을 가다

그린 재생에너지 전환의 전도사로 거듭난 영국

영국은 확실히 변하고 있었다. 2024년 11월, 방송기자연합회 에너지 전환 연수팀의 일원으로 스코틀랜드의 항구 도시 에버딘

(Aberdeen)에 도착했을 때 받은 느낌이다. 에버딘은 수도 런던에서 북동쪽으로 약 650km 떨어진 인구 48만 명의 작은 도시다. 스코틀랜드 안에서도 거의 북쪽 끝에 있다 보니 춥고 오후 4시만 되면 어스름이 내려앉았다.

에버딘은 박정희 전 대통령이 즐겼다는 위스키 '시바스 리갈(Chivas Regal)'의 고향이다. 시바스 형제가 이곳에서 처음으로 증류주 여러 개를 섞어 시바스 리갈을 만들었다고 한다. 또 유명 경제지 포브스를 창간한 버티 찰스 포브스(Bertie Charles Forbes)의 출신지이며, TV와 라디오가 세상에 나오게끔 전자공학 발전에 혁혁한 공을 세운 물리학자 제임스 클러크 맥스웰(James Clerk Maxwell)이 연구 흔적을 남긴 곳이기도 하다. 하지만 무엇보다 에버딘을 상징하는 건 세찬 바람으로, 우리가 방문했을 때도 집채만 한 파도들이 쉼 없이 해안으로 밀려와 하얀 포말을 일으킬 정도로 강력하고 거셌다.▪

에버딘은 1960년대 북해에서 유전이 발견되면서 성장했고, 1970년대에는 석유산업의 중심도시로 크게 발전했다. 한때는 '유럽의 오일 수도'라고까지 불릴 정도로 호황을 구가하기도 했다. 하지만 지금은 석유산업이 침체에 빠지면서 쇠퇴를 거듭하고 있다. 마치 자동차산업이 붕괴하면서 몰락해 가는 미국 미시간주 디트로이트 등의 러스트 벨트(Rust Belt)처럼 말이다. 이런 가운데 북해의 풍부한 바람을 이용해 다시 한번 도시에 활력을 불어넣자는 움직임이 일었고, 풍력 산업을 새로운 성장 동력으로 키우고 있다.

▪ 에버딘과 인근 에딘버러 항만 관계자에 따르면 연중 바람이 6~9㎧ 속도로 분다고 한다.

에버딘 부활의 힘 '바람': 피할 수 없는 '고난'에서 '축복과 기회'로

에버딘 해안가 높은 언덕에 서자 수평선 너머로 풍력발전 터빈들이 힘차게 돌아가는 모습이 한눈에 들어왔다. 세계 최초의 상업용 부유식 해상풍력발전단지 '킨카딘(Kincardine)'[1]이다. 킨카딘은 에버딘에서 약 15km 떨어진 북해의 부유식 풍력발전단지 이름이다. 총 6기의 대형 풍력발전기로 구성돼 있는데, 50MW(메가와트) 규모의 전력 생산 설비를 갖춰 4만 가구가 사용할 수 있는 전기를 생산한다.

풍력발전을 이해하려면 먼저 고정식과 부유식에 대한 지식이 필요하다. 고정식은 말 그대로 발전기를 땅 한 곳에 완전히 고정하는 것이다. 주로 육상이나 해안에서 멀지 않은 주변 바다에 세우게 되는데, 사람의 접근이 쉬워 초기 설치비와 운영비가 적게 든다. 하지만 주변에 바람의 흐름을 막는 장애물이 많다 보니 풍속과 바람의 질은 떨어진다.

반면 부유식은 발전기가 한 곳에 고정되지 않고 바다를 이리저리 떠다닌다. 그렇다고 망망대해를 길 잃은 배처럼 떠다니지는 않고 무어링(Mooring)이라는 밧줄에 결박돼 정박지 주변을 맴돌게 된다. 주로 수심 60m가 넘는, 고정식을 세울 수 없는 먼바다에 설치하게 되는데, 바다에 떠 있어야 하다 보니 여러 기술과 장비를 추가해야 한다. 건설비가 많이 들고 유지 보수도 어렵다. 초기 조성 비용이 천문학적인 이유다. 하지만 바람의 흐름을 방해

---

1   https://flotationenergy.com/kincardine-once-the-worlds-largest-floating-wind-project/ (검색일 2025년 11월 11일).

〈사진 4-2〉 부유식 풍력발전기(위)와 무어링에 연결되어 있는 부유식
풍력발전기 하부(아래)

출처: KBS 뉴스.

하는 걸림돌이 거의 없다 보니 장기적으로는 양질의 바람을 사시
사철 쓸 수 있는 장점이 있다. 영국은 현재 화석연료에서 재생에
너지로 동력 전환을 빠르게 추진하고 있는데, 그 핵심에 이 부유
식 풍력발전이 있다.

　　최근에는 킨카딘보다 10배나 큰 부유식 풍력발전도 추진하
고 있다. 녹색 전기를 뜻하는 그린볼트(Green Volt)[2] 프로젝트다.

2　　https://greenvoltoffshorewind.com/project-overview/ (검색일 2025년 11월 11일).

에버딘에서 북동쪽으로 약 80km 떨어진 해상에 조성할 예정인데, 세계 최대 규모 상업용 부유식 해상풍력발전단지를 목표로 하고 있다. 560MW(메가와트)의 전기를 생산하게 되는데, 이는 40만 가구 이상이 사용할 수 있는 대규모 전력량이다. 전체 사업비는 25억 파운드, 우리 돈으로 무려 4조 원이 훌쩍 넘는다.

그린볼트는 단순히 전력만 생산하는 것에 그치지 않고, 기존의 석유와 가스 생산 플랫폼에 청정 전력을 공급함으로써 북해 유전의 탈탄소화도 이끌게 된다. 매년 100만 톤에 달하는 이산화탄소 배출량을 줄일 수 있다는 분석도 나온다. 2029년 상업 운전을 목표로 하고 있는데 2,800개의 일자리도 창출한다고 한다. 킨카딘이 세계 최초로 부유식 해상풍력발전의 상업적 이용 가능성을 입증했다면, 그린볼트는 경제적 이득을 극대화할 수 있는 초대형 부유식 해상풍력발전단지라는 점에서 그 상징성이 크다. 과거 강한 바람은 스코틀랜드인들에게 어쩔 수 없이 견뎌야 하는 고난과 숙명이었지만, 지금은 신의 축복이자 기회로 바뀌고 있다.

영국 제조업 부활 꿈 '에너지전환구역'

스코틀랜드 에버딘이 영국 해상풍력의 중심지라면 이를 이끄는 것은 천혜의 입지와 더불어 에너지전환구역(Energy Transition Zone, 이하 ETZ)[3]이다. ETZ는 지난 2021년 영국과 스코틀랜드 정부가 50대 50으로, 우리 돈 8,400억 원을 투자해 만든 재생에너지

---

3   https://etzltd.com/ (검색일 2025년 11월 11일).

관련 '산업 클러스터'다. 북해가 한눈에 바라다보이는 에버딘 남부 항구 인근에 자리를 잡고 있는데 면적만 250ha에 이른다.

이곳의 목표는 명확하다. 탄소 배출을 사실상 영(0)으로 만드는, 이른바 '넷 제로(Net Zero)' 에너지 시스템 구축의 중추가 되는 것이다. 동시에 관련 제조업 생태계 조성으로 일자리를 창출해 지역경제를 다시 활성화하는 것이다.

영국은 산업혁명의 본고장이지만 정작 금융과 서비스업 등이 발달하면서 제조업은 거의 신기루처럼 사라졌다. 이러다 보니 해상풍력을 발전시키려 해도 우수한 입지만 있을 뿐 장비나 시설을 만들 제조업체는 매우 부족하다. 연수팀이 스코틀랜드를 방문했을 때 가장 많이 본 것도 공장이나 산업 시설이 아닌 유목국가를 떠올리게 하는 들판을 뛰노는 양 떼였다. 영국은 이 에너지 전환 구역을 통해 다시금 제조업을 육성하겠다는 꿈을 꾸고 있다.

ETZ는 미국의 실리콘밸리처럼 5개 캠퍼스 개념을 도입했다. 가장 먼저 눈에 띄는 곳은 해양 관문(Marine Gateway)이다. 에버딘은 수심이 깊은 항만과 해상 물류 기반을 갖춘 도시로, 해양 관문은 이러한 장점을 살려 해상풍력발전기를 옮기고 설치하는 데 필요한 대형 자재와 장비의 이동을 담당한다.

풍력(Wind) 캠퍼스는 ETZ의 심장부다. 고정식보다 한층 더 난해한 부유식 해상풍력 기술을 집중적으로 연구한다. 국가 해상풍력 혁신센터도 자리하고 있으며, 기업과 연구자들이 모여 새로운 설계와 시제품을 구상하고 시험한다.

혁신(Innovation) 캠퍼스는 다양한 스타트업기업과 연구자들이 모여 새로운 아이디어를 현실로 구현하는 작업을 진행한다.

석유와 가스 산업이 주로 대형 다국적 기업에 의해 이끌어져 왔다면, 에너지 전환은 다양한 소규모 기업과 연구 집단의 창의력과 협력이 핵심이다. 혁신 캠퍼스는 이러한 협업이 잘 이뤄지도록 공동 실험실과 업무 공간을 제공한다.

또 다른 중요 공간은 수소(Hydrogen) 캠퍼스다. 수소는 미래 에너지 전환의 핵심 축으로, 재생에너지로 물을 분해하여 생산하는 '그린 수소(Green Hydrogen)'는 탄소를 전혀 배출하지 않는 강점이 있다. 수소 캠퍼스에서는 대형 전해조와 저장·운송 기술의 시험, 그리고 안전성 검증이 이뤄진다. 이미 에버딘 시내에는 수소 버스가 운행 중이며 수소를 이용한 교통 시스템이 점차 확대되고 있다.

기술(Skills) 캠퍼스는 사람에 투자하는 공간이다. 신산업에는 새로운 전문 인력이 필요한데 대학과 직업 훈련기관, 기업이 함께 인재를 양성한다. 단순히 일자리를 만드는 차원을 넘어, 지역 청년들에게 미래를 준비할 수 있는 발판을 제공한다는 점에서 그 의미가 크다.

ETZ의 특징은 과거와 단절하지 않고, 연결하면서 미래를 준비한다는 것이다. 에버딘은 수십 년간 석유와 가스 산업을 통해 축적한 기술적 역량, 대형 해상 구조물 설치 경험, 그리고 글로벌 네트워크를 갖고 있다. ETZ는 이런 자산을 버리지 않고, 오히려 새로운 산업으로 옮겨가는 '연속적 전환'을 일구어 가고 있다.

해상풍력의 심장 OREC: 표준과 인증으로 지역경제에 새바람을

영국이 에너지 전환과 첨단 기술 분야에서 빠르게 두각을 나타내는 배경에는 특유의 혁신 지원 시스템, 해상 재생에너지 캐터펄트(Offshore Renewable Energy Catapult, 이하 OREC)[4]도 한몫하고 있다. OREC의 C인 캐터펄트(Catapult)는 각종 영어 시험에도 자주 등장하는 단어인데 우리말로 번역하면 투석기, 즉 돌을 던지는 기계다. 아주 멀리, 빠르고 강하게 날려 보낸다는 뜻도 담고 있다. 과거 공성전에서 많이 쓰였다.

영국 정부는 지난 2011년부터 국가 혁신프로젝트에 이 단어를 붙였다. 제조업과 공학이 무너진 상황에서 이를 빠르게 회생시키고 육성하겠다는 의미다. 반도체와 항공·우주, 헬스·케어, 디지털, 에너지 등 미래 성장 산업별로 기업과 연구자, 정부를 연결하는 역할을 맡고 있는데, 현재 영국 전역에 9개의 캐터펄트 센터가 운영 중이다.

이 가운데 최근 가장 주목을 받는 곳이 앞서 언급한 OREC다. 2013년 스코틀랜드 글래스고(Glasgow)와 블라이스(Blyth)에 문을 연 세계 최대 규모 해상풍력발전 관련 연구소로 에버딘 ETZ에는 플로위크(Floating Wind Innovation Center)라는 분소도 두고 있다.

OREC는 부유식 해상풍력에 필수적으로 쓰이는 시험 설비들을 갖추고 있으며, 특히 초대형 블레이드와 터빈, 발전기 등의 내구성을 테스트할 수 있는 장비도 보유하고 있다. 연수팀이 브라이

---

4   https://ore.catapult.org.uk/ (검색일 2025년 11월 11일).

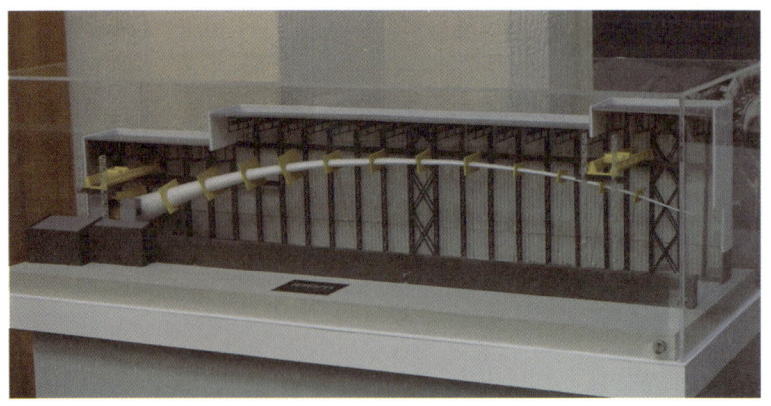

〈사진 4-3〉 150m 블레이드(날개) 시험 장비 모형

스를 방문했을 때도 대형 동적 케이블의 피로도와 여섯 종류 혹독
한 상황을 가정해 부유식 풍력발전 장비의 내구성을 진단할 수 있
는 헥사포드 플랫폼의 테스트가 한창 굉음을 내며 진행 중이었다.

OREC는 테스트 기관을 넘어 글로벌 인증기관의 역할도 꿈
꾸고 있다. 테스트 통과 여부가 곧 제품의 성능을 보증하다 보니
해상풍력발전에 투입될 장비로서의 기준까지 제시할 수 있게 된
것이다. OREC는 국가 간 풍력 산업을 아우르는 가교 역할도 하
고 있다. 정부 지원과 민간 투자로 최근 5년간 수억 파운드 규모
의 연구개발 프로젝트를 수행하고 있는데, 노르웨이와 덴마크,
독일 등의 북해 연안 국가들과 기술 교류를 강화하고 있다. 또 미
국과 일본 등 다른 대륙 업체들과의 협력도 활발히 진행 중이다.
연수팀 방문 당시에도 강철 소재인 모노 파일과 관련해서는 한국
의 세아철강, 송전 케이블은 자국의 제이디알(JDR)과 일본의 스
미토모 상사, 터빈은 독일 지멘스 등과 협력을 모색하거나 추진

중이라고 밝혀 그 위상을 짐작할 수 있었다.

세계 유수의 풍력 기업들이 신기술 상용화에 앞서 반드시 OREC를 거쳐야 하면서 관련 업체들의 입주도 잇따라 지역경제도 활성화하고 있다. 브라이스는 원래 탄광과 조선업이 유명했던 곳이다. 이들 산업이 쇠퇴하면서 계속 인구가 줄고 있었는데 기업들이 둥지를 틀면서 청년층 일자리가 늘어 거주 인구도 빠르게 증가하고 있다고 관계자는 설명했다. 석탄과 배, 석유와 가스로 성장했던 영국 북해 인접 지역이 이제는 OREC를 중심으로, 글로벌 에너지 전환의 거점으로 다시 도약을 준비하고 있었다.

영국 탈탄소와 에너지 독립의 최종 목표, '화석연료 5% 미만'

정권에 따라 일부 정책이나 수치가 바뀌고 있지만, 영국 정부는 대체로 오는 2030년까지 50GW(기가와트), 즉 대형 원자력 발전소 50기에 육박하는 용량의 풍력발전단지를 북해에 조성할 계획이다. '혼시(Hornsea) 4 프로젝트'■ 같은 일부 사업이 비용 증가와 이자율 상승 등 때문에 중단되고 있지만, 장기적으로는 100기가 와트 이상으로 계속 확대할 전망이다.

영국 연방 내 자치국가인 스코틀랜드 정부는 2045년, 영국 정부는 2050년까지 탈탄소와 외국에서 화석연료를 수입하지 않

■ 세계 해상풍력 1위 기업 오스테드가 2023년 7월 영국 정부로부터 허가를 받아 착수한 2.4GW급 해상풍력단지를 건설하는 대규모 재생에너지 사업으로, 한국의 효성중공업이 주요 공급사로 참여했으나, 2025년 5월 오스테드 측에서 비용 급등과 리스크 증가를 이유로 개발을 중단하기로 결정함으로써 프로젝트는 사실상 무산되었다.

는 '에너지 독립' 계획을 세웠다. 스코틀랜드는 이미 전력의 70%를 재생에너지에서 생산하고 있고, 영국의 다른 지역으로도 보내 탈탄소와 에너지 안보를 지원하고 있다. 러시아와 우크라이나 사이 전쟁으로 한때 에너지값이 천정부지로 치솟는 것을 보면서 에너지 독립의 중요성을 뼈저리게 배우고 깨달은 것이다. 영국은 2050년까지 온실가스 배출 제로(Net Zero)[5]를 달성하기로 이미 법제화한 상태다. 2024년 말 현재 전력 생산 에너지 구성은 풍력(육상 포함) 29.4%, 가스 25.9%, 전력 수입 15.7%, 원전 13.7%, 바이오매스 6.7%, 태양광 4.9% 등이다.[6]

　2024년 가을, 영국은 미래 전력 수급 계획의 일관성을 위해 정권으로부터 독립된 기관인 전력망위원회(National Energy System Operator, NESO)[7]를 신설했다. 이 기관의 기술 전문가 줄리아 레슬리(Julia Leslie)는 연수팀과 만난 자리에서 2050년까지 '넷 제로' 달성을 위해 재생에너지 비율을 85% 이상으로 끌어올리고, 나머지는 탄소 배출이 적거나 거의 없는 가스나 원자력으로 충당할 계획이라고 밝혔다. 또 이렇게 되면 탄소 없는 에너지 비율이 95%에 이른다고 강조했다. 그러면서 재생에너지의 간헐성 때문에 이 이상으로 올리는 것은 위험하다고 덧붙였다. 한국에서 논란이 들끓는 원자력 발전에 대해서는 기저 전력으로 효용성이 커

5　　https://www.gov.uk/government/publications/net-zero-society-scenarios-and-pathways--2/net-zero-society-scenarios-and-pathways-report-html (검색일 2025년 11월 11일).

6　　https://www.energyoasis.org.uk/blog/uk-renewable-energy-mix-2024 (검색일 2025년 11월 11일).

7　　https://www.neso.energy/ (검색일 2025년 11월 11일).

없애기 어렵고 신규 원전 건설을 계속 추진 중이라고 설명했다.

　10년 전만 하더라도 영국은 한국과 비슷하게 전력 생산의 40% 이상을 석탄에 의존했다. 하지만 2024년 10월 마지막 석탄발전소를 폐쇄하는 등 석탄에서 풍력으로 빠르게 에너지를 전환하고 있다. 여전히 화력발전소 비중이 56%, 특히 석탄 화력의 비중이 28%(2024년 기준)에 달하는 한국과는 사뭇 다른 속도다.[8]

가스·오일 회사들이 재생에너지에 투자하는 이유

영국의 풍력발전 산업을 취재하다 보면 한 가지 특이한 점이 발견된다. 관련 프로젝트나 업체의 수장들 대부분이 이전에 석유나 가스 산업에 종사했던 베테랑들이라는 사실이다. '킨카딘'과 '그린볼트'를 이끄는 플로테이션 에너지(Flotation Energy)의 수장이자 공동 기술 최고 책임자인 앨런 매카스컬(Allan Macaskill) 씨도 원래는 석유 채굴 전문가였다. BP(British Petroleum)가 운영하는 북해의 비아트리스(Beatrice) 오일 필드에서 20여 년간 근무한 경력도 있다.

　이분이 해상풍력발전 산업에 몸담게 된 계기는 거의 우연이었다고 한다. 북해에서 유전을 개발할 당시 시추선에 쓸 전력이 부족해 어떻게 하면 해결할까 여러 궁리를 하다가 풍력을 이용하자는 제안이 나왔고 그 추진 과정에서 풍력발전 전문가가 되었다

8　https://kosis.kr/statHtml/statHtml.do?orgId=388&tblId=TX_38803_A016A&-conn_path=I2 한국전력거래소, 〈발전설비현황〉, 2024, 에너지원별 발전량 (검색일 2025년 11월 11일).

고 한다.

최근 영국에서 석유 전문가들은 탈탄소 전문가로도 통한다. 일각에서 화석연료 생산에 대한 비난을 줄이기 위해 이미지를 세탁하려는 것 아니냐는 목소리가 끊이지 않는데, 이들 역시 완전히 부인하지는 않는다. 그러면서도 무엇보다 중요한 건 자신들도 미래에 대한 걱정이 크고 생존 대책을 찾아야 하기 때문이라고 말한다. 언젠가 석유를 비롯한 화석연료가 고갈되는 건 불을 보듯 뻔한 상황이다 보니 대비해야 한다는 것이다.

실제로 영국의 석유와 가스 생산량은 1999년 450만 boe/day(석유환산배럴/일)[9]를 정점으로 매년 급속히 줄고 있다. 2019년 한때 회복세를 보였지만 다시 하락했다. 구체적으로 보면 석유의 경우 1999년 약 1억 2,800만 톤, 하루에 600만 배럴의 석유를 생산했다. 하지만 2015년부터 2020년 사이에는 연간 4,000만에서 5,000만 톤 사이로, 정점 대비 35% 수준에 불과했다. 가스도 마찬가지로 2001년 10조 큐빅(입방) 피트를 정점으로 2018년에는 이것의 14% 정도인 1.4조 큐빅 피트까지 줄었다. 〈그림 4-2〉는 이를 잘 나타낸다.[10]

사실상 북해에서 새 유전이 발견되지 않는 한 고갈은 시간문제다. 석유와 가스가 사라지기 전에 서둘러 수익 구조의 다변화와 산업 전환이 필요한 이유이다. 여기에 그간 축적한 석유 시추 관련 기술들이 해상풍력발전 산업 기술과 유사해 경쟁력이 있

9   https://flotationenergy.com/kincardine-once-the-worlds-largest-floating-wind-project/ (검색일 2025년 11월 11일).

10   Oil & Gas in the UK | EITI (검색일 2025년 11월 11일).

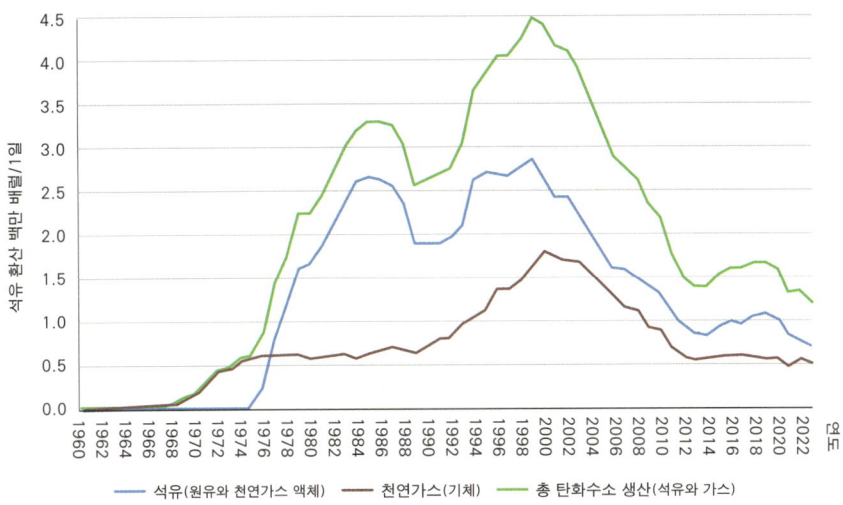

〈그림 4-2〉영국의 석유와 가스 생산량

출처: 영국 EITI(Extractive Industries Transparancy Initiative).

다는 것이다. 실제로 해상풍력 기술은 바다 위 석유 시추 기술과 거의 동일하다. 시추선을 바다에 고정하는 기술은 풍력발전 플랫폼을 해상에 정박시키는 것과 크게 다르지 않다. 또 생산된 석유를 육지로 보내는 것과 풍력발전으로 얻어진 전기를 육지로 전송하는 것도 매우 유사하다.

　다만 수익성을 담보할 수 있냐가 관건인데, 앨런 매카스컬은 일부는 생존할 수 있고 일부는 사라질 것이라고 말한다. 그래서 사업 초기에 개발 비용을 줄이는 게 고민이라고 강조한다. 영국의 경우 그래서 차액정산계약(Contracts for Difference, 이하 CFD)이 매우 중요하다. CFD는 정부가 발전사업자와 맺는 가격 안정 계약으로, 풍력 같은 재생에너지의 경우 시장 전력 가격이 들쑥날쑥해 수익 안정성이 필요한데, 이를 보장해 주는 제도다.

해상풍력 확대의 그늘: 한국도, 영국도 어민은 '고통의 파도'

해상풍력발전단지 조성으로 가장 피해를 보는 사람들은 누구보다 어민이다. 이는 한국뿐만 아니라 영국도 마찬가지다. 거의 유일한 삶의 터전이자 생계 수단인 바다를 이용하는 데 많은 제약이 뒤따르기 때문이다. 연수팀이 스코틀랜드 에버딘에 있는 어민 단체, 스코틀랜드 어민연맹(Scottish Fishermen's Federation) 사무실을 찾았을 때도 그런 암울함을 느낄 수 있었다.

우리가 영국으로 출발하기 전 여러 곳에서 받은 보고서에는 어민과 풍력발전 사업자들이 모든 분야에서 원만한 타협을 이뤄 갈등이 거의 없다고 적혀 있었다. 하지만 막상 그들로부터 들은 현실은 너무나도 달랐다. 영국의 바다는 한국과는 달리 공유수면, 즉 국가나 공공이 주인이 아니다. 크라운(Crown)이라는 왕실이 소유권을 갖고 있다. 이러다 보니 해상풍력이 들어와도 어민은 거의 피해 보상이나 구제를 받기가 쉽지 않다.

현재 스코틀랜드 지역에서 왕실 재산을 관리하는 회사는 해상풍력 업체에 바다를 70년 정도 임대한다고 한다. 10년은 사업 가능성을 테스트하는 기간이고 나머지 60년은 실제 가동 기간이다. 해상풍력 발전 허가는 사업자가 낸 신청서를 정부 기관과 왕실 재산 관리회사가 검토해 결정하는데 이 과정에서 환경영향평가와 어민 협의 등을 거치도록 하고 있다. 또 주민들을 위한 지역사회 역량 강화 펀드 등 각종 공헌기금도 출연하도록 하고 있다. 하지만 강제성이 없을 뿐만 아니라 어민들 요구를 무조건 받아들이라고 강요하지도 않는다. 자체 판단에 따라 결정하라는 것이다.

어민들이 걱정하는 건 이 임대되는 바다의 면적과 그에 따른 조업 피해다. 현재도 바다에는 풍력과 조력 발전, 석유·가스 채취 시설들이 적지 않게 들어서 있는데, 영국 전체적으로는 조업 구역의 23%, 스코틀랜드의 경우에는 조업 구역의 34%에 달한다. 그런데 해상풍력이 더 커지면 이 제한 구역은 기하급수적으로 늘어난다. 2030년에는 스코틀랜드 바다의 45%가, 2050년에는 50% 이상이 조업 제한 구역이 된다.

영국은 가재 등 갑각류 등을 잡기 위해 바다 바닥을 끄는 트롤 어선들이 적지 않은데 해상풍력의 송전 케이블과는 공존할 수 없는 어업 방식이다. 바닥을 잘못 훑어 고가의 케이블을 훼손하면 어업으로 버는 이익의 수십 배를 물어줘야 하기 때문이다. 특히 고정식이 아닌 부유식의 경우 송전 케이블 외에 풍력발전기가 바다에 떠서 움직일 수 있도록 '무어링'이라는 또 다른 케이블을 설치하는데, 아예 가까이 접근하는 것 자체가 혹독한 대가를 치를 수 있어 위험천만한 일이다.

이 때문에 스코틀랜드 어민연맹은 뒤늦게 생존권을 요구하고 나섰다. 지난 1973년 설립했고 회원을 4천 명이나 두고 있지만 그동안 해상풍력발전 추진 과정에서 철저히 배제됐다며 이제라도 자신들 이익을 조금이라도 찾겠다는 것이다. 특히 수산업이야말로 다른 어떤 산업보다 저탄소로 양질의 단백질을 생산하는데 이 능력을 없애버리는 게 말이 되냐고 주장한다. 비효율적일 뿐만 아니라 언어도단이라는 것이다.

바다에는 물고기가 많이 잡히는 황금어장이 있는가 하면 황량한 곳도 있는데, 이런 덜 중요한 지점에 풍력발전 단지를 설치하면 갈등을 줄일 수 있는데 그렇게 하지 않았다는 것이다. 또 풍력발전으로 생산한 전기를 육지로 전송하는 과정에서 발생하는 전기장이나 자기장이 어류나 갑각류, 치어 등에 어떤 영향을 미치는지도 알고 싶은데 관련 정보의 접근이 어렵다고 하소연했다.

현재 어민연맹은 관련 해법으로 해상 재생에너지 정책(Offshore Renewable Energy Policy, OREP)을 준비하고 있다. 해상풍력과 조력, 파력 같은 해양 재생에너지 프로젝트 전 과정에서 어민들의 참여를 보장하라는 내용이 담길 것으로 보인다. 구체적으로는 해저 인프라 선정부터 조사 및 계획 단계, 시공 및 운영 단계, 수명 종료 후 철거 단계에 이르기까지 전 과정을 포함할 것으로 전망된다.

뼈아픈 경험에서 배운 '정의로운 전환'

"우리는 어떻게 해서든 정의로운 전환(Just Transition)을 이뤄낼 것입니다." 스코틀랜드 정부의 에너지장관 대행 질리언 마틴(Gillian Martin)을 만났을 때 그녀가 비장하고 결연하게 꺼낸 말이다. 1970~80년대 조선업과 석탄산업이 붕괴했을 때 제대로 대처하지 못해 수많은 실업자를 양산하고 경제 회복도 해내지 못한 경험을 떠올린 것이다. 석유에서 풍력으로 에너지를 전환하는 과정에서는 과거와 같은 실패를 되풀이하지 않겠다는 강한 의지의 표명이기도 하다.

영국은 스페인의 무적함대를 무찌른 16세기 후반 이후 세계적인 조선 강국이었다. 하지만 1960년대 이후 일본과 한국 등 동

아시아 국가들이 값싸고 품질 좋은 선박을 건조하면서 경쟁력을 잃기 시작했다. 산업혁명을 일으킨 나라답게 1970년대 초반까지는 석탄산업의 중심지이기도 했다. 하지만 에너지원이 석유와 가스, 원자력 등으로 빠르게 바뀌면서 그 지위도 잃어갔다.

1984년 마거릿 대처 총리가 비효율적인 탄광을 폐쇄하려 하자 노조가 반발했고, 이는 1년여간 진행된 '광부대파업(Miner's Strike)'으로 이어졌다. 정부가 강경하게 진압하는 과정에서 수백 개의 탄광이 문을 닫았고 수십만 명의 광부가 직장을 잃었다. 이를 다룬 언론들의 기사[11]와 통계[12]는 그 심각성을 낱낱이 보여준다. 영국 통계청 자료(〈그림 4-3〉)를 보면 광부대파업 기간 '자가주거 비용을 포함한 소비자물가지수(CPIH)' 인플레이션은 5% 이하로 떨어졌다. 정부가 1970년대 석유파동 이후 물가를 강하게 억제한 것과 함께 불황, 그리고 광부들이 일자리를 잃으면서 실업률이 급등한 것 등이 겹치면서 이를 끌어내린 것으로 분석된다. 〈그림 4-3〉에서 알 수 있듯이 '광부대파업'으로 당시 영국의 실업률은 역대 최고인 12% 가까이 치솟았다.

조선과 석탄산업 등이 황폐화할 때 실업자 재교육이나 재배치, 지역경제 회복 같은 조치를 해야 했지만 영국 정부는 거의 하지 않았다. 오히려 시장 논리에 맡겨 버렸고 실업과 빈곤, 공동체 붕괴의 원인이 됐다. 에너지 장관 대행은 에너지 전환에서는 그

11   https://www.theguardian.com/politics/2012/nov/22/miners-strike-orgreave-bloodiest-battle? (검색일 2025년 11월 11일).

12   https://www.ons.gov.uk/economy/grossdomesticproductgdp/articles/gdpandeventsinhistoryhowthecovid19pandemicshockedtheukeconomy/2022-05-24? (검색일 2025년 11월 11일).

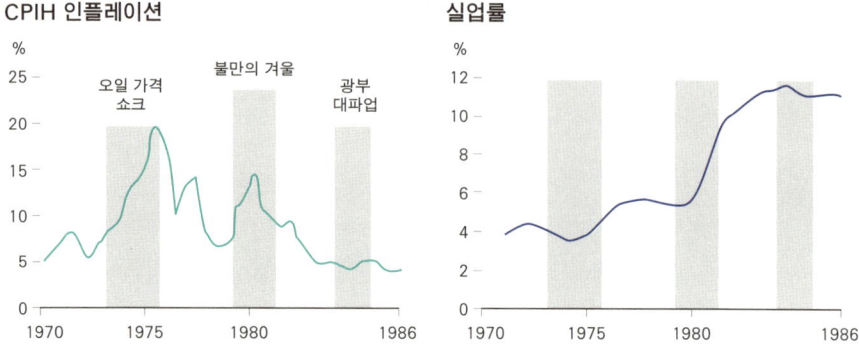

〈그림 4-3〉 1970~1986년 영국의 인플레이션(왼쪽)과 실업률(오른쪽)

출처: 영국 통계청 데이터, 재구성.

런 고리를 끊겠다고 밝힌 것이다.

스코틀랜드 정부는 '정의로운 전환 위원회'를 설립해 정책 과정에 주민과 노동자의 목소리를 반영하고 있다. 이는 전환 정책의 사회적 정당성을 확보하기 위한 장치로 평가된다. 영국노총 (TUC)도 "정의로운 전환은 기술 혁신이 아니라 사회적 계약"이라며, 노동자의 권익 보호와 지역 균형 발전을 강조했다.[13]

연수팀이 만난 전문가들은 2050년 탄소중립 목표를 법으로 명시한 영국의 정의로운 전환을 두고 "기술적 전환만으로는 탄소 중립을 달성할 수 없다"라고 말했다. 정의로운 전환이 제대로 작동하기 위해서는 단순히 정책 문구에 머무르지 않고, 노동자 보호·지역 균형 발전·사회적 합의라는 세 축을 실질적으로 강화하는 노력이 필요하다고 설명했다.

13   https://www.tuc.org.uk/climate?

에너지 구조 개편이 지역 사회와 노동시장에 미칠 충격을 흡수하고, 이를 통해 사회적 합의를 끌어내야 한다는 것이다. 또 이것이 과거 조선과 석탄산업 몰락의 교훈을 되새기는 하나의 시금석이 될 것으로 보고 있다.

3. 한국의 에너지 전환을 생각한다

한국의 전환은 과연 정의로운가

정의로운 전환은 원래 에너지 전환 과정에서 일자리를 잃거나 삶의 터전을 위협받는 노동자와 지역 사회를 보호하자는 개념에서 출발했다. 그러나 한국에서는 이 논의가 더 확장되고 있다. 전기를 소비하는 곳과 생산·송전 부담을 떠안는 곳이 구조적으로 분리돼 있기 때문이다. 그 결과 '지역 간 정의'의 문제가 새롭게 부상하고 있다. 다음은 이현석 전북 진안군 송전탑반대대책위원회 집행위원이 한 세미나에서 하소연하듯 성토한 말이다.

> "용인 반도체 국가산단에 들어가는 전기가 최소 10GW에서 16GW입니다. 10GW를 잡더라도 하루에 240GWh(기가와트시), 1년이면 87.7TWh(테라와트시)예요. 그런데 작년(2024년) 국내 신재생에너지 총생산량이 63TWh에 불과합니다. 이건 말이 안 되는 거예요. 우리나라 전기를 모두 빨아들이는 겁니다. 블랙홀도 이런 블랙홀은 없어요. 지방은 밑 빠진 독에 에너지를

〈사진 4-5〉 고압 송전선로와 철탑으로 완전히 둘러싸인 전북 김제의 한 자연휴양림 전경

〈사진 4-6〉 전주혁신도시 근교에 설치된 고압 송전선로와 탑. 어찌된 영문인지 고압 송전선로는 도심으로 들어오면 무조건 지중화한다.

들이붓는 식민지예요."

최근 전북을 포함한 호남과 충청 지역에서는 연일 초고압 송전
선로 건설을 반대하는 집회와 학술대회가 한창이다. 정부가 경기
도 용인에 반도체 국가산업단지(국가산단)를 추진하면서 그 동력
으로 신재생에너지를 쓰겠다고 하면서부터다. 호남에서 풍력과
태양광으로 생산된 전기는 34만 5천 볼트(345KV)나 되는 초고압
으로 바뀌어 수도권으로 향하는데, 지나가는 곳마다 송전 시설을
대거 건설해야 하기 때문이다.

　전북의 경우 거의 모든 시군이 송전탑으로 뒤덮일 지경이
다. 누구는 과장이 아니냐고 할 수도 있겠지만 직접 현장에 가보
면 고개가 저절로 끄덕여진다. 전북 지역에서는 광역단체인 전북
도 외에 기초단체인 14개 시군 가운데 9곳이 반대대책위를 결성
했고 3개 시군도 결성을 준비하고 있다. 항상 마주보기만 하면 서
로 으르렁대던 지역의 시민단체와 의회도 이 문제에 대해서만큼
은 똘똘 뭉쳐 한목소리를 내고 있다. 그만큼 지역에서는 절박하
기 때문이다. 일자리와 세수는 수도권에 집중되는 반면, 송전선
로와 변전소 건설로 인한 갈등과 피해는 고스란히 소멸 위기를
맞고 있는 비수도권이 감내해야 상황에 기가 찬 것이다. 전혀 정
의롭지도 공정하지도 않은 행태에 울분까지 느끼는 것이다.

　KBS 뉴스[14]와 한국전력에 따르면 2025년 현재 수도권이 한
국 전체 전력의 40%를 사용하고 있지만 전력 자급률은 66% 정도

14　"'에너지 전환'…2038년까지 송전선로 72% 늘려" | KBS 뉴스

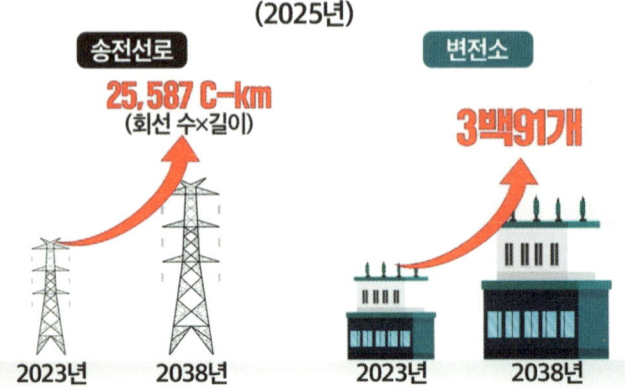

〈그림 4-4〉 정부의 장기 송·변전 설비 계획

출처: KBS 뉴스.

에 불과하다. 그런데 정부는 2024년 한국 전체 최대 전력 수요의 6분의 1에 달하는, 16GW 전력이 필요한 반도체 산업단지를 또 경기도 용인에 조성하기로 했다. 송전선로는 72%, 변전소는 43%를 더 건설해야 한다. 전국 곳곳에서 송전선로는 2023년에 비해 2만 5,000C-km(서킷킬로미터) 넘게, 변전소는 400개 가까이 늘어난다. ▪

▪ C-km(서킷킬로미터)는 송전선로의 회선(전깃줄) 길이를 나타내는 단위로, 'C'는 회선을 뜻하는 '서킷(circuit)'의 약어다. 전체 송전선로의 길이는 하나의 송전 구간을 몇 개의 회선(서킷)으로 구성하느냐에 따라 전선로의 길이가 달라진다. 송전 구간이 100km인데 2개의 회선으로 구축하면 서킷킬로미터는 200이 된다. 2만 5,587C-km(서킷킬로미터)는 전체 구간 길이에 송전선로 수를 곱해 산출한 수치다. 또 전기를 손실 없이 먼 거리까지 보내기 위해서는 전압을 높여야 하고, 다시 공장이나 가정에서 쓰려면 낮춰야 하는데, 이 과정에서 꼭 필요한 시설이 변전소다. 하지만 변전소는 전자기파와 소음 발생 우려 등 여러 이유로 기피 시설로 인식되고 있다.

에너지 민주화를 통한 균형 발전을 위하여

초고압 송전선로가 지나거나 변전소가 설치되는 곳은 죽은 땅이 된다. 누구도 그 밑이나 옆에 살고자 하는 사람이 없기 때문이다. 현재 살고 있는 고령의 주민이 죽으면 완전히 폐허가 된다. 주민들이 결사코 반대하는 이유다. 이 때문에 '에너지 전환'의 보다 실효성 있는 방안은 지역 분산형 전력망 구축이라는 목소리가 설득력을 얻고 있다. 지역에서 생산된 전기를 지역에서 소비하자는, 이른바 '에너지 지산지소(地産地消)' 운동이다.

2025년 8월 전북특별자치도의회에서 열린 송전선로 관련 세미나에서 반대대책위 위원들은 용인 반도체 국가산단을 새만금이나 호남에 건설해 달라고 촉구했다. 송전선로 건설을 대폭 줄여 갈등을 해소할 뿐만 아니라 일자리 창출로 지역 소멸도 막을 수 있다는 것이다. 수도권으로 몰리는 에너지를 지방으로 돌리는 에너지 민주화를 실행해야 국가 균형 발전도 이룰 수 있다고 강조했다. 송전선로가 없어서 빈번한 출력제한이 발생할 이유가 없을 뿐만 아니라 신재생에너지 확산에도 오히려 속도가 붙을 것이라고 주장했다.

지방정부와 학계는 전북이 반도체 산업단지 입지로도 경쟁력이 있다고 설명한다. 먼저 전북은 반도체 생산에 필수적인 공업용수가 충분한 지역이다. 한국의 5대강 가운데 금강과 섬진강의 발원지가 있으며, 두 강 상류에 용담댐(담수량 8억 1,500만 톤)과 섬진강댐(담수량 4억 6,600만 톤)을 두고 있다. 특히 금강 하구에는 강을 막아 생긴 거대한 담수호인 금강호가 있어 공업용수

조달에 전혀 문제가 없다. 현재도 공급능력의 절반 이하만 사용할 뿐이며, 하루 30만 톤 이상 여유가 있다. 이는 경기도가 2031년까지 확보하겠다고 밝힌 용수의 양과 비슷하며 그 이상의 확대도 어렵지 않다고 한다.[15] 교육과 인력 기반 역시 탄탄하다. 전북대는 2024년 교육부가 공모하는 '반도체 공동연구소'를 유치했고 600억 원 규모의 예산도 확보했다.[16] 광주와 전남까지 영역을 확대하면 전남대와 나주의 한국에너지공과대학 졸업생까지 활용할 수 있어 수도권과 먼 지방이라는 한계를 넘어선다. 일부 수도권 정치인과 반도체 업계가 서울에서 멀리 떨어지면 우수 인재와 인프라를 구하기가 어렵고, 그 한계선이 경기도 용인이라고 주장하는데, 이는 편협한 생각이다.

최근 들어 미국의 주요 반도체 생산지는 수도권이라 할 수 있는 동부나, 실리콘밸리가 있는 서부가 아닌 애리조나주나 텍사스주로 옮겨가고 있다. 행정수도인 워싱턴, 경제수도라 할 수 있는 뉴욕에서 비행기로 4시간씩이나 날아가야 하는 지역이고, 아이비리그급 유명 대학도 없는 도시들이다. 김동연 경기도지사도 지난 2023년 반도체 관련 협력을 위해 애리조나주를 방문했다. 필자가 미 국무부 풀브라이트(Fulbright) 펠로우(초청연구원)로 애리조나주립대(Arizona State University) 월터 크롱카이트 저널리즘 스쿨에서 공부하던 시기에 주정부 관계자가 귀띔해준 내용이기도 하다.

---

15   https://news.kbs.co.kr/news/pc/view/view.do?ncd=8357979 전북특별자치도 환경산림국 물통합관리과 분석 자료. 2025년 11월 11일
16   https://v.daum.net/v/20250617171301031 (출처: 연합뉴스, 검색일 2025년 11월 11일)

그러면 미국의 인재들은 대부분 생각이 없어서 그 먼 거리까지 가서 일을 할까? 관건은 기업에 대한 세제 등 여러 혜택과 정주 여건 조성이다. 이것은 국가나 지방자치단체가 강한 의지만 있다면 할 수 있다. 애리조나주의 주요 도시들은 수도권에서 멀리 떨어진 변두리임에도 인구가 계속 늘고 있고 주도이자 가장 큰 도시인 피닉스는 조만간 미국 대도시 순위에서 5위권 안으로 들어설 전망이다. 한국의 에너지 전환이 정의롭게 이뤄지려면 무엇보다 수도권의 생산 시설에 비수도권 전기를 일방적으로 보내는 구조를 바꿔야 한다. 에너지 '지산지소'의 원칙에 맞게 생산 시설과 전력 시설을 재배치해야 한다. 미국 애리조나주와 텍사스주의 반도체 공장 유치는 이러한 노력과 전환을 보여주는 모범 사례가 될 것이다.

5장

수소 혼소와 기후 도박:
화력발전소의 출구인가,
그린워싱인가

조원일

한국탐사저널리즘센터(뉴스타파) 기자

1. 쫓기던 정부가 집어 든 카드, 수소 혼소

최근 10여 년, 기후위기 대응을 위한 에너지 전환의 물결 앞에서 한국은 심각한 정치 몸살을 앓았다. 한국 에너지 산업의 공론장은 '탈원전'과 '탈탈원전'이라는 무의미한 정쟁에 지배당했다. 국가 정책이 오락가락하는 사이, 가장 많은 온실가스를 배출하는 화석연료 발전소에 대한 해법 마련은 차일피일 미뤄졌다. 시간은 정부도, 에너지 업계의 편도 아니다. 탄소국경세, 알이백(RE100), 그리고 국가 탄소중립 계획과 국가 온실가스 감축 목표(Nationally Determined Contribution, NDC)까지, 국내외 탄소 감축 기준과 제재는 시시각각 현실이 되어 목을 죄어오고 있다.

마음이 급해진 한국 정부는 한 장의 카드를 집어 들었다. 이른바 '청정 수소(clean hydrogen)' 발전이다. 기존의 가스발전기나 석탄발전기에 청정 수소, 혹은 청정 수소로 합성한 암모니아를 섞어 태워 전기를 생산하는 '수소 혼소(Hydrogen Co-firing) 발전 기술'을 도입해 탄소 배출량을 줄인다는 계획이었다.

문재인 정부 시절 도입된 수소 혼소 구상은 윤석열 정부로 들어서면서 구체화됐다. 수소 혼소 계획이 가장 먼저 구체적인

윤곽을 드러낸 것은 삼성전자의 경기도 용인 시스템반도체 국가
산업단지(이하 국가산단)였다.

정부는 2050년까지 100% 수소만으로 전력을 생산해 온실가
스 배출이 전혀 없는 전기를 용인 국가산단에 공급하겠다고 밝혔
다. 정부 계획이 실현된다면, 세계 최대 규모의 반도체 국가산단
은 수소 혼소 기술의 성공을 대대적으로 입증하는 무대가 될 전
망이며 탈탄소 산업구조로 전환하는 안정적인 경로 하나를 확보
하게 되는 것이다. 반면, 실패할 경우 정부의 탄소중립 계획은 심
각한 차질을 빚게 될 뿐만 아니라, 그로 인한 막대한 사회·경제적
부담은 고스란히 국민과 기업에게 전가될 것이다.

정부는 용인 국가산단을 비롯해 2030년 국가 전체 발전량의
2.4%인 15.5TWh(테라와트시)를 혼소 발전을 통해 공급하겠다는
목표를 세우고 필요한 제도를 정비했다. 그렇게 '청정 수소 발전
의무화 제도(Clean Hydrogen Portfolio Standards, 이하 CHPS)'■
가 탄생했다. 대규모 발전사들이 일정 비율 이상 청정 수소·암모
니아를 연료로 삼아 전기를 생산하도록 의무화한 것이다.

정부는 대규모 청정 수소·암모니아 전기 공급을 위해 2024
년 세계 최초로 입찰 시장을 개설했지만 결과는 처참했다. 사업
자들이 제시한 가격이 정부 예상보다 너무 비쌌기 때문이다. 낙
찰된 물량은 정부가 구매하겠다고 공고한 물량의 단 11.5%에 불
과했다.

■　CHPS는 청정 수소나 암모니아를 연료로 발전한 전기를 전력 당국이 의무적으
로 구매하여 수소경제 활성화 및 탈탄소화를 목표로 하는 제도로, 2023년 수소법에 근
거하여 도입되었으며, 2024년 세계 최초로 경쟁 입찰 시장이 개설되었다.

내용은 더 심각하다. 첫 해 입찰 결과에 따라 CHPS가 도입되는 발전기는 전국에 가동 중인 61기의 석탄발전기 가운데 단 한 곳이다. 15년 동안 20%의 온실가스를 감축하는 대가로 이 석탄발전기 한 기에만 5조 원이 넘는 비용이 들어간다. 모두 국민이 내게 될 전기요금이지만, 이런 내용을 지적하는 언론은 거의 없었다.

정부의 청정 수소 혼소 계획은 대담한 전환일까? 아니면 무책임한 도박일까? 혹은 화석연료 발전소의 탄소 출구일까, 아니면 국민 경제를 볼모로 한 '그린워싱(Greenwashing)'■에 불과한 것일까? 취재를 통해 파악한 한 가지 분명한 사실은 윤석열 정부가 성공을 위한 현실적인 경로도, 실패를 대비한 플랜B도 가지고 있지 않았다는 점이다. 뉴스타파는 국내외 전문가들의 연구 결과와 삼성전자 용인 반도체 국가산단을 비롯해 정부가 진행 중인 청정 수소 혼소 발전 계획을 분석하고 검증했다.

2. 부풀려진 용인 반도체 산단 '수소 발전' 평가서

대통령의 깜짝 발표

12·3 내란의 후폭풍이 이어지던 2024년 12월 26일, 정부는 경기

■　환경을 뜻하는 그린(Green)과 씻는다는 뜻의 워싱(Washing)을 합친 말로, 기업이 실제로는 환경에 악영향을 끼치는 제품을 생산하거나 운영하면서 허위·과대 광고를 통해 친환경적인 이미지로 위장하는 것을 일컫는다.

도 용인시에 삼성전자의 반도체 국가산업단지를 짓겠다는 계획을 최종 승인했다. 대통령의 지시를 받은 군인들이 총을 들고 국회에 난입한 상황에서 용인 국가산단 계획은 국민의 관심사일 수 없었다.

세계 최대 규모의 반도체 산단을 조성해 민간기업을 지원하겠다는 계획은 윤석열 정부 초인 2023년 3월 15일 처음 공개됐다. 국가 미래 경쟁력을 좌우할 핵심 전략 산업을 육성하기 위해 정부가 과감한 지원에 나섰다는 소식은 많은 관심과 지지를 받았다.

> "오늘은 그중에서 첨단산업 생태계 구축을 위한 국가 첨단산업단지 조성계획을 확정하겠습니다. 우선 300조 원에 달하는 대규모 민간투자를 바탕으로 수도권에 세계 최대 규모의 신규 첨단 시스템반도체 클러스터를 구축하겠습니다."
> ― 윤석열 대통령의 2023. 3. 15. 제14차 비상경제 민생회의 모두 발언 중

대통령의 전격적인 발표와 함께 무려 728만㎡에 달하는 용인 반도체 국가산단의 윤곽이 드러났다. 정부는 용인 국가산단 건설에 앞서 반드시 거쳐야 했던 예비타당성 조사를 면제했고 환경영향평가에도 특례를 적용했다. 그 결과 통상 4년이 걸리던 국가산단의 사업 승인 기간은 1년 9개월로 줄었다. 사업 속도를 강조한 대통령의 뜻이 관철된 것이다.

"정부는 지역 스스로 비교 우위가 있다고 판단되는 분야를 키워나갈 수 있도록 토지 이용 규제를 풀고 국가산업단지를 조성하는 것입니다. 중요한 것은 속도입니다."

— 윤석열 대통령의 2023. 3. 15. 제14차 비상경제 민생회의 모두 발언 중

그러나 용인 국가산단 계획은 곧장 논란에 휩싸였다. 부지 선정 과정에서 산단 운영에 필요한 전력 공급 대책이 전혀 고려되지 않은 사실이 드러났기 때문이다. 반도체 생산 설비가 본격 가동될 2050년을 기준으로 했을 때, 용인 국가산단에 필요한 전력 설비 규모는 대략 10GW(기가와트)에 달했다. 2023년 수도권 전력 공급을 위해 마련된 발전기의 설비용량(43.17GW)의 4분의 1에 달하는 막대한 규모다.

대규모 가스발전소를 대책으로 내놓은 정부

용인에는 이미 SK하이닉스가 또 다른 대규모 반도체 산업단지를 조성하고 있었다. SK하이닉스 또한 6GW 규모의 전력을 공급할 방안이 뚜렷하지 않아 우려를 낳고 있었다. 당장 SK하이닉스 전력 공급 대책도 불분명한 상황에서 정부의 또 다른 인접지역 대규모 반도체 산단 조성 발표는 의문을 증폭시켰다. 2023년 봄, 윤석열 대통령이 던진 세계 최대 규모의 반도체 산단 건설 계획은 기대와 불안을 동시에 몰고 왔다.

전력 공급 대책에 대한 우려가 높아지자 2023년 5월 26일,

정부는 공식 입장을 내놨다. 정부 관료는 "대책을 마련하겠다"고 밝혔다. 윤석열 대통령의 발표가 있은 지 40여 일이 지난 후였다. 반도체 생산의 필수 요건인 전력 공급 대책도 없이 대통령이 '저지른 사건'임을 정부가 스스로 인정한 것이다.

그리고 다시 한 달 남짓한 시간이 흘러 정부는 대책을 발표했다. 용인 반도체 산단 내에 3GW 규모의 액화천연가스(LNG) 발전소를 새로 짓겠다는 계획이었다. 3GW는 최신형 한국 원전(1.4GW) 2기의 설비 용량을 넘어서는 대규모 용량이다.

그러나 정부가 내놓은 늑장 대책에 또 다른 의문이 꼬리를 물었다. 정부가 용인 국가산단에 조성하겠다는 대형 LNG 복합발전소 6기가 내뿜을 온실가스 배출 문제였다. 이들 발전소가 한 해 배출할 것으로 파악되는 온실가스 양은 977만 톤이다. 국산 휘발유 자동차 440만 대 이상이 1년 동안 내뿜는 온실가스 양과 맞먹는다. 신규 가스발전소 가동 기간 동안 배출될 온실가스는 어림잡아 억 톤 단위가 넘을 것으로 추산됐다.

가스발전소 건설 계획을 내놓자 논란은 더 커졌다. 거액의 투자비가 들어가는 가스발전소의 수명은 최소 30년. 먼저 윤석열 정부는 물론 역대 정부가 일관되게 약속했던 '2050 국가 탄소중립' 계획과 충돌했다. 용인 국가산단에 입주할 삼성전자의 탄소중립 계획과도 충돌했다. 삼성전자는 2050년까지 반도체 부문을 포함한 전 제품 생산 과정에 재생에너지로 만든 전기만 쓰겠다며 RE100을 선언한 상황이었다.

산단 예정지 주민들 또한 갑자기 들어서게 된 대규모 발전소를 반대하고 나섰다. 주민들과 기후환경단체는 국가산단과

LNG 발전소 건설을 막기 위해 법원에 소송까지 제기하게 된다. 소송에 함께 참여한 용인 시민 김춘식(용인 반도체 산단 재검토 주민 모임 대표) 씨는 "국가산단이 들어선다는 소식을 처음 들었을 때, 많은 양의 전기가 필요하다는데 그 많은 전기를 끌고 오기가 어려워서 이건 가능한 사업이 아닐 거라 생각했다"고 말했다. 정부가 뒤늦게 내놓은 LNG 발전소 건설 계획 소식을 들은 김춘식 씨는 "엄청나게 큰 발전소를 들여오면서 인근 지역 주민에게 주는 영향에 대해 정부가 어떤 고민을 하고 발표했는지 이해가 가지 않았다"고 토로했다.

윤석열 정부가 꺼내 든 '수소 혼소' 카드

LNG 발전소의 온실가스 배출 문제가 논란이 되자 정부는 다음 카드를 내밀었다. 바로 '수소 혼소' 기술이다. 수소 혼소란, 말 그대로 가스와 수소를 섞어 발전소 연료로 쓰는 방식을 일컫는다. 메테인(CH_4) 성분이 주를 이루는 천연가스는 연소하면서 다량의 이산화탄소 등 온실가스를 내뿜지만, 수소는 연소 시 물만 생성되기 때문에 청정 연료로 구분된다. 때문에 수소 혼소는 가스발전소의 온실가스 감축을 위한 친환경 미래 기술로 언급된다.

하지만 단점도 만만치 않다. 성질이 전혀 다른 수소와 가스를 섞어 태우기 위해서는 고난이도의 기술이 필요할 뿐만 아니라 안전상의 문제도 발생할 수 있다. 이런 사정 때문에 발전소에서 가스 대신 태울 수소를 합리적인 가격으로 대량 공급하는 것은 현재로서는 불가능에 가깝다.

윤석열 대통령이 즉흥적으로 추진한 용인 반도체 국가산단 계획, 그리고 정부가 전력 공급 대책으로 내놓은 가스발전소와 수소 혼소 계획은 타당할까? 먼저 정부의 주장대로 가스발전소에서 수소 혼소를 통해 줄일 수 있는 온실가스의 양을 확인해 봤다.

용인 반도체 국가산단의 시행사는 한국토지주택공사(LH) 경기남부지역본부다. LH는 정부 측을 대표해 약 10조 원의 예산을 들여 부지를 조성할 계획이다. LH는 도로, 전력, 용수, 배후 주거지 등 대규모 반도체 공장의 건설 및 운영에 필요한 부지 인프라 조성을 총괄한다. 반도체 산단 부지에 들어갈 LNG 발전소가 미칠 환경 요인에 대한 분석과 대책을 마련하는 것도 LH의 몫이다.

2024년 7월 LH는 건설 예정인 발전소와 관련한 '기후변화영향평가서(이하 평가서)'를 환경부에 제출했다. 초기에는 가스와 수소를 섞어 발전소를 가동하지만 수소의 비중을 점차 늘려 2050년에는 100% 수소 전소, 즉 가스는 전혀 쓰지 않고 수소만을 이용해 발전기 탄소 배출을 0으로 만들겠다는 내용이다. 그런데 환경부 심의까지 받은 이 탄소 감축 목표치가 크게 부풀려진 정황이 확인됐다.

뒤집힌 평가서, 수정된 온실가스 감축량

LH가 평가서를 통해 '100% 수소 전소' 계획을 밝히기 3개월여 전인 2024년 4월, LH는 '기후변화영향평가서' 초안을 먼저 환경부에 제출한다. 여기에는 반도체 국가산단 전체에서 배출하게 될 온실가스를 감축하기 위해 어떤 방안을 적용할 것인지 구체적인 계획이 포함돼 있었다. 그러나 발전소에서 수소를 혼소시켜 온실가스를 줄이겠다는 방안은 평가서 초안 어디에도 언급되지 않은 사실이 확인됐다. 수소를 이용해 온실가스를 줄일 수 있다고 명확히 밝힌 내용은 산단 업무용 차량을 내연기관 자동차 대신 수소자동차를 도입해 공해를 줄인다는 계획이 전부였다.

평가서 초안에는 오히려 수소 혼소를 통한 온실가스 감축은 장담할 수 없다는 내용이 들어가 있다. "상용 가능 여부는 불투명함에 따라 혼소비율 상향 제시는 곤란한 실정임"이라며 발전소가 본격 가동하게 될 2032년까지 수소 혼소 기술을 적용해 탄소배출을 줄이는 것은 무리라고 판단한 것이다.

LH 측은 평가서 초안에서 수소 혼소를 위한 발전 설비 계약을 진행 중에 있지만 산단 전체의 온실가스 감축에 가시적인 효과를 기대하기 어렵다는 취지로 결론 내렸다. LH가 검토한 결과 산단 내 발전소에서 가스로 수소를 대체할 수 있는 비중은 2050년에 이르러서야 30% 정도에 불과했다.

특히 발전기에 투입되는 연료 가운데 부피의 30%를 수소가 채우고, 나머지 70%를 가스가 채웠을 때, 수소를 통해 감축할 수 있는 온실가스 양은 11%에 불과한 것으로 나타났다. 이 수치는 LH가 앞서 검증된 국내 기업의 수소 혼소 발전 실증 보고서를 인용한 것이다. 결국 LH의 기후변화 영향평가서 초안은 수소 혼소, 나아가 100% 전소를 통해 용인 국가산단의 전력공급 과정에서 발생하는 온실가스를 감축하겠다는 정부 계획이 실현 불가능한

'엉터리'였다는 사실을 가리키고 있다.

그런데 불과 3개월 뒤, LH는 이 내용을 완전히 뒤집은 '기후변화영향평가서' 본안을 환경부에 다시 제출한다. 수소 혼소를 전면에 내세워 파격적인 수준의 온실가스 감축이 가능하다고 내용을 수정한 것이다. 실제 2024년 7월 LH가 환경부에 제출한 용인 반도체 국가산단 평가서 본안을 보면 '수소혼소를 통한 감축' 방안이 최상단에 기재돼 있다. 초안에는 없었던 내용이다. 발전소의 온실가스 감축 계획 규모 역시 초안과 본안은 큰 차이를 보이고 있다.

수정된 본안에는 2032년까지 온실가스를 21.4% 감축하고 2050년에는 99.99%, 사실상 100% 감축하겠다는 내용이 담겼다. 앞서 "2050년이 돼서야 수소 30% 혼소를 통해 온실가스 11%를 줄일 수 있을 것 같다"던 초안과는 완전히 다른 내용이다.

초안을 제출한 지 3개월 만에 수소 혼소와 관련된 기술 장벽과 공급 비용 문제가 크게 해소된 것이 아니라면 설명하기 어려운 대목이다. 그러나 새롭게 제출된 평가서 본안 어디에도 단 3개월 만에 수소 혼소 목표치를 급격히 올릴 수 있었던 근거는 등장하지 않는다.

대책 없는 장밋빛 계획, 수소 혼소

LH가 단 석 달 사이에 완전히 다른 계획을 내놓은 근거는 무엇이었을까? 뉴스타파는 LH 경기남부 지역본부 담당자에게 수차례 물었지만 납득할 수 없는 답변만 반복해서 돌아왔다.

"저희들이 알기에는 확정되는 내용이 아닌 (초안) 부분에 대해서는 좀 보수적으로 작성됐다, 이렇게 이해해 주시면 될 것 같고요. 저희가 본안 쓸 때는 환경부 의견에 따라서 상위 계획에 있는 수소경제 이행 계획이라든지, 아니면 탄소중립 녹색성장 기본 계획이라든지 그 내용을 반영한 겁니다."
— LH 경기남부 지역본부 관계자

사업 시행사인 LH를 감독해야 할 환경부가 목표치를 수정하도록 직접 관여한 것이 적절한지도 의문이지만, LH 측은 단 3개월 만에 수소 혼소 계획을 파격적으로 수정하게 된 이유나 근거는 전혀 제시하지 못했다.

기자 2050년쯤 되면 수소가 100% 전소가 가능하다라고 판단하셨던 근거 같은 게 있을까요?
LH 관계자 수소경제 이행 기본 계획을 보고 작성을 했었어요.
기자 그 계획은 단순히 전망이고 목표치잖아요. 그건 목표지(온실가스 감축) 근거가 아니지 않습니까?
LH 관계자 우리가 지금 30년 후를 보는 거잖아요. 그러니까 지금 시점에 있는 기술과 향후 25년 30년 후의 기술이 그러면 그 기술이 지금 벌써 나오지가 않잖아요.
기자 그럼 기후 영향평가서나 환경영향평가서에 제출된, 우리는 언제까지 이렇게 (감축) 하겠다라고 했는데 그게 안 지켜져도 상관이 없는 얘기입니까?
LH 관계자 아니죠, 이건 지켜야 될 부분인데….

— LH 경기남부 지역본부 관계자 통화 내용 중에서

정부 측 입장을 대변하고 있는 LH는 수소 혼소를 통해 용인 반도체 산단의 온실가스를 획기적으로 줄이겠다고 선언했다. 그러나 무책임한 계획이 실패로 돌아갔을 때 그 후과를 누가 어떻게 감당할지에 대해서는 아무런 답을 내놓지 않았다.

> 기자 (예를 들어) 목표를 설정을 했는데 목표 달성이 안 돼요, 만약 기술 개발이 좀 늦고, 수소 공급 물량도 확보가 안됐어요. 그럼 (탄소 감축 계획이) 지켜지지 않으면 어떻게 되는 건가요?
> LH 관계자 저희들도 최초에 초안을 작성할 때 기술 개발된 내용 위주로 넣었다가 정부에서는 정부 목표가 있으니 그 목표치에 따른, 그 우리 연도별 수소 혼소량을 상향시키라는 의견이 있었고 거기에 따라서 저희가 지금 반영한 거거든요….
> — LH 경기남부 지역본부 관계자 통화 내용 중에서

LH는 실현 가능성을 장담할 수 없다는 사실을 알면서도 환경부를 비롯한 이른바 '윗선의 지시'에 따라 수소 혼소 목표치를 갑자기 부풀렸다. 뉴스타파는 LH의 평가서를 심의한 환경부에도 입장을 요구했지만, "답변할 수 없다"는 대답이 돌아왔다.

정리해 보면 LH는 2024년 4월 환경부에 제출한 초안에서 수소 혼소 기술의 즉시 적용은 불가능할 뿐만 아니라, 2050년이 돼야 30% 수준의 혼소 기술을 적용해 11%의 온실가스를 감축할 수 있다고 밝혔다. 하지만 3개월 뒤에는 수소 혼소 방식 적용이

즉각 가능하다고 입장을 바꾼 뒤, 2050년에는 발전소 온실가스 배출을 사실상 제로로 만들 수 있다고 밝혔다.

하지만 LH는 구체적인 근거를 전혀 제시하지 못했고, 평가서를 제출받은 환경부는 관련 소송 때문에 답변이 어렵다며 확인을 거부했다. 그럼에도 정부는 용인 반도체 국가산단의 LNG 발전소 건설 및 수소 혼소 계획을 자체 심의한 뒤 2024년 말 최종 승인했다.

용인 국가산단 승인 무효 소송을 진행 중인 기후솔루션의 최호연 변호사는 "LH가 내놓은 평가서에는 목표율만 제시했을 뿐 목표를 달성하기 위해 어떤 노력과 행동을 할 것인지에 대한 내용은 전혀 없다"며 "심지어 기술 상황에 따라 온실가스 배출량이 변동될 수도 있다는 무책임한 태도를 보이고 있다"고 지적했다.

LH는 왜 목표치를 부풀렸나

LH가 무책임한 평가서를 제출하고 환경부가 이를 제대로 문제 삼지 않은 이유는 어렵지 않게 짐작해볼 수 있다. 당초 LH의 평가서 초안에 따르면 2050년 기준 가스 70%와 수소 30%를 섞어 태우는 혼소 기술을 적용할 경우 107만 톤의 온실가스를 줄일 수 있게 된다. 수소 없이 가스만 100% 태웠을 때보다 줄어드는 온실가스는 11% 남짓이다. 2050년이 되어도 나머지 89%, 즉 870만 톤에 달하는 온실가스는 그대로 용인 국가산단 주변에 배출될 수밖에 없다.

수소를 30% 섞었는데도 온실가스 감축 효과가 11% 수준

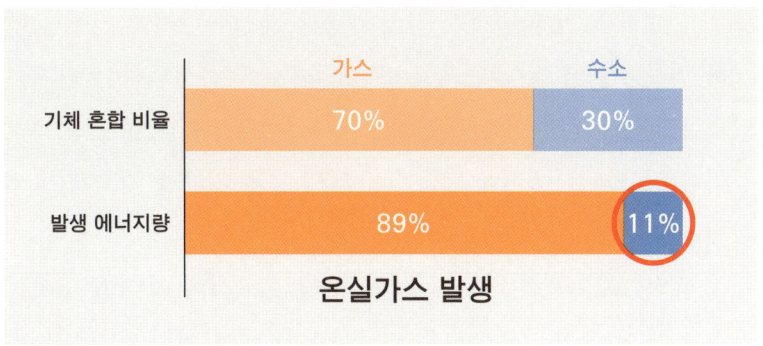

〈그림 5-1〉 혼소 기술 적용 시 온실가스 감축 효과

출처: 뉴스타파(이미예 CG감독), 재구성.

에 머무르는 것은 기체 수소의 에너지 밀도 때문이다. 같은 부피를 기준으로 기체 상태의 수소가 가지는 에너지양은 가스의 3분의 1에 그친다. 발전기에 주입하는 연료 중 가스가 70%의 부피를 차지하고 수소가 30%의 부피를 차지해도 전력 생산을 위해 수소가 실제 감당하는 에너지양은 10% 수준에 머무른다. 결국 나머지 90%의 에너지 공급은 여전히 가스가 담당하기 때문에 그만큼 온실가스가 배출될 수밖에 없다.

결국 LH의 초안을 그대로 승인하면, 문재인 정부뿐 아니라 윤석열 정부 역시 반복적으로 강조했던 2050 국가 탄소중립 계획은 사실상 물거품이 된다. 윤석열 정부가 갑자기 밀어붙인 반도체 산단이 윤석열 정부 스스로의 약속을 깨뜨리는 상황을 초래한 것이다.

LH의 평가서 초안이 갖고 있던 문제는 비단 국가의 정책 실패로만 국한되지 않는다. 삼성전자는 용인 국가산단 조성 계획이 발표되기 6개월 전인 2022년 9월, 자사 전 부문의 RE100 달성 계획을 발표한다. 2050년까지 전체 제품을 재생에너지 전기로만 생산하겠다고 밝힌 것이다. 글로벌 스탠다드에 충실한다는 취지도 있지만, 애플이나 구글 등 주요 고객사는 물론, 핵심 반도체 제작 설비를 공급하는 에이에스엠엘(ASML) 등과 거래를 지속하기 위해서라도 더 미룰 수 없는 계획이었다.

특히 2025 삼성전자 지속가능경영 보고서에 따르면 삼성전자의 반도체 생산부문(DS)은 미국과 중국에서 이미 2020년부터 사용 전력의 100%를 재생에너지로 전환했다. 사실상 남은 것은 국내 생산 공장. 그러나 LH의 초안대로라면 삼성이 국내에서는 2050년이 되어도 1년에 수백만 톤의 온실가스를 배출하며 반도체를 생산하게 되는 것이다. 국가 전략 산업을 육성한다는 명목으로 기껏 완공된 용인 산단의 삼성전자 공장에서 생산된 반도체가 탄소 장벽에 가로 막혀 수출길이 막힐 가능성도 배제할 수 없게 된다. 주요 국가 생산 공장에서는 이미 RE100을 달성한 삼성이 국내 인프라에 발목을 잡히게 되는 형국이다.

3. 에너지 80% 낭비,
국민 부담으로 돌아올 수소 혼소 발전

용인 반도체 국가산단의 온실가스 대안으로 제시되는 수소 혼소 발전은 정부도 구체적인 계획과 경로를 제시하지 못할 만큼 실현 가능성이 낮다. 그뿐만 아니라, 상당 기간 동안 막대한 온실가스 배출을 감내해야만 한다. 문제는 이게 끝이 아니다. 뉴스타파는 정부 계획대로 수소 혼소 기술을 이용해 장기간 전력을 공급할 경우 심각한 에너지 손실이 누적된다는 연구 결과를 다수 확인했다. 정부가 막대한 국민 부담을 초래할 수도 있는 수소 혼소 방식을 고집하고 있다는 비판을 피하기 어려운 이유다.

뉴스타파는 2024년 4월 영국 물리학회 출판부의 온라인 플랫폼에 게재된 한 논문을 확인했다. 영국 물리학회 출판부는 높은 인용지수를 기록하는 다수의 논문을 발표한 곳으로 엄격한 동료심사를 통해 학계의 신뢰를 구축하고 있다. 당시 발표된 논문 제목은 "LNG 가스를 액화수소나 암모니아로 대체하는 것이 기후 문제에 도움이 되는가?(Helping the climate by replacing liquefied natural gas with liquefied hydrogen or ammonia?)"였다.

논문의 저자는 파울 볼프람(Paul Wolfram) 박사로, 그는 미국 정부가 출연한 연구기관이 공동 운영하는 '지구변화 공동연구소'에서 활동 중이다. 볼프람 박사는 해당 논문에 대해 "가스나 수소 등을 액체 상태로 운반, 공급했을 때 영향을 미치는 모든 요인을 고려한 최초의 분석 작업"이라고 소개했다. 한국 정부의 혼소 정책, 즉 해외에서 액화수소나 암모니아를 수입해 가스 대신 발전소 연료로 활용하겠다는 계획과 밀접한 연구 주제다. 수소 혼소 기술을 적용하겠다고 밝힌 용인 반도체 산단의 전력 공급 계획 역시 이 연구의 영향을 받게 될 가능성이 있다.

전기를 써서 만든 수소를, 다시 전기로 만들 때 벌어지는 일

논문은 이른바 '블루 수소 혼소'의 에너지 효율을 본격적으로 다룬다. 블루 수소 혼소는 용인 국가산단 발전기가 상당 기간 활용하게 될 기술로 한국 정부가 발표한 온실가스 저감 계획의 핵심 축이다.

블루 수소란 천연가스를 개질(화학적 가공)해서 생산한 수소를 의미하는데, 이때 발생하는 탄소를 별도의 기술로 회수해 저장하는 과정을 거쳐야만 한다. 태양광이나 풍력 등 재생에너지로 생산한 전기로 물을 전기 분해하는 과정에서 생산된 수소는 '그린 수소'라고 하는데, 한국 정부는 블루 수소와 그린 수소를 '청정 수소'의 범주로 분류하고 있다.

논문에 따르면, 블루 수소 혼소는 생산과 운반 과정에서 매우 복잡한 절차를 거친다. 먼저 원료인 천연가스(CH_4)를 고온 고압의 수증기(H_2O)와 반응시켜 수소(H_2)와 이산화탄소(CO_2)로 분리한다. 이를 '개질(改質, Reforming)' 과정이라고 한다. 이때 발생한 이산화탄소는 따로 모아 저장하는데, 이 기술을 탄소 포집·저장(Carbon Capture and Storage, 이하 CCS)이라고 부른다. 지구 온난화를 부추기는 온실가스인 이산화탄소를 채집하는 것이다. 이산화탄소를 걸러내고 남은 수소가 블루 수소가 된다. 이러한 개질 과정과 CCS에는 막대한 전력이 소모된다.

블루 수소는 밀도가 매우 낮은 기체 상태로 포집된다. 이를 대량 운반하기 위해서는 액체 상태로 냉각시켜 부피를 줄이는 공정을 거쳐야만 한다. 수소의 액화 온도는 무려 영하 253℃에 달해 이 과정에서도 많은 전력이 소모된다.

이렇게 만들어진 액화 블루 수소는 저장 - 선적 - 운항 - 하역 - 저장 등의 순으로 운반한 다음, 기체로 만들기 위해 열을 가하는

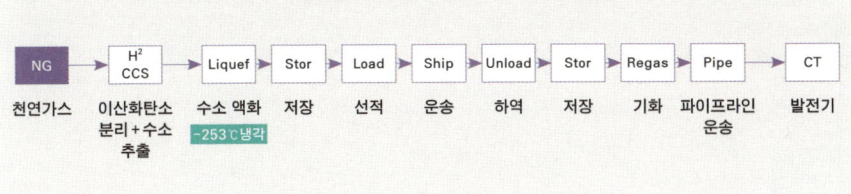

천연가스　이산화탄소　수소 액화　저장　선적　운송　하역　저장　기화　파이프라인　발전기
　　　　　분리＋수소　-253℃냉각　　　　　　　　　　　　　　　　　　　　운송
　　　　　추출

〈그림 5-2〉 블루 수소 생산 및 이를 이용한 수소 혼소 과정

출처: 뉴스타파(이미예 CG감독), 재구성.

과정을 거쳐야 한다. 액체 상태인 수소를 다시 기체로 만들어야
만 가스발전기에서 태울 수 있기 때문이다. 기화된 수소는 마지
막으로 파이프라인을 통해 발전기에 공급된다.

　　논문은 각각의 개별 과정에서 투입되거나 손실되는 에너
지를 계산한 기존의 여러 연구 결과를 하나로 취합해 수소 혼소
의 에너지 효율을 도출했다. 그 결과는 충격적이다. 블루 수소의
원료인 천연가스가 원래 갖고 있던 에너지량을 100이라 가정했
을 때, 발전기를 통해 최종적으로 생산되는 전기에너지의 양은
13.4%에 불과했다. 나머지 86.6%에 달하는 에너지가 사라진 것
이다.

　　다만 논문에서 적용한 발전기의 효율은 국내에서 주로 활용
하는 복합 가스 발전이 아닌 단일 가스 터빈 방식이었다. 국내에
서 활용하는 발전기는 가스를 먼저 태워 전력을 생산한 다음 이
때 발생하는 열을 이용해 다시 전력을 생산하는 복합 발전기다.
단일 가스 터빈에 비해 높은 효율(60% 안팎)을 자랑한다. 그러나

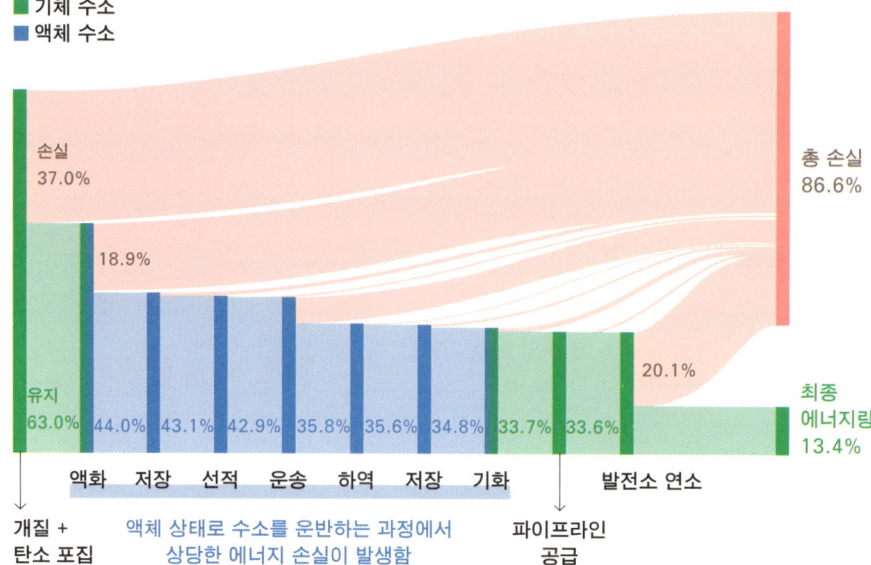

■ 기체 수소
■ 액체 수소

손실
37.0%

18.9%

총 손실
86.6%

유지
63.0% 44.0% 43.1% 42.9% 35.8% 35.6% 34.8% 33.7% 33.6%

20.1%

최종
에너지량
13.4%

액화 저장 선적 운송 하역 저장 기화   발전소 연소

개질 +
탄소 포집

액체 상태로 수소를 운반하는 과정에서
상당한 에너지 손실이 발생함

파이프라인
공급

〈그림 5-3〉 블루 수소 생산 및 운송, 발전 과정에서의 에너지 손실량

출처: 논문 〈Helping the climate by replacing liquefied natural gas with liquefied hydrogen or ammonia?〉(Paul Wolfram 외 3인)을 토대로 정리한 뉴스타파(김지연 데이터 기자), 재구성.

논문이 가정한 최종 단계에 단일 가스 터빈 대신 국내 복합 발전기의 높은 효율을 적용하더라도 마지막에 생산되는 전기에너지의 양은 20.13%에 그친다. 한국 정부의 계획대로 블루 수소로 발전기를 가동하게 될 경우 80% 달하는 에너지가 중간에서 낭비된다는 의미다.

정석환 기후솔루션 연구원은 "해외에서 만든 수소를 국내로 들여오기 위해 액체 상태로 만들어야 하는데 영하 253℃로 낮추는 과정에서 많은 에너지가 들어갈 수밖에 없다"며 "국내 최신 기술이 적용된 복합 가스발전기를 가동해도 40%의 에너지는 또다시 손실될 수밖에 없다"고 설명했다.

그렇다면 천연가스를 원료로 만드는 블루 수소가 아닌 '그린 수소'를 발전기에서 혼소하게 되면 에너지 효율은 어떻게 될까? 그린 수소는 주로 태양광이나 풍력발전기에서 생산된 재생전기를 이용해 물을 전기분해하는 방식으로 생산한다. 때문에 그린 수소를 이용한 혼소 발전 과정에는 블루 수소와 달리 개질 과정이나 이산화탄소 포집 과정이 필요하지 않다. 그러나 논문은 이런 조건을 고려하더라도 발전기가 최종 생산하는 전기에너지의 양은 21.3%에 불과하다고 결론 내렸다.

다만 논문은 그린 수소를 생산할 때 적용하는 '전기분해' 과정과 복합 발전기의 효율을 적용하지 않았다. 취재진은 기후솔루션의 도움을 얻어 현재 일반적으로 적용되는 전기분해 효율(65%안팎)과 마찬가지로 복합 발전기의 효율(60%)을 다시 적용했다. 이 경우에도 최종 생산되는 전기에너지의 양은 21%가량으로, 역시 80%에 가까운 에너지가 손실되는 것으로 나타났다.

정석환 기후솔루션 연구원은 "어렵게 수소를 가져와서 굳이 효율이 낮은 발전용으로 쓴다는 것은 값비싼 연료를 태워 없애버리는 것과 다를 바가 없다"며, "재생에너지 같은 다른 대안을 고려해볼 수도 있는데 굳이 대량의 수소를 해외에서 수입해 발전기로 전기를 만들겠다는 발상은 말이 안 된다"고 비판했다.

전문가들의 잇따른 수소 혼소 비판

수소 혼소의 극단적인 비효율 문제를 지적한 전문가들의 연구는 국내에서도 다수 확인된다. 한국 정부가 출연한 한국에너지기술연구원이 2021년 12월 발간한 〈KIER 기술분석 리포트〉 역시 같은 결론을 내리고 있다. 이 보고서는 막대한 전력을 투입해 생산한 수소를 다시 전기로 만들어 쓰겠다는 한국 정부의 정책을 정면으로 비판한다.

특히 수소 이용에 대해 심각한 국가 에너지 시스템의 효율 저하를 유발할 뿐만 아니라, 석유나 가스에 이어 수소마저도 해외 에너지 의존율을 높일 수도 있다며 '안보 위험'을 언급한 대목이 눈에 띈다. 결국 보고서가 지적하는 것은 어렵게 만든 수소를 효율이 낮은 발전용으로 쓰지 말고, 수소가 아니면 대체할 수 없는 분야를 중심으로 활용해야 한다는 것이다.

2022년 3월 한전 전력연구원의 전문가가 작성한 보고서 〈수소·암모니아 가스 터빈 발전의 기술 동향 및 전망〉의 내용도 크게 다르지 않다. 해당 보고서는 수소 혼소 기술의 실현 가능성뿐만 아니라 경제성 문제를 거론하며 궁극적으로는 국민 전체의 비용 부담을 가중시킬 가능성을 제기한다.

이렇듯 국내외 전문가들의 비판은 하나로 정리할 수 있다. 수소 혼소는 극단적인 에너지 비효율을 발생시키기 때문에 국민들에게 막대한 경제적 부담을 초래할 수 있다는 것이다. 그러나 정부는 여전히 수소 혼소 방식으로 용인 반도체 산단 및 주요 가스발전소에서 전력을 생산하겠다는 입장이다.

최근 시민단체가 정부를 상대로 제기한 용인 반도체 국가산업단지계획 승인처분 무효 소송 과정에서도 이 같은 정부 입장은 변함없이 유지됐다. 정부 측 변호인이 법정에 제출한 자료에는 수소 혼소 방식에 대한 정부 입장이 그대로 담겼다.

> "수소 혼소 방식의 LNG 발전은 기술 개발 및 실증화 작업이 추진 중인 단계이며, 아직까지 수소의 활용에 있어 상업화가 이제 막 추진되고 있는 상황이기 때문에, 현재 시점에서는 당연히 그 경제성이 낮게 평가될 수밖에 없습니다. (중략) 시간이 지남에 따라 수소 혼소 기술의 발전, 수소 활용 비용의 하락으로 인해 그 경제성은 높아질 수밖에 없는 구조입니다."
> — 용인 반도체 국가산업단지계획 승인처분 무효 소송에서 정부 측(LH)이 제출한 답변 내용

정부 측인 LH의 입장은 아직은 수소 활용이 본격화되지 않았기 때문에 비효율적이지만, 시간이 지나면 다 해결될 것이라는 논리다. 해당 소송 자료에서도 정부 측은 이와 관련한 구체적인 근거를 제시하지 않았다. 정석환 기후솔루션 연구원은 "수소를 발전에 쓰는 행위 자체가 고비용 산업 구조를 고착화시킬 수밖에 없는데 과연 미래에는 바뀔지 의문"이라며 "안정적이고 경제적인 수소 혼소에 실패했을 때 그 책임을 누가 어떻게 질 수 있느냐의 문제인데, 손해는 미래 세대와 국민의 몫이 될 것"이라고 비판했다.

　정부는 미래의 어느 시점이 되면 수소 혼소 발전에 필요한 대량의 수소를 값싸게 확보할 수 있다고 말한다. 전문가들이 제기한 우려는 그저 기우라는 것이다. 그렇다면 정부의 계획대로 수소 혼소에 필요한 청정 수소는 제때, 합리적인 가격으로 공급될

수 있을까? 정부가 대규모 청정 수소 발전을 활성화시키기 위해 2024년 최초로 시행한 사업의 결과는 정반대의 현실을 보여준다.

4. 정부의 '희망 회로'로 전락한 '수소 혼소' 계획

용인 반도체 국가산단을 비롯해 전국의 가스·석탄발전소가 수소·암모니아 혼소라는 '희망 회로'를 돌릴 수 있게 된 출발점은 값싼 청정 수소를 대량으로 확보하겠다는 정부의 '수소경제' 계획이다. 그러나 현재 시장에서 유통되는 수소 가격은 앞서도 언급했듯이 정부의 예상과는 반대로 가고 있다. 예상보다 훨씬 비쌀 뿐만 아니라 계속해서 상승하는 추세다.

정부가 장담했던 수소경제의 미래는 더욱 암울하다. 정부는 안정적인 청정 수소·암모니아 확보를 위해 '청정 수소 발전 의무화 제도(CHPS)'를 2024년 세계 최초로 도입했지만 흥행에 참패했다. 청정 수소·암모니아 공급 사업자들이 정부 예상보다 훨씬 비싼 가격을 제시했기 때문이다.

유일하게 낙찰자로 선정된 곳은 한전의 자회사인 남부발전이 운영 중인 석탄화력발전소 삼척그린파워 1호기다. 삼척그린파워 1호기가 정부로부터 낙찰받은 전력 물량은 전체 입찰량인 6,500GWh(기가와트시)의 약 11.5% 수준인 750GWh다. 이에 따라 삼척그린파워 1호기 한 곳에 향후 15년간, 최소 5조 원이 넘는 전기요금이 투입될 예정이다. 모두 국민이 낸 전기요금으로 충당된다. 수조 원대 전기요금으로 얻게 되는 효과는 삼척그린파워 1호기의 온실가스 배출량을 고작 20% 줄이는 것이다.

전국의 모든 석탄발전소 61곳 중 단 한 곳의 온실가스를 부분 감축하는 데 5조 원이 드는 셈이니 CHPS가 성공할수록, 비용은 천문학적인 수준으로 치솟을 것이란 전망이 나온다. 특히 지난해 낙찰된 전력은 수소가 아닌 암모니아를 석탄과 섞어 태우는 방식으로, 암모니아 연소 과정에서 배출되는 미세먼지(질소산화물, NOx)에 대한 우려도 커지고 있다.

값싼 수소? 정부 예상은 이미 틀렸다

용인 반도체 국가산단의 부지 조성을 맡고 있는 공기업 LH는 수소 혼소 발전의 구체적인 이행 계획을 묻는 뉴스타파 질의에 "환경부 의견에 따라서 '수소경제 이행 계획', '탄소중립 녹색성장 기본 계획' 등의 내용을 반영했다"고 답한 바 있다. 정부가 내놓은 계획대로 된다면, 청정 수소를 활용한 용인 반도체 산단의 전력 공급에 문제가 없다는 취지였다.

그렇다면 정부가 말하는 수소경제 계획은 차질 없이 준비되고 있는 걸까? 정부가 수소 발전 계획을 본격 추진한 시점은 문재인 정부 시절로 거슬러 올라간다. 2019년 1월 발표된 '수소경제 활성화 로드맵'이 대표적이다. 당시 정부는 시기별 수소 가격을 휘발유 가격과 비교하며 구체적인 전망치를 제시했다. 수소 1kg당 가격은 2022년 6,000원, 2030년 4,000원, 2040년 3,000원으로 뚜렷한 감소세를 보일 것이라는 게 정부 예측이었다.

그러나 현실은 전혀 달랐다. 뉴스타파가 수소정보유통시

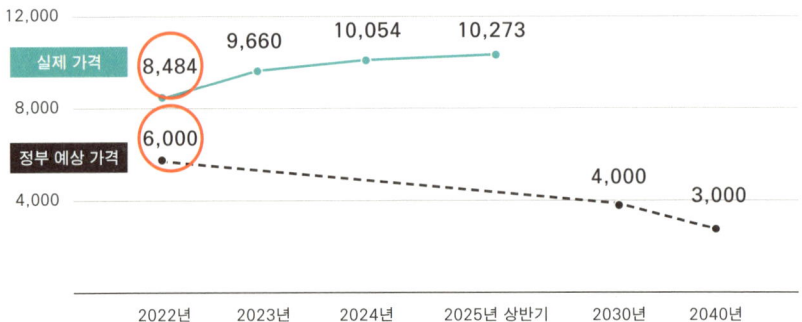

국내 수소 유통 평균 가격(단위: 원/kg당)

〈그림 5-4〉전국 수소충전소 평균 가격과 2019년 정부가 예상한 수소 가격 비교

출처: 뉴스타파(이미예 CG감독), 재구성.

스템을 통해 확인한 전국 수소충전소의 수소 1kg당 평균 가격은 계속해서 상승하고 있다. 2022년에만 8,484원으로 정부 예상보다 40% 이상 비쌌다. 정부는 시간이 흐를수록 수소 가격이 크게 떨어질 거라고 예측했지만 시장은 정반대로 움직였다. 2022년 8,484원에서 2023년 9,660원, 2024년 10,054원으로 매년 올랐다. 2025년 상반기에도 10,273원을 기록했다. 가격이 떨어지기는커녕 계속 오르고 있는 것이다.

당장 수소차를 이용하는 소비자들의 불만이 거세다. 2025년 8월 26일 서울 여의도 국회 앞 수소충전소를 찾은 김채윤 씨는 "정부가 환경을 살리는 차라며, 연료비도 낮게 책정된다고 해서 수소차를 운행하게 됐다"고 설명한 뒤 "처음에 낮은 가격을 제시해 놓고 사람들을 현혹시켰다가 계속 가격을 올리는 건 말이 안 된다"고 말했다.

현재까지는 정부의 예상이 완전히 빗나갔지만, 앞으로는 다를 수도 있지 않을까? 그러나 정부가 막대한 자금 투입을 예고한 수소 정책에는 이미 빨간불이 들어온 상황이다.

실패한 미래? '청정 수소 입찰'

정부가 2024년 처음 도입한 '청정 수소 발전 의무화 제도(CHPS)'는 가격 조건에 부합하는 발전소가 청정 수소 또는 암모니아를 직접 조달해 전력을 생산하면 이를 한전이 구매하고, 그 일련의 생산-구매 과정을 정부가 보증해 주는 것이 특징이다. 이때 사업자는 발전소에 필요한 청정 수소나 청정 암모니아를 대량 공급하기 위해 막대한 설비투자를 해야 하는데, 장기간 적정 가격으로 팔 수 있다는 보증이 있으면 사업자로서는 그만큼 투자 위험을 줄일 수 있을 뿐만 아니라 대출 이자 등 금융 비용도 줄일 수 있게 된다. 발전소 역시 정부의 보증 아래 안정적으로 청정 수소나 암모니아를 공급받아 꾸준히 온실가스 배출을 줄이며 전력을 생산할 수 있을 뿐만 아니라, 한전의 의무 구매를 통해 안정적인 수익을 확보할 수 있게 된다.

결국 이 제도의 핵심은 막대한 설비투자 및 수소·암모니아 전력 생산-판매에 따르는 사업자와 발전사의 '리스크'를 줄이는 정부의 보증에 있다. 한국 정부가 기획한 CHPS에는 사업자와 발전사의 위험 부담을 줄이기 위한 파격적인 조건이 붙는다. 낙찰된 발전사는 15년 동안 정해진 가격으로 전력을 판매할 수 있는 권한을 준다는 조건이다. 청정 수소 발전 전력 구매 비용은 한국

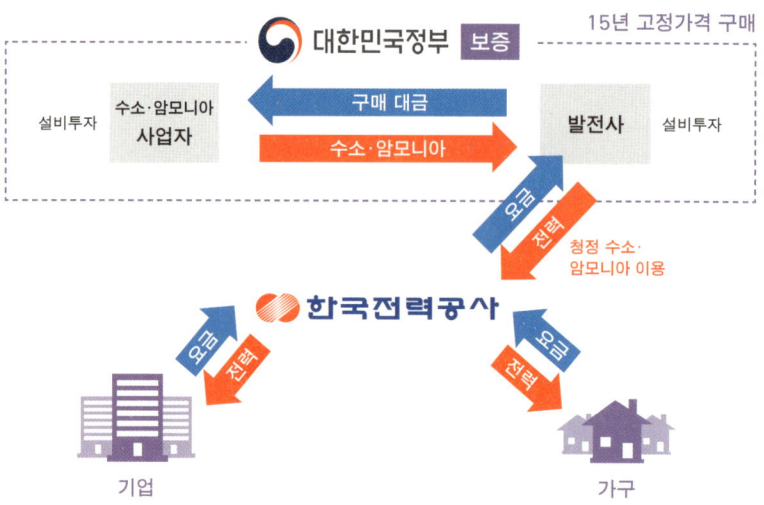

〈그림 5-5〉 청정 수소 발전 입찰시장 구조

출처: 뉴스타파(이미예 CG감독), 재구성.

국민이 낸 전기요금으로, 전액 한전이 부담한다.

그러나 정부가 2024년 처음으로 실시한 청정 수소 입찰은 '흥행'에 참패했다. 2024년 정부가 한전을 통해 구매를 보증한 전력량은 연간 6,500GWh로, 160만 이상의 가구가 1년 동안 쓸 수 있는 막대한 양이다. 하지만 파격적인 조건에도 불구하고 낙찰된 물량은 목표치의 11.5% 남짓한 750GWh에 불과했다. 입찰에 참여한 90% 가까운 사업자가 가격 상한선을 초과해 입찰하면서 탈락했기 때문이라는 후문이다.

기후솔루션의 정석환 연구원은 "정부는 수소, 암모니아 생산 설비를 도입해야 하는 사업자의 부담을 줄여주기 위해 15년간 장기 계약 조건을 제시했다"며 "정부의 가격 조건은 kWh당 500원 내외 이하였던 것으로 알려지는데, 사업자들 입장에서는 이보다 훨씬 비싼 가격에 팔아야만 이익을 남길 수 있었기 때문에 대부분 낙찰에 실패했다"고 설명했다.

주목할 점은 용인 반도체 국가산단처럼 가스발전소에 쓰일 청정 수소는 단 1kg도 낙찰되지 않았다는 점이다. 정부 목표와 달리 청정 수소 확보에 실패한 것이다. 2025년 전망도 여전히 불투명하다. 급기야 정부가 2025년 입찰 절차를 전면 중단하면서 적정한 가격으로 충분한 청정 수소를 확보할 수 있을지 여전히 의문을 제기하는 목소리가 많다.

반면 2024년 낙찰받은 750GWh 전력은 청정 수소가 아닌 청정 암모니아로 만들어질 예정이다. 그렇다면 '흥행' 참패 와중에 정부의 체면을 겨우 살려준 750GWh의 전력은 누가 어디서 생산하게 될까?

석탄발전소의 화려한 부활

앞서도 언급했듯이 2024년 유일한 낙찰자는 한전의 자회사인 남부발전이었다. 남부발전은 전국 61개 석탄발전소 가운데 하나인 강원도 삼척의 삼척그린파워 1호기를 통해 이르면 2027년부터, 늦어도 2028년부터 15년간 전력을 생산하게 된다. 청정 암모니아를 석탄과 함께 태우는 혼소 방식을 통해서다. 그런데 낙찰 결과에 따르면 삼척그린파워 1호기의 암모니아 혼소 비율은 20%에 그친다. 나머지 80%는 지금처럼 석탄을 이용해 전력을 생산할 계획이다. 결국 암모니아 혼소를 통해 감축되는 온실가스는 20%에 불과하다는 의미다.

이 20%를 위해 국민들이 치르는 대가는 적지 않다. 먼저 온실가스 배출로 가동 중단 위기에 직면한 석탄발전소는 회생의 계기를 마련했다. "암모니아를 섞어 태우는 혼소 발전을 하겠다"며, 2042년까지, 최소 15년간의 발전소 운영권을 사실상 보장받은 것이다. 이는 대선 후보 시절부터 "2040년까지 전국의 모든 석탄발전소를 폐쇄하겠다"고 선언한 이재명 대통령의 약속과도 정면충돌한다. 그뿐만 아니라 청정 암모니아를 연료로 쓴다고는 하지만, 암모니아 연소 과정에서는 다량의 질소산화물(NOx), 즉 미세먼지가 발생한다. 온실가스를 줄이는 대신 대기 오염의 위험이 남게 되는 셈이다.

온실가스 20% 줄이고 전기요금 5조 원 넘게 챙기는 석탄발전소

그렇다면 이른바 청정 암모니아를 일부 섞어서 가동하게 될 석탄발전소, 삼척그린파워 1호기가 가져가는 전기요금은 얼마일까?

2024년 입찰을 주관한 한국전력거래소는 삼척그린파워 1호기의 낙찰가격 확인을 거부하고 있다. 하지만 언론 보도와 업계 전문가들에 따르면, 1kWh당 가격은 450~470원 정도로 추산된다. 가장 저렴한 450원에 낙찰받은 것으로 가정해도 원전이나 재생에너지 시세에 비해 3~5배 정도 비싸다는 결론이 나온다.

2025년 상반기 원전의 1kWh당 단가는 79.77원, 신재생에너지는 130.36원이었다. 이를 근거로 계산하면 한전이 1년에 구입해야 삼척그린파워 1호기의 청정 암모니아 전력 750GWh의 요금은 한 해 3,375억 원, 15년 치는 무려 5조 625억 원이 된다. 더군

다나 시간이 갈수록 큰 폭으로 가격이 떨어지고 있는 태양광이나 풍력전기에 비해 삼척그린파워 1호기의 청정 암모니아 전기 요금은 15년간 고정된 가격으로 지불된다. 갈수록 경제성 측면에서 타당성이 떨어질 수밖에 없다.

수소 전문가와 언론, 침묵의 카르텔

구체적인 가격을 공개하지는 않았지만, 2024년 정부의 낙찰 결과 발표 내용을 종합해 보면 얼마 되지 않는 온실가스 감축 효과에 비해 막대한 전기요금이 투입된다는 사실을 알 수 있다. 국민경제는 물론 정부의 친환경 정책 기조와 심각한 충돌을 일으키고 있지만 대다수 언론과 전문가들은 문제 삼지 않았다. 전기요금 인상 책임을 둘러싸고 언론과 전문가들이 재생에너지 진영과 원전 진영으로 나뉘어 대대적인 정치 공방을 벌였던 문재인 정부 시기와는 전혀 다른 모습이다.

심지어 산업부 고위 관계자는 국민 전기 요금 수조 원이 소요되는 입찰 결과를 두고 "청정 수소 가격을 '발견'한 데 의의가 있다"며 아전인수 격인 평가를 내놓기도 했다. 수년에 걸쳐 인력과 자원을 투입해 국민 경제에 막대한 부담이 될 제도를 설계, 실행해 놓고 가격이 얼마인지 알아낸 게 '성과'라고 내세운 셈이다. 그러나 이를 직접적으로 비판한 언론 보도는 찾아보기 어렵다.

청정 수소 발전 입찰 제도가 갖고 있는 근본적인 문제를 지적한 매체는 소수에 불과하다. 최근 사설을 통해 청정 수소 발전 입찰 제도의 폐지를 주장한 에너지 전문 매체 〈이투뉴스〉의 이상

복 부국장은 "청정 수소 발전 입찰 제도는 '쌀도 없는데 떡을 만들어 먹겠다'는 환상에 가까운 정부 구상"이라고 일갈했다. 이 부국장은 "산업부에 출입하는 많은 기자들이 정부 정책과 기업의 사업 계획을 검증하기보다는 무비판적으로 받아들였던 측면이 있다"며 "이제라도 (틀린 부분을) 인정해야 한다"고 지적했다.

정부가 의도한 결과를 이끌어낼 수 있을지는 여전히 미지수다. 다만 분명한 사실은 단기간에 청정 수소나 암모니아의 가격이 정부의 기대만큼 획기적으로 낮아질 가능성은 희박하며, 정부의 정책이 성공할수록 미미한 온실가스 감축 효과의 대가로 국민이 지불할 전기요금은 눈덩이처럼 불어난다는 점이다.

우리나라 대표 공기업 한전의 2025년 2분기 누적 부채는 무려 206조 원. 여기에 더해질 천문학적인 규모의 수소·암모니아 전기 요금은 결국 국가 재정과 국민 부담으로 돌아올 수밖에 없다.

> 기자 올해(2025년) 청정 수소 발전 입찰 전체 물량이 낙찰 될 경우 한전의 대략적인 전력 구매 비용을 어느 정도로 예상하시나요?
> 전력거래소 관계자 대략적인 전력 구매 비용을 밝히게 될 경우 (예상 낙찰) 가격을 넣을 수밖에 없기 때문에 말씀드리기 곤란합니다.
> 기자 결국은 낙찰 물량이 늘어날수록 한전이 부담하는 비용도 늘게 되고 결국 국민 부담이 되는 상황도 고려를 하고 계신가요?
> 전력거래소 관계자 네. 한전이나 구역 전기 사업자들이 구매

의무를 갖고 있기 때문에 저희가 최대한 경제성을 평가하려고 하고 있습니다. 구매 비용 부담을 줄이려고요.

기자　지난해 낙찰 물량 11%만 연간 전력 요금으로 치면 3,300억원, 이걸 15년 동안 지불하는 거잖아요. 올해 만약 100% 낙찰된다면, 정부 정책이 성공한다면, 굉장히 큰 부담이 늘어나는 것 아닙니까?

전력거래소 관계자　한전에서 지금 어떤 방식으로 재원을 마련할지에 대해서 고민하고 있는 걸로 알고 있습니다.

— 청정 수소 발전 입찰시장의 전력 구매 비용과 관련한 한국전력거래소 답변

5. 정부의 입찰 중단과 남은 질문들

CHPS 입찰을 주관하는 한국전력거래소는 입찰공고 마감일인 2025년 10월 17일 공식 공고를 내고 2025년 청정 수소 발전시장 경쟁 입찰을 취소한다고 전격 발표했다. 전력거래소는 입찰공고 취소 사유에 대해 "새로운 공고로 대체하기 위함"이라고 밝혔다. 전력거래소 관계자는 "낙찰받은 석탄발전소가 15년 이상 가동되도록 하는 CHPS 정책과 '2040년까지 석탄발전소를 폐지하겠다'는 국정 과제의 정합성이 맞지 않다는 기후에너지환경부의 지적에 따라 취소 공고를 내게 됐다"고 설명했다. 정부는 '2040 탈석탄' 기조에 맞춰 관련 기준을 정비해 입찰을 다시 진행할 방침이다. 전력 당국 관계자에 따르면, 2024년 낙찰받은 남부발전의 삼

척그린파워 1호기의 암모니아 혼소 전력 계약 또한 재검토를 추진할 것으로 보인다.

정부 내에서도 CHPS의 문제점에 공감하는 목소리가 있다는 사실을 알고 있었지만, 대응 조치가 너무 갑작스럽고 전격적이었다. 시민사회 전문가들은 정부의 갑작스런 입찰 취소 발표를 환영하는 한편, 국내 그린 수소 산업 경쟁력 강화를 위한 정책 마련에 힘써야 한다고 주문하고 있다. 기후솔루션의 정석환 연구원은 "시장에 더 큰 혼란이 오기 전에 입찰을 취소한 것은 다행스러운 결정"이라면서도 "수소를 발전 부문에 활용하는 것은 높은 비용 대비 낮은 효율을 초래하는 만큼 다른 산업 부문의 탈탄소화를 위한 그린 수소 경쟁력 확보 등 수소 진흥 정책 마련에 집중해야 한다"고 말했다.

시작된 저항과 생략된 질문

대책 없이 벼랑길로 가는 기차에 제동이 걸린 것은 너무나도 다행스러운 일이지만, 급작스러운 변화가 동반할 반작용은 이미 시작되고 있다.

정부의 입찰 취소 공고 후 경제지나 에너지 전문 매체들은 에너지 업계의 혼란을 강조했다. CHPS 입찰을 준비하며 많은 발전 공기업이나 에너지 기업들이 적지 않은 비용과 시간을 들였는데 허사가 됐다는 것이다. 정부의 기존 계획을 믿고 입찰에 참여한 기업들이 손실을 입게 됐다는 지적도 나왔다. 이재명 정부와 초대 기후에너지환경부 김성환 장관의 급진적인 인식과 국정 기조가 화를 부르고 있다는 비판도 이어졌다. 일부 수긍이 가는 대목도 있다.

그러나 당연히 물어야 할 다음과 같은 질문과 답은 여전히 찾아보기 어렵다.

- 2024년 낙찰 결과 및 향후 낙찰이 예상되는 청정 수소·암모니아 전력의 시기별 온실가스 감축 효과는 어느 정도인가.
- CHPS로 인해 우리 국민이 온전히 부담해야 하는 전기 요금은 얼마인가.
- 수조원대의 자금이 소요되는 CHPS는 다른 온실가스 감축 방안에 비해 현실적이며 합리적인가.
- CHPS 도입에 따른 수소 인프라와 암모니아 인프라는 어디에 어떻게 마련되는가.
- 국내 그린 수소 산업이 무르익지 않은 상황에서 도입된 CHPS가 청정 수소와 암모니아의 장기적 해외 수입 의존도를 높여 또 다른 자원 종속을 부추기는 것은 아닌가.

참고로 수소는 폭발 고위험 물질이다. 2025년 10월 23일에도 울산 SK에너지 공장에서 발생한 수소 배관 폭발 사고로 노동자 2명이 사망했다는 소식이 전해지고 있다. 암모니아는 환경부가 지정한 독성물질이다. 2025년 2월에도 제주의 한 수산물 냉동식품 작업장에서 암모니아 가스 누출로 인한 노동자 사망 사고 보도가 있었다.

정부와 전력 당국, 그리고 에너지 업계는 결국 위의 질문들에 답을 내놓게 될 것이다. 다만 그 시점이 너무 늦지 않길 바란다. 언론에게는 기후위기가 불러온 에너지 전환과 탄소중립의 공론장이 국민의 생명과 안전, 복리를 판돈 삼아 주사위를 던지는 도박판으로 전락하는 걸 막을 책임이 있다.

6. 에필로그: 나는 왜 자꾸 서문을 쓰는가

2020년 8월 나는 〈프로젝트 1.5℃: 폭염, 삶과 죽음의 체감온도〉라는 제목의 기사를 내보냈다. 기사는 이렇게 시작한다.

> "각국 정부가 파견한 전 세계 최고 수준의 과학자들이 지난 2018년 10월 인천 송도에 모였다. 이들이 만장일치로 도출한 결론은 지구의 평균 기온이 산업화 이전인 1850년대의 13.6도보다 1.5도 이상 상승하지 않도록 막아야 한다는 것…"

2024년 방송기자연합회의 덴마크 에너지 전환 연수를 마치고 쓴 기사도 비슷하게 시작한다.

> "우리 국민 대다수는 내가 쓰는 전력이 어디서 어떻게 오는지 모른다. 정부와 전력 당국의 노력 덕분에 지난 수십 년간 값 싸고 질 좋은 전력을 아무 걱정 없이 써 왔기 때문이다. 그러나 이제는…"

그리고 최근에 보도한 청정 수소 혼소 프로젝트 검증 보도 때도 같은 버릇이 나왔다.

> "기후위기 대응을 위한 에너지 전환의 물결 앞에서 우리 사회는 '탈원전'과 '탈탈원전' 논란을 거치며 심각한 정치 몸살을 앓았다. 재생에너지와 원전의 정치적 대결 구도만 부각되면서 국가 정책이 오락가락하는 사이…"

나는 새로운 기후위기 프로젝트를 시작할 때마다 어김없이 '서문 (introduction)'을 작성하고 있다는 사실을 최근에서야 자각했다. 보도를 할 때마다 내가 반복적으로 서문을 작성하고 있다는 것은, 기사를 보는 이로 하여금 내가 서 있는 곳이 어딘지를 먼저 설명해야 할 부담을 느꼈기 때문이다.

이것은 우리 사회 구성원들이 공동으로 인식하는 기후위기에 대한 '세계관' 혹은 '공론장'이 부재하다는 의미다. 혹자는 아직도 기후위기를 말하면 '북극곰'이나 '아마존'을 떠올리고 어떤 사람은 핵발전소나 산을 깎고 나무를 잘라 들어선 태양광발전소를 생각하기도 한다. 나와는 먼 곳의 안타까운 사연이거나 정쟁에 차용당한 소재로 소비하는 경우가 대부분이다.

공론장에 뿌리 내리지 못한 기후위기, 나아가 에너지 전환의 문제를 보도하는 것은 황무지에 나무를 심는 일과 비슷하다. 나무를 심기 위해 땅을 골라야 하고, 구덩이를 파야 하고, 물을 줘야 한다. 그럼에도 나무가 살아남기를 기대하는 건 욕심이다. 사회를 들었다 놓는 뜨거운 이슈가 모래 바람처럼 휩쓸고 지나가면, 나무는 흔적도 없이 사라지기 일쑤다.

기후위기와 에너지 전환의 장르는 무엇인가

공론장이나 세계관의 부재 따위를 걱정할 필요 따위 없는 기사들
은 다르다. 대통령과 그의 부인, 혹은 서슬 퍼런 권력기관의 주요
인사가 연루된 사건이나 온 국민의 관심이 쏠린 부동산, 주식 같
은 이야기를 다룰 때는 그럴 필요가 없다. 사람들의 머릿속에는
뚜렷한 인물과 대상이 각인돼 있다. 주제와 팩트가 가리키는 장
르가 뭔지를 반사적으로 안다. '유전무죄' 혹은 '사필귀정', '권선
징악' 같은 고전적 내러티브가 여전히 뉴스 공론장의 가장 인기
있고 강력한 팬덤을 형성하고 있다. 저널리즘의 윤리적, 방법론
적 옳고 그름을 떠나 하나의 명확한 '장르'로서 유통된다.

하지만 기후위기나 에너지 전환을 다루는 보도는 아직 명확
한 장르적 성격을 갖지 못했다. 지구 평균기온 상승과 온실가스
농도를 분석하는 기사는 위기를 경고하는 '과학' 보도로 수렴한
다. 기후 재난 보도는 인권과 행정, 복지 시스템 검증 보도로 이어
지기 마련이다. 탄소 감축을 위한 보도는 특정 기술에 대한 공학
적 접근이기도 하고, 대규모 인프라 구축에 수반되는 자본 이동
은 금융에 대한 이야기인 동시에 시장 규제에 관한 이야기이기도
하다. 하나같이 이해하기 힘든 이 보도를 모두 접한 시청자가 있
다면 과연 무슨 생각을 하게 될까? 아무리 인내심이 깊은 시청자
라도 우리 언론이 말하는 기후위기와 에너지 전환의 방향성이 무
엇인지를 인지하는 것이 가능할까?

가끔 그런 상상을 한다. 정부의 탄소 배출 감축 계획 발표를 두고 어떤 대안이 더 현실적인지, 안정적인지, 윤리적인지를 두고 정치인들과 기업인, 전문가들이 격렬한 논쟁을 펼치는 모습을 그려본다. 지난 10년간 새로 지은 발전소들이 계획했던 목표를 달성하고 있는지 다수 언론이 나서 철저히 검증하고 실패의 책임을 묻는 기사가 쏟아지는 모습을 생각해 본다. 지금 기후위기와 에너지 전환이 왜, 무엇을 위해 중요한지 어렴풋하더라도 공동의 '지향'과 '답'이 있을 때 가능한 풍경이 아닐까.

국가와 패권, 그리고 생존

매번 프로젝트마다 써왔던 서문의 내용을 연결지어 보면, 내가 생각했던 기후위기와 에너지 전환의 키워드는 국가와 외교, 무역, 패권, 위기와 퇴행 같은 개념으로 수렴되고 있었다. 기후위기는 또 다른 국가 간 에너지 경쟁을 촉발시키고 있다. 기후위기가 석유·화석연료 중심 산업을 재생에너지 중심 산업으로 강제 전환시키는 과정에서 과거 강대국들은 재기의 발판을 다지고 있고 신흥 패권국은 새로운 패자로 발돋움하려고 한다. 누가 더 혁신적이고 강력한 시스템을 빨리 구축하느냐에 따라 미래 패권의 향배가 정해질 것이다. 과거 200년이 그랬던 것처럼 주변국은 새 질서에 편입된다.

한국은 석유 등 화석연료 중심 에너지 질서에서 주변국이었다. 그럼에도 자체적인 노력과 동맹국의 협조로 안정적인 자원 공급망과 전력망을 구축하는 데 성공했다. 하지만 사정은 달라지고 있다. 한국에 새로운 에너지 공급망과 시스템을 안정적으로 지원해줄 확고한 우방국은 이제 존재하지 않는다.

자의든 타의든 한국은 조만간 재생에너지에 기반한 새로운 세계 에너지 시스템을 맞이하게 될 것이다. 재생에너지를 토대로 한 새로운 에너지, 전력 공급망을 한국의 상황에 맞게 직접 구축하고 운영해야만 한다. 우리 손으로 만들어야 한다. 그 시스템이 누구를 위한 것인지, 약자의 소외를 당연히 하는 것은 아닌지 투명하게 대답할 수 있어야 한다. 더 늦기 전에 언론은 이 질문들을 더 크게, 더 깊이 던져야 하고 답변을 이끌어내야 한다.

6장

에너지 전환기의 한국 언론: 진단과 상상

신우열

전남대학교 미디어커뮤니케이션학과 교수

1. 에너지 전환 보도에 관한 문제 제기

기후위기는 사회 전반의 생산 기반과 생활 방식을 근본적으로 재구성해야 하는 전환의 문제다. 에너지 전환은 이러한 변화의 중심에 놓인 핵심 의제로서 앞으로의 사회 질서를 결정하는 주요 기준 중 하나다. 따라서 에너지 전환은 기술적 조정이나 정책 선택의 수준을 넘어선 문제로, 어떤 방향의 전환을 선택하고 어떤 기준으로 이를 정당화할 것인가를 묻는 사회적 판단의 문제로 이해되어야 한다.

사회가 에너지 전환을 해석하고 판단하는 방식은 그 전환의 속도와 방향에 영향을 줄 수밖에 없다. 이 과정에서 언론은 정보를 전달하는 기능을 넘어, 에너지 전환의 성격을 설명하고 현실을 해석할 언어를 제공함으로써 그 판단의 틀을 형성하는 역할을 수행한다. 즉, 에너지 전환을 특정 방향으로 의미화하여 사회 구성원들이 그것을 이해하는 방식에 영향을 미친다는 점에서 언론은 에너지 전환 담론의 구조를 좌우한다고 볼 수 있다.

한국 언론은 에너지 전환을 구조적 변화의 관점에서 설명하기보다는 정책 갈등이나 비용 부담과 같은 단기적 쟁점으로 축소하여 다루어 왔다. 언론이 사회가 에너지 전환을 어떤 맥락과 흐름 속에서 이해하도록 이끄는 대신, 결과에 대한 찬반이나 이해관계의 대립을 중심으로 구성하면서 그 의미를 판단 가능한 과정으로 사고할 기회를 제한해 왔다는 지적이 제기되어 온 것이다.

이러한 문제 인식은 한국 언론의 에너지 전환 보도가 어떤 관점에서 에너지 전환을 구성해 왔는지, 그리고 그러한 패턴이 나타난 원인이 무엇인지를 질문하게 한다. 본 장은 이를 뉴스 프레임과 보도 관행의 측면에서 살펴보고자 한다. 뉴스 프레임은 사회가 특정 사안을 해석하도록 이끄는 의미의 틀로서, 무엇이 쟁점이며 어떤 판단이 타당한지를 사회적으로 결정하는 힘이 있다고 여겨져 왔다. 에너지 전환 보도가 비용 갈등이나 대립 구도로 반복적으로 재현되어 온 것은 이러한 프레임이 뉴스 생산 과정에서 관행적으로 고착되었기 때문이라는 지적이 제기되어 왔다. 이는 사건 중심의 서술 방식이나 갈등을 선호하는 보도 규범과 같은 관행이 특정한 프레임을 지속적으로 반복하게 만든 결과일 수 있다.

이러한 문제 구도를 분석하기 위해 본 장은 먼저 한국 언론의 에너지 전환 보도가 어떤 프레임을 중심으로 구성되어 왔는지를 살펴보고, 이러한 프레임이 반복적으로 생산된 구조적 요인을 보도 관행 측면에서 검토한다. 이어 대안적 전환 보도 방향을 모색함으로써, 한국 언론이 에너지 전환을 사회가 함께 판단하고 실천할 수 있는 과정으로 재구성할 수 있는 가능성을 이야기하고자 한다.

2. 한국 언론의 에너지 전환 뉴스 프레임

언론은 '사실 전달'뿐만 아니라 '특정 의미 구조'를 택해 그것을 '해석'함으로써 에너지 전환에 관한 대중의 인식과 이해 수준을 결정짓는다. 기후위기 대응과 에너지 체계 변화는 기술적 변화를 넘어 사회구조와 생활방식, 경제적 이해관계를 재조정하는 과정이다. 따라서 언론이 이를 어떤 시각에서 조명하는가는 에너지 전환의 방향성 자체를 구성하는 데 영향을 미칠 수 있다. 기존 연구들에 따르면 한국 언론은 에너지 전환을 구조적 변화의 맥락에서 설명하기보다는 특정한 갈등 프레임이나 경제적 부담 중심의 서사로 단순화하는 경향을 보여왔다. 특히 에너지 전환은 그로 인해 발생할 수 있는 경제적 비용·정치적 논쟁·기술적 위험성이 강조되는 방식으로 보도됨으로써 사회적 책임이나 집단적 상상의 문제가 아닌 '찬반 선택' 혹은 '위험 대 안정' 구도 속에서 담론화했다는 특징을 갖는다. 본 절은 한국 언론이 에너지 전환을 어떠한 서사 구조와 프레임 속에서 구성해 왔는지를 분석함으로써 에너지 전환기 보도의 특징을 파악하는 것을 목적으로 한다. 이는 구조적 문제와 대안적 방향 논의의 기초가 될 것이다.

경제 프레임으로 본 에너지 전환 보도

한국 언론의 에너지 전환 보도에서 가장 빈번하게 등장하는 프레임은 '경제적 부담' 또는 '국가 경쟁력 위협' 프레임이다. 이 프레임은 에너지 전환을 기후위기 대응이나 사회적 전환 과정으로 설명하기보다, 전환 과정에서 발생할 수 있는 비용 증가와 경제체계의 불안정성을 중심으로 구성한다. 탈석탄·탈원전 정책은 기사 속에서 전기요금 인상 시나리오와 연결되어 왔고, 재생에너지 확대는 '비용 대비 효율성이 낮은 정책'으로 규정되어 왔다(김지주·권상희, 2020). 이처럼 한국 언론은 에너지 전환 정책이 전기요금 인상, 산업계 비용 부담 확대, 수출 경쟁력 약화와 연결된다는 서술을 반복해 왔는데, 이는 사회가 에너지 전환을 '필요하지만 부담이 큰 선택' 또는 '경제적 안정성을 해칠 수 있는 위험한 실험'으로 여기게 만들 수 있다(김지주·권상희, 2020). 또한 이러한 보도 방식은 에너지 전환을 재정적 부담이나 정책 실패 가능성과 연결시킴으로써 '투자할 가치가 있는가' 또는 '경제적 타당성이 있는가'라는 기준 안에 가두는 효과를 낳을 수 있다(김천수, 2025).

그러나 경제성 중심 프레임이 항상 에너지 전환을 부정적으로만 규정하지는 않는다. 일부 보도에서는 에너지 전환을 미래 산업 경쟁력 확보를 위한 전략적 투자로 해석하며, 이를 '전환 비용'이 아니라 '전환 기회'로 제시하기도 한다(최이슬·조원빈, 2023). 예컨대 신재생에너지 산업이 글로벌 경제 구조 재편 속에서 차세대 성장 동력으로 강조되거나, 수소경제·녹색산업 생태계 구축이 국가 경쟁력 강화의 핵심으로 다뤄지는 보도는 에너지 전환의 경제적 함의를 긍정적으로 해석하곤 한다. 하지만 이러한 보도에서조차 에너지 전환은 국가 간 경쟁 체제 속에서의 '성공 여부' 문제로, '얼마나 빠르게, 얼마나 높은 성장 효과를 낼 수 있는가'라는 성장주의적 기준에 따라 이야기되고는 한다.

요컨대 경제성 프레임은 '부담형'과 '기회형'으로 분화되지만, 양쪽 모두 에너지 전환의 사회적 정의성, 참여성, 과정성보다는 결과 중심의 손익 판단에 초점을 맞추는 공통 구조를 갖는다. 이는 에너지 전환에 대한 사회적 논의를 "경제적 효과가 있는가?"라는 질문 안에 가둘 수 있고, 궁극적으로 에너지 전환의 필요성과 실행 조건을 종합적으로 고려하는 인식 형성을 방해할 수 있다.

정치·정책 프레임으로 본 에너지 전환 보도

다른 한편, 한국 언론의 에너지 전환 보도는 정책의 과학적·사회적 함의보다 정권의 정책적 성과 또는 정치적 책임 소재를 중심으로 구성되는 경향을 보인다. 기후위기 대응이나 에너지 전환 문제를 특정 정부의 정책적 성패를 가늠하는 지표로 환원하는 식의 '정치 프레임'을 생산해 온 것이다(Yun, 2012).

김지주와 권상희(2020)의 분석에 따르면, 문재인 정부의 탈원전 정책을 둘러싸고 한국 언론은 이념적 성향에 따라 상반된 프레임을 생성해 왔다. 보수 언론은 탈원전을 "비현실적 정책", "국가 경쟁력 약화"로 부정적으로 묘사한 반면, 진보 언론은 "안전과 지속가능성을 위한 불가피한 선택"이라면서 긍정적으로 평가해 왔다. 둘 사이에 공통점도 있었다. 정책의 실질적 효과나 구조적 쟁점보다는 '정부의 의지와 정치적 책임'에 보도의 초점을 둠으로써 에너지 전환 정책을 정쟁의 장으로 만든 것이다.

이러한 정쟁화는 언론의 정보원 선택 및 프레임 구조에서도 드러난다. 보수 언론은 탈원전 정책에 대해 부정적 태도를 가진 정보원을 다수 활용하면서 정부 비판적 논조를 강화했다. 반면 진보 언론은 긍정적 평가를 내리는 정보원을 중심으로 보도함으로써 상반된 현실 인식을 생산했다.

요컨대 한국 언론은 본질적으로 초당적이고 장기적 대응이 필요한 문제인 기후·에너지 이슈를 '정권 교체기 정치평가 프레임'을 통해 담론화함으로써 정책 논의의 구조를 협소화해 왔다.

이러한 정치·정책 대립 프레임은 에너지 전환의 사회적 합의 형성과 정책 수용성을 약화시키는 결과를 초래할 수 있다. 언론이 공론장의 중재자라기보다 '정책 판정자'로서 기능할 때 에너지 전환은 정책 실패나 정권 평가의 언어로 해석되면서 사회적 갈등을 심화시키는 매개로 전락할 수 있다.

정책을 둘러싼 정치적 해석이 강화될수록, 한국 언론의 에너지 전환 보도는 점차 정책의 구체적 과정보다는 '찬성 대 반대' 구도의 진영 대립 프레임으로 재구성되는 경향을 보인다. 특히 전기요금, 탈석탄 및 탈원전 이슈와 같은 에너지 전환 과정의 세부 요소들이 '찬반 캠프' 논리에 흡수되면서, 한국 언론은 에너지 전환을 "갈등을 증폭시키는 정치 투쟁의 장"으로 묘사하는 경우가 많다(진민정·이봉현·신우열, 2021). 예컨대 김현우(2024)의 연구는 한국 언론이 전기요금 인상 이슈를 기술적·경제적 맥락보다는 "정부 책임론"과 "국민 부담 논란" 측면에서 보도해 왔다고 지적한다. 이러한 보도 방식은 사회 구성원들로 하여금 전기요금 구조 개편의 정책적 타당성과 사회적 부담의 공정한 분배 문제보다는 전기요금 인상을 초래한 '악당'을 찾는 식으로 전기요금 인상 이슈를 이야기하게 만들 수 있다.

탈원전 보도 역시 '안전 vs 성장'이라는 구조적 전환 논의보다는 '진보 vs 보수' 프레임의 투쟁 구도로 재구성되는 양상을 보인다. 특히, 한국 언론은 탈원전 갈등 이슈를 단순한 정치적 지지/반대의 격돌로 묘사하면서, 에너지 정책을 설계하는 구조적 요인이나 중장기적 전환 경로에 대한 설명을 충분히 제공하지 않는다(김지주·권상희, 2020). 특히, 보수 언론은 에너지 전환을 "안보·기술·국가 생존 경쟁"의 언어로 구성하려는 경향을 보이고, 진보 언론은 "정부 조정과 책임 기반의 정의로운 전환"을 강조해 왔다(최이슬·조원빈, 2023). 정보원 활용에서도 보수 언론은 원전 산업계 및 야당 관계자 발언을 반복적으로 인용하며 "국가 경쟁력 약화", "에너지 공백"을 강조하는 한편, 진보 언론은 안전과 지속가능성 담론을 통해 정부 정책을 방어하는 형태로 진영 기반 설명을 강화하는 모습을 보여왔다(김지주·권상희, 2020). 결과적으로 두 진영 모두 에너지 전환을 '중립적 인식 전환 과정'이 아닌 '이념적 충돌의 장'으로 고착화하는 데 기여하고 있다.

이처럼 에너지 전환 보도가 진영화할 경우, 그 전환 과정의 다층적인 이해관계와 사회경제적 조정 필요성에 대한 논의는 뒷전으로 밀려나고 "누구의 편에 설 것인가"라는 선택의 문제만 부각되기 십상이다. 그로 인해 시민은 에너지 전환을 정보 기반 판단의 대상이 아니라 진영 선택의 문제로 인식하게 될 수 있다. 이는 에너지 전환 과정에서 필요한 사회적 의사결정, 연대적 비용 분담, 지역 참여 기반 해결 구조가 형성되기 어려운 환경을 조성하며, 결국 에너지 전환 보도의 공적 역할을 약화시키는 결과로 이어진다.

기술 및 환경 프레임으로 본 에너지 전환 보도

한국 언론의 에너지 전환 보도에서 나타나는 또 다른 패턴은 기술의 역할을 전환의 중심 요소로 강조하는 경향이다. 이 과정에서 한국 언론은 기술의 성격에 따라 '낙관적 해결 서사'와 '위험성 강조 서사'를 동시에 형성하고 있다(Kim, Yang, & Kim, 2024). 김지주와 권상희(2020)의 분석에 따르면, 탈원전 보도에서 보수 언론은 원자력이 "가장 안정적이고 효율적인 에너지원"이라는 기술 낙관주의를 강조하는 동시에 재생에너지를 간헐성과 불안정성을 문제라고 지적하면서 "위험한 정책 실험"이라고 틀짓는다. 반면 진보적 매체는 원전의 사고 위험과 기후위기의 심각성을 강조하면서 "안전을 위한 필연적 전환"을 주장하는 사례가 많았다(김지주·권상희, 2020; 김현우, 2024). 이러한 기술 중심의 의미화는 에너지 전환을 '성공 또는 실패'라는 이분법에 가둘 수 있다는 면에서 문제적이다.

정치적 지향점에 따라 차이가 나긴 하나, 환경정의 또는 기후정의 관점을 드러내는 보도량도 증가 추세다. 2020년대에 이르러 진보 성향 언론은 기후위기를 구조적 문제로 파악하며 "책임 분배"와 "세대 간 정의"를 강조하는 환경정당성 프레임을 통해 기사화하고 있다(최이슬·조원빈, 2023). 이러한 기사들의 경우, 에너지 전환의 구체적 실행 과정이나 사회적 조정 방식보다는 도덕적 타당성을 강조하는 선언적 서사에 머무르는 경우가 많다는 점이 그 한계로 지적된다.

기술-위험/기술-낙관 프레임과 환경정당성 프레임은 각

각 에너지 전환의 필요성과 가능성을 강조하거나 의문시한다는 점에서는 차이를 보이지만, 에너지 전환 과정의 단계별 과제·참여 주체·정책 조정 구조 등의 논의를 상대적으로 간과한다는 점을 공통분모로 한다. 결국 기술 중심 혹은 도덕성 중심 보도는 사회가 실제로 어떻게 에너지 전환을 이뤄낼 수 있는지에 관한 논의를 숙성시키지 못한 채 그것을 '위험하거나 혹은 이상적이어야 하는 무언가'로 의미화할 수 있다.

간헐적으로 등장하는 새로운 프레임 보도

일부이긴 하나 변화의 조짐도 보인다. 2020년대 들어서 에너지 전환을 '사회적 변화의 과정'으로 해석하면서 그 과정에 영향을 미치는 사회적 조건을 탐사하는 보도가 눈에 띄기 시작한 것이다. 특히, 일부 일간지의 기후위기 관련 장기 기획 프로젝트나 공영방송사 및 탐사보도 전문 언론사의 취재 프로그램에서 탈탄소 전환 과정에서 변화하는 지역 공동체의 실천 방식, 재생에너지협동조합과 같은 참여형 전환 사례, 산업 구조 변화와 노동 전환 문제 등이 심층적으로 다뤄지기 시작했다.

김천수(2025)의 분석에 따르면 연합뉴스 등 통신사에서마저도 기후위기 대응을 단순한 정책 이행 문제가 아니라 "사회 구조와 시민 생활방식의 전환 문제"로 서술한 기사를 일부나마 내놓기 시작했다. 하지만 이러한 대안적 목소리가 통시적으로 일관되게 축적되지 못한 채 개별 언론사 혹은 프로젝트 단위에서 예외적, 산발적으로만 전해지고 있다는 점에서 한국 언론은 아직 갈

길이 멀다(신우열, 2023).

프레임 중심 보도의 문제점

요약하자면, 한국 언론의 에너지 전환 보도는 반복적인 프레임 구조를 보여왔다. 에너지 전환은 경제적 손익 문제로 단순화하거나, 정권의 성패를 평가하는 기준으로 활용되었다. 또한 언론은 찬반 진영 간 갈등을 강조하며, 에너지 전환을 사회적 과정이 아닌 선택의 문제로 제시하였다. 기술 문제 역시 해결 수단에 대한 낙관과 위험성 강조의 이분법 속에서 해석됐다. 일부 보도는 에너지 전환을 구조적 변화 과정으로 설명하려 했으나, 이러한 시도는 주류 담론으로 확장하지 못했다.

갈등 중심 보도의 지속은 불안과 대립을 강화하며, 에너지 전환 담론의 성찰적 발전을 제한한다. 기술 의존이나 도덕적 정당성에만 기대는 보도 역시 실행 조건과 사회적 조정 과정에 대한 논의를 충분히 포함하지 못한다. 결과적으로 에너지 전환은 사회가 공유할 수 있는 비전이나 참여 과정이 아닌 부담, 위험, 선택의 문제로 이해된다.

3. 한국 에너지 전환 보도의 구조적 문제

에너지 전환 보도는 단순한 프레임의 문제만으로 설명되지 않는다. 동일한 프레임이 반복적으로 등장한다는 사실은 한국 언론의 보도 구조에 내재한 무엇인가가 있음을 시사한다. 한국 언론은 즉각적인 정치적 쟁점화, 갈등 중심의 이슈 재구성, 비용 중심의 경제성 판단에 익숙해져 있다. 이는 개별 기자의 선택을 넘어, 뉴스 생산의 관행과 판단 기준, 조직의 목표, 경쟁 구조, 뉴스 가치 체계와 밀접하게 연결된다.

사건 중심의 보도 관행

한국 언론은 에너지 전환을 하나의 흐름이 아닌 개별 사건의 연쇄로 다루곤 하는데, 이는 즉각적이고 뚜렷한 결과를 가진 사건 중심 보도를 선호하는 한국 언론의 뉴스 가치 구조와 관련이 있다. 특히, 주류 언론은 '언제 일어났는가', '누가 충돌했는가', '어떤 이해관계가 발생했는가'와 같은 기준을 중심으로 뉴스거리를 선택한다.

이에 따라 에너지 전환은 주로 정쟁이 발생했을 때, 정책이 발표됐을 때, 재난이 터졌을 때, 국제적 이벤트가 생겼을 때 주로 뉴스가 된다(진민정·이봉현·신우열, 2021). 이런 사건 중심 보도 관행은 에너지 전환의 장기적 목적과 방향성에 대한 논의를 주변화하고, 에너지 전환을 '구체적인 사건으로 인해 갑작스럽게 촉발되는 것'처럼 묘사한다는 점에서 문제적이다(정지영, 2023).

갈등과 결과 중심의 보도 관행

특히, 언론인들은 갈등을 중심으로 경쟁하는 방식에 익숙하다.

많은 뉴스가 논쟁이 형성되거나 이해관계가 충돌하는 순간에 가치를 부여받는다. 기후위기 분야에서 갈등 중심 보도는 뉴스의 주목도를 높이고 입장 대립을 극적으로 구성할 수 있다는 이유로 선호되어 왔는데(Boykoff & Boykoff, 2007), 에너지 전환 이슈 역시 이 관행 속에서 '정책 찬성 vs 반대' 구도로 구성되어 왔다.

언론은 정책의 목표나 실행 조건보다, 누가 공격하고 누가 방어하는지에 주목한다. 이 과정에서 에너지 전환은 사회적 합의를 도출해야 하는 공적 과제가 아니라 정치적 승부의 수단으로 전락한다. 예컨대 탈원전과 전기요금 문제는 여야 대립 구도로 반복적으로 호출되며 진영 갈등을 강화하는 기제로 작동해 왔다(최이슬·조원빈, 2023; 홍지현, 2022). 이러한 갈등 중심 구조는 에너지 전환을 '누가 옳은가'의 문제로 축소하고, '어떻게 바꿀 것인가'라는 질문을 밀어낼 수 있고, 그 과정에서 전환의 목적이나 과정은 종종 갈등의 배경으로 처리된다.

또한 한국 언론은 사건이나 현상의 과정보다는 그 결과에 초점을 두는 경향이 강하다. 그로 인해 에너지 전환 보도는 전환 정책이 왜 필요하며 어떤 단계를 거쳐야 하는지보다는, 정책이 성공했는지 실패했는지를 평가하는 방향으로 구성된다.

특히 기자는 에너지 전환 정책을 정부의 성과를 판단하는 기준으로 사용하며, 산업계 반응이나 여론조사 결과를 통해 '당장의 영향'을 강조하는 뉴스를 주로 생산한다(신우열, 2023). 예컨대 전기요금 보도는 에너지 전환의 구조적 맥락보다는 요금 인상 여부에 대한 반응 중심으로 구성되어 왔으며, 이를 통해 정책의 실패 가능성이 반복적으로 부각됐다(김현우, 2024).

이러한 결과주의적 보도로 인해 에너지 전환은 장기적 변화 전략보다는 단기 성과 경쟁의 대상으로 여겨지기 쉽다. 그 결과 "왜 변화가 필요한가"라는 질문은 사라지고, "이번 조치가 손해인지 이득인지"를 판별하는 보도 구조가 강화될 수 있다.

갈등과 결과에 집중하는 보도 관행은 에너지 전환 이슈를 즉각적 판단의 대상으로 인식하게 만드는데, 이는 경제성과 효율성을 중심으로 보도 가치를 평가하는 관행과 결합하면서 강화될 수 있다. 한국 언론이 생산하는 기사의 상당수는 성장, 비용, 이윤, 예산 등 경제를 뼈대로 삼는다. 이 기사들 속에서 에너지 전환은 장기적 목표나 가치 논쟁이 아닌 비용 부담과 실용성 경쟁의 문제로 축소되는 경향을 보일 수 있다(Kim, Yang, & Kim, 2024).

특히 전기요금 조정, 산업 전환 비용, 재생에너지 도입에 따른 경제적 효과 등이 에너지 전환의 핵심 기준으로 반복될 경우, 에너지 전환은 '사회가 어떤 방향으로 이동해야 하는가'가 아니라 '얼마나 손해를 보게 되는가'라는 질문에 의해 정의된다(Painter, 2019). 정책의 수용 여부 역시 비용 손실을 회피할 수 있는가에 따라 결정되는 문제로 재구성된다.

권위에 의존하는 보도 관행

다른 한편, 한국 언론은 정부 발표와 고위 관료나 산업계의 '입'에 과도하게 의존하는 경향이 있다. 이는 에너지 전환 정책의 구조적 맥락보다 정부가 제시하는 입장과 수치, 특정 전문가의 견해를 중심으로 보도를 구성하게 만든다(정지영, 2023). 정부는 정책

성과, 지표 변화, 예산 규모를 중심으로 정보를 제공하기 때문에 그것에 의존하는 보도는 결과 중심으로 기술되기가 쉽다.

정부 관료, 정치인, 기업가 등은 에너지 전환 보도에서 주요 정보원으로 등장하는데(김지주·권상희, 2020), 이들은 이른바 에너지 '안정 계층'일 가능성이 높다. 결국 '엘리트 편향'으로 인해 에너지 전환 보도에서는 목소리의 다양성이 충분히 반영되지 않는다. 서울보다는 지방의, 자본가보다는 노동자의, 에너지 안정계층보다는 취약계층의 목소리는 상대적으로 전해지지 않는다.

결국 에너지 전환 담론은 정부와 특정 계층이 주조한 틀 안에서 모양을 갖추고 유지되고 있는데, 이는 시민들로 하여금 에너지 전환 과정과 갈등 조정을 공동체의 책임이 아니라 '정부가 추진하고 전문가가 판단하는 사안'으로 인식하게 만드는 요인으로 꼽힌다(Painter, 2019). 그리고 이러한 경향이 장기적으로 지속된다면 한국 언론의 에너지 전환 보도는 공공적 설득력을 잃고 도리어 사회적 상상력을 제한하는 역기능적 역할을 하게 될 수 있다.

요컨대 한국 언론의 에너지 전환 보도는 사건 중심 구성, 갈등 및 결과 중심 보도 관행, 정부 및 엘리트 의존적 정보 취득 관행 속에서 생산되고 있다. 이러한 조건은 에너지 전환을 사회적 과정이 아닌 단기적 판단과 결과 평가의 문제로 의미화한다.

이러한 관행에 기반한 프레임이 반복적으로 생산될수록 에너지 전환은 사회 전체가 숙고하고 참여해야 할 변화의 과정으로 인식되기보다는, 이미 정해진 정책 결정에 대한 반응적 선택의 문제로 구성될 가능성이 높다. 이는 전환기 사회가 요구하는 해석과 토론의 기반을 약화시키며, 전환의 방향을 둘러싼 공론 형성을 어렵게 만드는 결과로 이어질 것이다.

4. 에너지 전환기 한국 언론의 재구성 방향

한국 언론은 사회가 에너지 전환의 의미와 방향을 숙고할 언어적 기반을 제공해야 한다. 이를 위해서는 대안적 관점과 저널리즘 실천법이 필요하다. 본 절은 국내외 언론학계가 생산해 온 문헌을 검토하여 에너지 전환기 한국 저널리즘이 지향해야 할 원칙과 실천적 방향을 탐색한다.

과정과 맥락을 설명하는 에너지 전환 보도

한국 언론의 에너지 전환 보도는 주로 정책 발표, 요금 변동, 기술 논란과 같은 단편적 사건에 집중해 왔다. 이러한 보도 방식에서는 에너지 전환의 목표와 과정이 분리되고, 변화의 이유와 진행 단계가 설명되지 않은 채 결과만 반복적으로 전달된다. 과정형 에너지 전환 보도는 에너지 전환을 시간의 흐름 속에서 단계별 의미와 조정 과정을 설명하고, 기후위기를 사회적 과정으로 서술하는 실천법이다. 이 접근은 에너지 전환이 '갑자기 등장한 부담'이 아니라 '사회가 합의해야 할 구조적 변화'라는 점을 드러내는 데 중점을 둔다.

예를 들어, 탈탄소 정책을 기사화하는 기자는 산업 구조 변화, 노동 전환, 지역 공동체의 조정과 같은 요소와 연결해 설명하고, 그 과정에서 어떤 단계가 선행되었고 다음 조정이 무엇이어야 하는지를 연속적으로, 하나의 내러티브 속에서 보여줄 수 있다(Ytterstad & Bødker, 2022). 이러한 사례는 에너지 전환을 결과 중심으로 논쟁적으로 소비하는 데 그치지 않고 시간의 누적과 사회적 선택의 연속으로 이해하도록 이끈다. 특히 과정 중심 설명은 에너지 전환을 찬반 판단의 대상으로 축소하지 않고, 변화의 이유와 목표를 단계적으로 연결함으로써 사회 구성원들의 수용성을 확장해 나갈 수 있다.

한국 언론이 과정 중심 보도를 도입한다면, 에너지 전환 이슈는 정책 결과의 평가를 둘러싼 일회적 논쟁으로 소진되지 않고 '어떤 목표를 향해 어떻게 이동하고 있는가'를 설명해야 하는 문제로 재구성될 수 있다. 이를 위해 기자는 정책의 성패만을 판별하는 논리에서 벗어나, 에너지 전환의 단계별 전개 방식과 그 과정에서 드러나는 갈등 조정 노력까지 추적하는 서술 관점을 갖출 필요가 있다. 이러한 시각 전환은 단순히 에너지 전환을 옹호하거나 반대하는 입장을 강화하는 것과는 다르며, 변화가 어떤 흐름 속에서 만들어지고 있는지 이해할 수 있도록 '해설 기능'을 수행한다는 점에서 언론의 사회적 책임과도 연결된다. 결과적으로 과정형 서사는 갈등을 제거하려 하기보다는 에너지 전환의 방향을 둘러싼 사회적 이해가 구조적으로 조정될 수 있는 기반을 형성하는 데 기여할 수 있다.

시민 참여적 에너지 전환 서사

한국 언론은 에너지 전환을 정책 주체의 결정과 그에 대한 시민의 반응이라는 일방향 구조로 다루는 경향이 있다. 이러한 방식에서 시민은 에너지 전환의 의미를 판단하거나 그 방향을 모색하는 주체가 아니라 결과를 수용하거나 부담을 지는 집단으로 묘사된다.

참여형 에너지 전환 보도는 시민이 에너지 전환 과정에서 판단 기준을 형성하고 의견을 제시할 수 있는 존재라는 것을 전제로 한다. 이를 바탕으로 언론은 에너지 전환을 '함께 고민하고 조정할 수 있는 문제'로 재구성한다(Mislán, Oduolowu, & Zielinski, 2025).

참여형 에너지 전환 서사는 단편적인 사건을 중심으로 에너지 전환을 해석했던 기존 보도 관행에 대한 대안으로 기능한다. 사건 중심 보도는 에너지 전환을 개별 정책 충돌이나 정치적 반응의 문제로 분절함으로써 시민의 상상력을 제한해 왔다. 이에 비해 참여형 서사는 에너지 전환이 다양한 이해관계자가 개입하며 조정해 나갈 수 있는 과정임을 드러내고, 시민이 자신의 경험과 관점을 기반으로 그 논의에 기여할 수 있는 여지를 열어둔다(Mislán, Oduolowu, & Zielinski, 2025; Thier & Lin, 2022). 이러한 서사는 에너지 전환의 가능성과 경로가 고정된 것이 아니라 주체의 참여를 통해 형성 혹은 변형될 수 있는 것으로 제시한다. 즉, 에너지 전환은 이 서사 속에서 '실천 가능한 문제'로 전환된다(Mai & Sikorski, 2025).

특히 기자는 여론의 찬반 결과를 단순히 중계하기보다, 현장에서 목격한 시민의 일상을 에너지 전환 서사 안에 적극적으로 포함시켜야 한다. 예컨대 지역 단위 협동조합 형태로 추진된 재생에너지 프로젝트를 다룬 보도는 기술 도입 여부보다 주민 참여 과정과 조정의 의미를 내러티브 구조의 중심에 둠으로써 에너지 전환 문제를 '함께 숙고해야 할 공적 이슈'로 의미화할 수 있다. 이러한 보도는 에너지 전환 과정에서 만들어지는 선택이 개인의 실천과 공동체의 판단과 연결될 수 있다는 점을 암시하며, 시민들이 에너지 전환을 일상적 삶의 조건 변화와 연결된 공적 의제로 재해석하게 한다(Thier & Lin, 2022).

에너지 전환 과정에서 자신의 판단이나 행동이 영향을 미칠 수 있다고 인식한 시민은 에너지 전환 이슈에 대한 거리감이 낮아지며, 문제 해결의 방향을 고민하는 태도가 강화될 여지가 있다(Schäfer, Greber, Sülflow, & Lecheler, 2022). 이는 참여형 서사가 단순한 동원형 담론이 아니라, 에너지 전환을 책임과 선택의 관계 속에서 재구조화하는 방식일 수 있다는 점을 시사한다.

이런 서사를 쓰고자 하는 언론은 시민을 지금까지와는 다르게 봐야 한다. 언론은 시민을 '수용자'로 뭉뚱그려 가정하고 그것을 당연시하지 말고(Zelizer, Boczkowski, & Anderson, 2021/2023), 공적 이슈를 적극적으로 해석할 권리와 능력을 가진 주체, 그 과정 속에서 적극적인 이해관계를 가진 행위자로 봐야 한다.

민주적으로 개입하는 에너지 전환 보도

한국 언론은 에너지 전환을 비용, 갈등, 효율성의 문제로 축소하는 경향을 보여왔다. 그러나 에너지 전환은 기술적 선택이나 비용 문제를 넘어, 사회 구성원 사이에서 부담과 혜택이 어떻게 분배되는가를 둘러싼 정의의 문제를 포함한다. 따라서 대안적 보도는 에너지 전환의 방향성을 어떤 가치와 기준 아래에서 이행해야 하는지를 묻는 방식으로 재구성될 필요가 있다.

정의, 책임, 지속가능성, 공정한 부담 등의 대안적 민주적 가치를 명시적으로 드러내는 보도를 지향하는 저널리즘(Zelizer, Boczkowski, & Anderson, 2021/2023)은 에너지 전환을 이해득실의 문제가 아니라 공적 판단의 대상으로 재구성하도록 도울 수 있다. 이 관점을 채택함으로써 언론은 이른바 '정의로운 전환(Just Transition)'의 핵심 기반으로 자리매김하면서 사회가 에너지 전환의 필요성을 윤리적·사회적 정당성의 차원에서 설명할 수 있는 가능성을 연다.

정의로운 전환을 장려함으로써 언론은 사회 구성원들이 에너지 전환을 단순한 기술적 조치가 아니라, 사회가 어떤 방향으로 나아갈 것인가에 대한 규범적 선택의 과정으로 이해하도록 만든다. 특히, 이 관점을 채택한 기자는 에너지 전환으로 인해 발생하는 비용과 혜택의 분배 구조를 평가하며, 그 과정에서 발생할 수 있는 사회적 불평등, 산업 간 격차, 노동 전환 문제 등을 공적인 논의 주제로 제시한다(조효제, 2020).

이러한 서사는 사회가 에너지 전환의 영향이 누구에게, 어떻게 분배되어야 하는지를 질문하게 하며, 에너지 전환을 불가피한 변화가 아닌 책임 있는 선택의 과정으로 재구성하도록 도울 수 있다. 요컨대 저널리즘의 관점 변화는 사회가 에너지 전환을 '정당하게 설계해야 할 미래 과정'으로 인식하게 하는 출발점이 된다.

구체적으로, 이 접근은 에너지 전환 과정에서 발생할 수 있는 불평등과 갈등을 정책에 대한 반대 의견이나 저항으로 단순화하지 않고 조정과 보완의 가능성을 제시한다. 탄소 감축 정책으로 위기에 놓인 노동자 집단이나 에너지 취약계층의 상황을 조명하는 보도는 에너지 전환의 불가피성을 강조하면서도, 그 과정에서 고려해야 하는 사회적 조정의 방향을 함께 제시하는 방식으로 구성될 수 있다.

이러한 보도는 불평등한 전환을 방치할 경우 오히려 사회적 반발이 심화될 수 있다는 점을 암시하며, 정의로운 전환이 수용성과 지속가능성을 확보하기 위한 조건임을 강조한다. 또한 민주적으로 에너지 전환에 개입한 저널리즘은 특정 에너지 전환 정책의 타당성을 단기적 결과가 아닌 '공정한 전환 과정은 어떻게 설계되어야 하는가'라는 질문을 통해 평가하며, 에너지 전환이 불평등을 재생산할 수 있다는 점을 드러내는 동시에 이를 방지하기 위한 기준을 제시한다.

이를 통해 언론은 에너지 전환 담론이 '누가 옳은가'의 충돌 구조에서 '무엇이 옳은가'를 묻는 방향으로 전환하도록 이끌 수 있다. 책임과 부담의 기준이 설명되고, 에너지 전환 이후 달성하고자 하는 공동 목표가 명시된 보도는 사회 구성원들이 에너지 전환을 조정 가능한 공적 선택의 문제로 인식하게 하고(Thier, Abdenour, Walth, & Dahmen, 2021), 궁극적으로 에너지 전환 과정의 공정성에 대한 인식에 영향을 미침으로써 정책 수용성과 협력 가능성을 높일 수 있다(Thier, 2025). 특히 책임 구조가 명확해질수록 에너지 전환에 대한 반발은 단순한 거부가 아니라 조정을 요구하는 식으로 전개될 것이다.

이 관점을 지향하는 언론인은 정책의 결과를 평가하는 중립적 관찰자가 아니라, 에너지 전환의 공정성을 사회적으로 점검하고 책임 구조의 정당성을 설명하는 조정자 역할을 수행하게 된다. 그는 에너지 전환 과정에서 누가 더 큰 비용을 지게 되는지, 어떤 기준으로 지원이 이루어져야 하는지, 정의로운 전환이 어떤 보완 장치를 필요로 하는지 등을 질문하며 사회적 조정의 방향성을 탐색할 수 있다.

에너지 전환이 작동하는 조건을 탐색하는 서사

에너지 전환 보도는 종종 위기 상황과 정책 논란에 초점을 맞춘 채 반복되며, 에너지 전환이 현실적으로 가능한지에 대한 설명은 충분히 제시되지 않는 경우가 많다. 실행 가능성 중심 에너지 전환 보도는 해결책 자체를 단순히 소개하는 데 그치지 않고, 변화의 조건과 제약, 갈등 조정 방식 등을 함께 분석하는 접근을 말한다. 이는 단순 낙관주의와 구분된다. 즉, 실행 가능성 중심 보도는 에너지 전환을 막연한 목표가 아니라 '특정 조건 속에서 실현 가능한 과정'으로 제시하면서 실행 가능성을 탐구한다(Djerf-Pierre

& Ekström, 2025).

예컨대 BBC는 2023년 '기후솔루션(Climate Solutions)' 시리즈에서 덴마크 코펜하겐의 수상가옥과 해상풍력발전소가 결합된 지속가능한 주거 실험을 소개했다. 이 보도는 기술적 가능성뿐 아니라 지역 사회의 정책 수용과 갈등 조정 과정을 함께 다루며 실행 조건을 구체적으로 보여준다. 시민의 실천과 제도적 협력이 어떻게 결합되는지를 서사적으로 설명한 대표적 사례다.

기후·에너지 보도에서는 정책 도입 이후의 성패 여부만을 다루기보다, 변화가 지속되기 위하여 제도적 장치나 사회적 협력, 거버넌스 구조가 작동했는지를 추적하는 방식으로 서사를 구성할 수 있다(Djerf-Pierre & Ekström, 2025). 이는 이른바 '솔루션 저널리즘'과도 관련이 있는데, '해결됐다'라는 식의 결과보다는 '어떤 경로를 통해 실행이 가능했고, 어떤 한계가 작용했는가'를 분석하는 서사 전달을 지향한다(Thier, 2025). 이러한 내러티브는 에너지 전환이 특정 주체의 결단으로 완성되는 것이 아니라, 조건의 조정과 이해관계의 협상을 통해 점진적으로 이루어진다는 점을 강조한다.

실행 조건을 설명하는 보도는 시민의 실천 무력감을 낮추고, 에너지 전환 이슈를 '이미 결정된 결과'가 아니라 '함께 판단할 수 있는 과정'으로 인식하게 하는 데 긍정적으로 작용할 수 있다. 특히 해결 가능성이 지나치게 단순화하지 않고, 실패 가능성이나 갈등 조정 과정이 함께 설명될 경우, 에너지 전환 담론은 현실과 분리된 이상적 구호가 아니라 '노력 가능한 범위 내에서 탐색해야 할 문제'로 전환될 수 있다(Razavi, 2023). 이는 실행 가능성 중심 보도가 성취를 홍보하는 방식이 아니라 에너지 전환 과정에서 형성되는 학습과 조정의 의미를 전면화하는 방향으로 설계되어야 함을 시사한다.

이러한 역할은 저널리즘이 문제 제기에서 멈추는 비판자나 감시자일 뿐만 아니라 구조적 전환을 이루기 위해 요구되는 관계적 조건과 제도적 맥락을 분석하는 해설자로 기능해야 한다는 점을 전제로 한다. 또한 에너지 전환을 무조건 낙관하거나 정당화하려는 태도를 지양해야 한다. 요컨대 실행 가능성 중심 보도는 에너지 전환을 실현해야 할 목표로만 제시하기보다, 그 목표로 나아가기 위해 공적 세계와 일상 세계에서 공히 어떤 조건이 마련되어야 하는지를 드러내는 방식으로 구성되어야 한다.

상상 가능한 미래를 구성하는 저널리즘

에너지 전환은 현재의 문제 해결 과정일 뿐만 아니라 미래의 사회적 정체성과 삶의 방식이 어떤 방향으로 재구성될 것인가에 관한 선택의 문제를 포함한다. 미래 지향형 에너지 전환 서사는 에너지 전환 이후의 세계가 어떤 모습일 수 있는지를 서사적으로 구성하며 미래를 공적 상상과 논의의 대상으로 제시하는 보도 방식이다. 이러한 접근은 에너지 전환을 '해야 하는 일'로만 설명하지 않고, '어떤 미래를 공동으로 선택하고자 하는가'라는 질문을 중심에 둔다.

미래 서사적 접근은 실질적인 에너지 전환의 방향성을 구체적인 삶의 조건과 연결하며 미래를 상상 가능한 구조로 설명한다는 점에서 단순한 낙관적 전망과는 다르다(Razavi, 2023). 다양한 시나리오 속에서 조건과 결과를 조합해 다가올 미래를 전달하는 기사는 에너지 전환의 '지금'을 이해하는 데에 도움이 될 수 있다(Borgen-Eide, 2024). 독일의 《타게스슈피겔(Tagesspiegel)》은 2022년 '베를린(Berlin) 2030' 기획에서 에너지 자립 도시의 미래를 상상하며, 시민 주도의 에너지 협동조합과 탈탄소 교통 인프라를 중심으로 구성된 도시상을 소개했다. 해당 기사는 구체적인 정책 시나리오와 시민 참여 요소를 함께 서사화하며, 미래를 현실과 연결된 상상 가능 구조로 제시했다.

또한 미래를 '근거를 들어' 예상하는 저널리즘은 시민들로 하여금 에너지 전환 이후에 형성될 수 있는 관계와 가치를 탐색하게 한다(Borgen-Eide, 2024). 예컨대 영국의 《가디언(The Guardian)》은 2025년 8월에 대서양 해류 순환(Atlantic Meridional Overturning Circulation, AMOC) 붕괴 위험을 다루면서, 다양한 기후 모델 시뮬레이션 결과를 인용해 미래 위험 확률을 제시했다. 이 기사는 고탄소 배출 경로에서 해류 붕괴 가능성이 약 70%로 나타나는 등 모델 기반 정량 예측 결과를 보도함으로써, 기후변화가 가져올 구조적 위험을 수치로 설명한다. 이 과학적 모델링 결과는 현재의 온실가스 배출 문제가 미래 세대의 삶과 직결한 윤리적 선택지임을 여실히 보여준다.

특히, 언론은 에너지 전환 이후의 사회를 모든 문제가 해결된 이상적인 공간으로 묘사하기보다는 불완전한 변화의 과정과 잠재적 위험을 포함한 실현 가능성의 범위로 서사화할 필요가 있다. 그런 서사가 지속될 때에야 시민은 에너지 전환을 현실과 단절된 상상이 아니라 숙고해야만 하는 사회적 선택지로 받아들일 수 있을 것이다(Djerf-Pierre & Ekström, 2025).

　요컨대 이 관점은 기자들에게 에너지 전환의 끝을 정의하는 예언자가 아니라, 사회 구성원들이 에너지 전환 이후의 삶이 어떠해야 하는지를 탐색하게 하는 '촉진자'로서의 역할을 수행하라고 요구한다. 이를 위해 언론계는 과학계와의 적극적인 협업(신우열, 2023) 등을 통해 현실 가능한 미래에 대한 '저널리즘적' 사고 실험을 공적 논의의 일부로 제시할 필요가 있다(Appelgren & Jönsson, 2020).

5. 에너지 전환기, 새로운 저널리즘 접근을 위하여

한국 언론의 에너지 전환 보도는 주로 정책 발표, 비용 부담, 산업 갈등과 같은 단기적 사건을 중심으로 구성되어 왔다. 이러한 보도 방식은 에너지 전환을 구조적 변화의 흐름이 아니라 결과적 반응의 문제로 축소하는 프레임을 강화했으며, 속보성과 갈등 중심의 뉴스 생산 논리와 결합되면서 반복적으로 재생산되는, 일종의 보도 관행으로 고착화했다. 이로 인해 시민은 언론으로부터 에너지 전환의 의미를 충분히 숙고하거나 판단 기준을 형성할 기회를 제한적으로만 제공받아 왔다. 궁극적으로 언론의 보도 경향은 사회가 에너지 전환을 어떤 논리 구조로 설명할 수 있는지, 어떤 질문을 던질 수 있는지 등, 이른바 사회의 '에너지 전환 문해력(리터러시)' 수준을 결정짓는다.

본 장은 에너지 전환 보도의 대안적 방향을 과정형, 참여형, 정의형, 실행 가능성형, 미래 지향형 서사 등으로 제시하며 에너지 전환이 단일한 입장 표명이나 결과 평가의 대상이 아니라 다양한 수준에서 재해석되어야 한다고 강조했다. 이러한 저널리즘은 에너지 전환을 점진적 과정으로 이해하고, 판단 가능한 문제로 구성하며, 책임과 보호의 기준을 조정의 영역으로 제기하고, 실행 조건을 점검하면서, 향후 도달 가능한 미래의 의미를 질문하는 방식으로 에너지 전환 담론의 초점을 이동시킬 수 있다. 이러한 접근들은 에너지 전환을 찬반의 구조로 재단하는 대신, 사회가 어떤 경로를 설정하고 어떤 가치 기준을 통해 이를 조정해 나갈 것인가를 묻는 저널리즘 실천법을 필요로 한다.

　　이는 단순한 보도 방식의 조정을 넘어서, 에너지 전환기에 언론이 스스로를 어떤 존재로 정의할 것인가에 대한 물음을 포함한다. 에너지 전환기에 언론은 사실을 전달하는 중계자에 머무르기보다 변화의 흐름을 해석하는 설명자, 정책의 성패를 평가하는 감시자에서 조정의 기준을 질문하는 공론 촉진자로 그 역할을 확장할 필요가 있다. 이러한 역할은 에너지 전환의 가능 조건과 의미 구성 과정을 서사적으로 드러내는 방식이 에너지 전환기의 사회 구조를 이해하는 데 기여할 수 있다는 점을 전제로 한다. 그리고 이러한 대안적 서사는 기자 개인의 취재 관점 변화뿐 아니라, 편집 기준과 뉴스 가치의 재검토가 함께 이루어질 때에야 비로소 기사에 담기기 시작할 것이다.

　　한국 언론이 전환 과정의 의미, 참여의 조건, 책임의 기준, 실행의 가능성, 그리고 도달 가능한 미래의 방향을 이야기하는 한 에너지 전환은 사회 전체가 함께 구성해 나가야 할 공적 과제가 된다. 에너지 전환기에 이런 역할을 할 수 있다면 저널리즘은 당대의 사회와 조응하는 민주적 제도로 남을 수 있을 것이다.

7장

전환의 시대,
해외 언론의 기후·에너지 보도 혁신

진민정

한국언론진흥재단 책임연구위원

1. 해외 언론의 기후·에너지 보도 변화와 새로운 흐름

1) 언론의 각성과 기후 보도의 전환

기후를 다시 말하기 시작한 언론들

기후위기는 더 이상 환경 섹션의 하위 주제가 아니라, 언론의 언어와 보도 구조, 나아가 저널리즘의 정체성 전반을 재고하도록 요구하는 핵심 의제로 부상했다. 이러한 변화는 언론의 역할과 책임에 대한 재정의를 요구하고 있다. 실제로 세계 주요 언론사와 저널리즘 네트워크에서는 "기후 보도는 모든 기자의 책무"라는 인식이 확산되고 있다. 이제 언론은 기후 관련 사건을 단순히 중계하는 데 그치지 않고, 위기의 시대를 해석하며 사회적 전환의 방향을 제시하는 공적 행위자로 자리매김하고 있다.

이 같은 인식의 전환은 코로나19 팬데믹을 거치며 본격화되었다. 팬데믹 기간 동안 언론이 불안과 재앙의 언어에 갇혀 있다는 대중의 비판이 거세지면서, 언론은 "무엇을 보도할 것인가"보다 더 근본적인 질문, 즉 "어떻게 말할 것인가"와 마주하게 되었다. 이러한 문제의식은 기후 보도에 대한 대중의 인식 변화로도 확인된다.

2021년 프랑스에서 실시한 비아보이스(Viavoice) 조사에서 응답자의 절반 이상(53%)이 "기후 보도가 부족하다"고 답했는데, 이는 보도의 양적 부족이라기보다 기후위기의 긴급성을 충분히 전달하지 못하는 보도 관행과 언어에 대한 불만으로 해석되었다. 당시 많은 전문가들 역시 이를 보도의 관점과 서사가 시대적 요구에 뒤처져 있다는 신호로 받아들여야 한다고 지적했다.

사실, 이러한 문제 제기가 팬데믹 이후에 갑작스럽게 등장한 것은 아니다. 기후 보도의 한계를 자각하고 이를 비판하는 논의는 그보다 앞선 2019년 무렵부터 언론계 내부에서 이미 제기되고 있었으며, 이 시기부터 기후위기를 주변적 이슈가 아니라 핵심적이고 긴급한 공적 의제로 다뤄야 한다는 인식이 확산되기 시작했다(Prodhomme et al, 2024).

예를 들어, 캐나다기자협회 전 부회장인 션 홀먼(Sean Holman)은 '캐나다의 기자들이여, 기후변화를 비상사태로 보도하라'라는 제목의 글을 통해 언론의 책임 의식을 강하게 촉구했다(Holman, 2019). 그는 "기후위기에 대한 언론의 침묵은 시민에 대한 직무유기"라고 선언하며, 언론이 과학자들의 경고를 외면하고, 석유·가스 산업의 이해관계에 지나치게 의존해 왔다고 비판했다. 또한 "기자들은 활동가가 아니라 시민의 사명을 지닌 언론인"이라며, "기후위기의 시대에 정확하고 공감 가능한 정보를 제공하는 것이 언론의 본질적 책무"라고 주장했다.

그와 유사한 시기에, 미국의 《컬럼비아 저널리즘 리뷰(Co-lumbia Journalism Review)》도 "문명이 파국을 향해 치닫고 있음에도, 주류 언론의 기후 보도는 여전히 부적절하다"고 비판했다 (Hertsgaard & Pope, 2019). 정치·경제 뉴스에 치우친 편집 관행 속에서 기후 보도가 '부차적 이슈'로 밀려나 있다는 것이다.

뉴스룸의 전환, 저널리즘의 재구성

이러한 각성은 곧 언론의 언어를 바꾸는 실천적 움직임으로 이어졌다. 대표적인 사례가 2019년 《가디언(The Guardian)》의 결정이다. 이 매체는 'climate change(기후변화)' 대신 'climate crisis(기후위기)', 'global warming(지구 온난화)' 대신 'global heating(지구 가열)'이라는 표현을 공식 채택하며, 기후 문제를 더 이상 '미래의 가능성'이 아니라 '현재의 위기'로 규정했다.

편집국장 캐서린 바이너(Katharine Viner)는 그 이유를 "기후변화라는 말은 지나치게 완화된 표현이기 때문"이라고 설명했다. "인류가 직면한 것은 변화가 아니라 재앙이며, 지금 이 순간 벌어지고 있는 현실"이라는 것이다. 이는 단순한 용어 변경이 아니라, 언론이 '사실의 중립성'을 넘어 '윤리적 정확성(ethical accuracy)'을 추구해야 한다는 인식의 전환을 상징한다. 다시 말해, 사실을 전달하는 데서 그치지 않고 그 사실이 사회적 책임과 공익, 정의의 문제와 어떻게 연결되는지를 함께 전달해야 한다는 것을 의미한다(Prodhomme et al, 2024).

《가디언》은 이 원칙을 언어에 그치지 않고 편집 철학과 조직 운영 전반으로 확장했다. 기후위기의 심각성을 흐리는 중립적 표현을 피하고 보다 직접적인 용어를 사용하려는 선택은 기사 제목, 시각 자료, 편집 디자인 전반의 변화로 이어졌고, 결국 신문의 정체성과 윤리 강령의 일부로 자리 잡았다.

예컨대 《가디언》은 내부적으로 '환경 서약(Environmental Pledge)'을 도입해, 석유·가스 기업의 광고를 받지 않겠다고 선언하며, 언론사 스스로 탄소중립 실천에 나설 것을 약속했다. 2021년에는 "우리는 모두 기후 기자다(We're all climate journalists now)"라는 슬로건을 내걸고, 기후 문제를 비즈니스·문화·스포츠·패션 등 모든 섹션의 공통 과제로 확장했다. 이처럼 《가디언》은 기후 보도를 특정 면에 한정하지 않고, 언론의 언어, 편집 윤리, 조직 문화 전반을 재구성하는 통합적 접근으로 전환했다.

이러한 결정은 이후 다른 주요 언론에도 영향을 미쳤다. BBC, AFP, 《르몽드》 등은 기후 보도 가이드라인을 새로 정비하고, 기후 문제를 더 이상 환경 뉴스의 하위 항목으로 다루지 않겠다고 공식화했다.

AFP는 2019년 "기후변화는 뉴스룸의 최우선 과제"라고 선언하고, '지구의 미래(Avenir de la planète)'라는 전담 서비스를 신설했다. 이 프로젝트에는 12명의 환경 전문 기자, 18명의 다양한 분야 기자, 그리고 팩트체커가 참여해 기후·에너지·지속가능성 관련 이슈를 통합적으로 다루는 협업 구조를 구축했다. 같은 해 《르몽드》 역시 '지구(Planète)' 섹션을 전면 재정비하며 기자 인력을 12명에서 22명으로 확대했다. 《르몽드》는 섹션 간 공동 취재와 데이터 기반 보도를 강화하며, 기후·환경 보도의 전문성과 심

충성을 동시에 높이는 편집 혁신을 시도했다.

일부 편집국은 단순히 하나의 섹션을 재정비하는 수준을 넘어, 기후 문제를 횡단적으로 다루기 위해 독자적 조직을 구축하기도 했다.

예컨대 캐나다의 일간지 《르드부와르(Le Devoir)》는 여러 섹션의 기자 12명이 참여하는 '환경 허브(Pôle environnement)'를 만들어, 기후정의, 에너지 전환, 생물다양성 등 다양한 의제를 섹션 간 협업 구조로 다루고 있다. 영국의 《파이낸셜타임스》 역시 '클라이밋 캐피털(Climate capital)' 허브를 중심으로 기후경제, 환경·사회·지배구조(ESG)경영, 에너지 전환 이슈를 정치·경제 보도와 긴밀히 연계하며, 기후변화를 핵심 경제 의제로 통합하려는 시도를 지속하고 있다.

한편, BBC는 'BBC 퓨처 플래닛(Future Planet)' 등 다양한 플랫폼을 통해 기후위기의 해법을 탐색하는 심층 보도를 확대하고 있다. 동시에 기후·지속가능성 관련 내부 교육과 역량 강화 프로그램을 운영하며, 제작 과정 전반에 탄소중립 원칙과 생태적 가치를 반영하려는 노력을 병행하고 있다.

이러한 변화는 기후 보도를 특정 전문기자의 영역이 아닌, 뉴스룸 전체의 책임과 역량의 문제로 확장한 상징적 전환이라 할 수 있다. 이는 보도량의 증가를 넘어, 언론의 언어와 편집, 조직과 윤리 전반을 재구성하는 흐름으로 이어지고 있다.

2) 기후 보도의 글로벌 협력과 규범의 등장

기후저널리즘 실천 가이드라인

기후저널리즘의 전환은 개별 언론사의 변화에 그치지 않고, 국제적 협력과 공동의 윤리 규범을 형성하는 단계로 나아가고 있다.

2019년, 《가디언》, 《더 네이션》, 《컬럼비아 저널리즘 리뷰》가 공동 출범시킨 '커버링 클라이밋 나우(Covering Climate Now, 이하 CCNow)'가 그 대표적 사례다. 현재 60여 개국 500개 이상의 언론이 참여하고 있는 이 단체는 "기후 보도는 공공의 책임이자 인류 공동의 의무"라는 원칙 아래 보도 협업, 교육, 편집 지침을 공유하고 있다.

CCNow는 언론이 대중에게 정보를 단순히 전달하는 것을 넘어, '기후위기 시대의 책임 있는 언론 행위란 무엇인가'를 함께 모색하는 것을 목표로 한다. 이를 위해 뉴스룸 간 모범 사례를 공유하고, 언론인의 전문 역량을 강화하며, 과학적 사실에 기반하면서도 시민의 공감을 이끌어내는 기사 작성을 위한 도구와 지침을 제공하고 있다.

이 네트워크가 2023년 2월 발표한 《기후저널리즘 실천 가이드라인(Best Practices for Climate Journalism)》은 이러한 방향을 구체적 원칙으로 정리한 것이다. 그 핵심은 세 가지로 요약된다.

첫째, 기후를 모든 보도의 맥락으로 인식하라.

기후위기는 환경 섹션의 하위 주제가 아니라 정치, 경제, 노동,

복지, 인권 등 사회 전 영역을 관통하는 구조적 위기다. 따라서 기자는 각종 정책과 사건, 경제 변화, 사회 문제의 배경에 기후 요인이 어떻게 작용하는지를 드러내야 한다.

둘째, 사람의 이야기로 기후를 말하라.
복잡한 수치와 과학 데이터보다, 기후변화로 영향을 받는 시민들의 삶을 중심에 두어야 한다. 농민, 노동자, 지역 공동체, 청년 세대 등의 실제 경험을 통해 위기의 실체를 보여줘야 한다.

셋째, 문제 제기를 넘어 해결을 제시하라.
위기의 경고만으로는 충분하지 않다. 언론은 정부, 기업, 지방 정부의 책임을 추적하는 동시에, 재생에너지 전환·적응 전략·정의로운 전환 사례 등 구체적 대안을 함께 제시해야 한다.

또한 CCNow는 기자의 독립성과 윤리적 판단을 중요시한다. 즉, 기업, 정부, 이해집단의 로비나 후원으로부터 자유로워야 하며, 특히 과학적 사실과 근거 없는 주장을 동일한 비중으로 다루는 이른바 '양비론적 균형 보도'의 관행을 경계할 것을 권고한다. 그들의 표현을 빌리면 "기후 보도에서 양쪽 말을 똑같이 전하는 것은 균형이 아니라 왜곡"이다.

결국 CCNow는 기후 보도를 단순한 환경 뉴스가 아닌, 사회적 책임을 수행하는 윤리적 공공 서비스로 재정의하고 있다. 이는 언론이 위기를 관찰하는 데서 나아가, 사회적 전환을 촉진하는 역할을 수행해야 한다는 국제적 공감대가 형성되고 있음을 보여준다.

이러한 흐름은 다양한 곳에서 발견된다. 예컨대 2021년에는 제26차 유엔 기후변화협약당사국총회(COP26)를 계기로 국경 없는 기자회(Reporters sans frontières)와 연대한 34개국 60명의 환경 전문 기자들이 〈기후위기, 정보의 위기(Urgence climatique, urgence informationnelle)〉라는 공개 호소문을 발표했다.

이 호소문은 기후 보도를 단순한 과학·환경 보도가 아니라, '정보 접근의 권리'와 '민주적 책무'의 문제로 확장시켰다는 점에서 의미가 크다(Prodhomme et al, 2024). 다시 말해, 기후위기를 언론 자유와 시민 참여의 영역으로 재정의하며, 언론이 인류 공동의 대응 주체임을 천명한 것이다.

생태비상사태에 대응하기 위한 저널리즘 헌장

이러한 국제적 논의는 언론 스스로의 윤리와 책임을 재정의하는 움직임으로 이어졌다. 2022년 9월, 프랑스의 기자들은 〈생태비상사태에 대응하기 위한 저널리즘 헌장(Charte pour un journalisme à la hauteur de l'urgence écologique)〉을 발표했다. 이 헌장은 약 1,500명의 기자가 서명한 선언문으로, 언론이 기후위기의 시대에 어떤 가치와 원칙을 지켜야 하는지를 13개 조항으로 제시했다.

그 핵심은 "언론의 역할을 재정립하라"는 요구였다. "기후 보도는 더 이상 한 분야의 전문 영역이 아니라, 모든 기자가 공유해야 할 책임이며, 언론은 기후위기에 관한 정보를 구조화하고 확산하는 핵심 매개자"라는 것이다.

<자료 7-1> 생태비상사태에 대응하기 위한 저널리즘 헌장

1. 통합적인 방식으로 기후, 생명체 및 사회정의를 다룬다.
2. 교육적인 작업을 수행한다.
3. 사용된 어휘와 이미지를 확인한다.
4. 문제를 다루는 범위를 확장한다.
5. 현재 기후 및 생태 위기의 원인을 조사해야 한다.
6. 투명성을 보장한다.
7. 대중이 기후위기 회의론에 빠지도록 유도하는 전략들을 밝힌다.
8. 위기에 대한 대응과 해법에 관련된 정보를 제공한다.
9. 지속해서 관련분야의 교육을 받는다.
10. 가장 오염된 산업으로부터의 광고 수익을 거부한다.
11. 뉴스룸의 독립성을 강화한다.
12. 저탄소 저널리즘을 실천한다.
13. 협력을 육성한다.

특히 제10조에서는 "가장 오염된 산업으로부터의 광고 수익을 거부한다"고 명시하며, 언론의 경제 구조 자체가 기후 대응의 윤리적 책임과 맞닿아 있음을 강조했다. 또한 편집국 운영과 취재 방식 전반에서 탄소중립을 목표로 한 조직 문화의 전환을 촉구했다.

그러나 헌장의 실질적 이행은 여전히 과제로 남아 있다. 일부 언론인들은 뉴스룸에서의 실천 방식이 편집 관행의 변화보다는 탄소배출 계산 등 기술적 측면에 치우쳐 있으며, 기후 문제에 대한 인식과 인적·제도적 기반이 부족하다고 비판한다(Quef, 2024).

그럼에도 불구하고, 이 헌장은 언론이 스스로의 생태적 책임을 제도적으로 논의하기 시작한 첫 전환점이었다. 이후 공영방송 〈라디오 프랑스〉는 자체 서약 '르 투르낭(Le Tournant)'을 발표하며 조직 전체의 '생태적 전환'을 공식 선언했다.

아직 성과는 제한적이지만, 언론이 자신들의 작업을 성찰하고, 생산 과정까지 포함해 생태적 책임을 논의하기 시작했다는 점은 의미가 크다.

오늘날의 기후저널리즘은 ① '기후변화'에서 '기후위기', '생태 비상', '기후붕괴' 등으로의 언어적 전환, ② 특정 섹션의 한계를 넘어 뉴스룸 전체로 확장되는 구조적 전환, ③ 중립성을 넘어 사회적 책임으로 나아가는 윤리적 전환을 향해 나아가고 있다.

언론이 이제는 위기를 단순히 중계하는 존재가 아니라, 사회 전환의 방향을 제시하는 공적 행위자로 거듭나고 있는 것이다.

기후위기 시대의 기자 교육: 필수 역량의 재정의

국제적 협력과 규범의 확산은 언론의 책임을 구조적으로 재정의하고 있다. CCNow가 제시한 기후 보도 원칙과 프랑스 기자들의 〈생태비상사태에 대응하기 위한 저널리즘 헌장〉은 기후위기를 특정 분야의 전문영역이 아니라 모든 기자가 공유해야 할 공적 책임으로 규정했다는 점에서 의미가 크다.

특히 CCNow의 '기후를 모든 보도의 배경으로 인식할 것', '해결 중심의 보도를 강화할 것', '과학적 사실과 그릇된 주장 사이에서 인위적 균형을 만들지 않을 것'과 같은 원칙은 기후저널리즘의 새로운 규범으로 자리 잡고 있다. 프랑스 기자들이 천명한 13개 조항 역시 기후위기를 다루는 언론의 언어·편집·광고·조직 운영의 기준 전체를 재구성해야 한다는 요구를 분명히 했다.

이러한 흐름은 자연스럽게 저널리즘을 포함한 공공 영역 전반에서 교육의 전환으로 이어지고 있다. 프랑스 정부는 2022년부터 2만5천 명의 고위 공무원을 대상으로 생태 전환 교육을 시행했고, 2027년까지 560만 명으로 확대할 계획을 밝혔다. 고등교육·연구부는 학사 졸업 요건에 '생태 전환 교육'을 포함시켜 약 300만 명의 학생이 기후·생태 교육을 필수적으로 받도록 했다.

언론 역시 예외가 아니다. 공영방송 〈라디오 프랑스〉는 2022년 기자·PD·앵커 등 200여 명을 대상으로 '기후와 생물다양성' 마스터클래스를 운영하며 뉴스룸 전체의 역량 재편에 나섰고, 주요 저널리즘 스쿨들도 기후·에너지 전문 과정을 신설하며 기자 교육과 재교육을 체계화하고 있다. 이러한 움직임은 단순한 전문성 보강이 아니라, 기후 보도가 요구하는 새로운 질문의 방식과 사고의 틀을 재구성하는 과정이기도 하다.

프랑스의 대표적인 환경 전문 매체 〈르포르테르(Reporter-re)〉▪의 창간자 에르베 캄프가 제기한 문제의식은 이를 잘 보여준다. 그는 기후·환경 분야의 기자라면 환경에 관한 과학·경제 통계를 정확히 읽을 수 있어야 하고, 과학자를 만났을 때 무엇을 어떻

▪ 2007년 《르몽드》의 환경 전문 기자였던 에르베 캄프(Hervé Kempf)가 창간한 〈르포르테르〉는 "생태학적 위기, 사회적 불의, 자유에 대한 위협 등과 관련된 정보를 제공"하기 위해 만들어진 프랑스의 독립 매체다.

게 물어야 하는지 판단할 수 있어야 하며, 원자력처럼 찬반이 첨예한 사안을 어떤 관점과 기준으로 접근해야 하는지, 기후위기 피해가 빈곤층에 집중될 때 단순한 '가난의 재현'을 넘어 어떤 방식으로 구조적 문제를 보도해야 하는지 알고 있어야 한다고 강조한다. 이러한 질문에 답하기 위해서라도 언론인에게는 지속적인 교육과 훈련이 필수적이라는 것이다(김다은, 2022.11.22.).

이런 변화는 기후·에너지 저널리즘이 더 이상 기사 몇 편의 성취로는 본래의 역할을 수행할 수 없음을 시사한다. 언어·편집·윤리·교육·조직 구조가 함께 변해야만, 기후 보도는 비로소 사회적 전환을 가능하게 하는 공적 언어가 된다.

기후위기를 기록하는 일이 곧 사회의 미래를 설계하는 일이라면, 저널리즘 역시 그 책임에서 자유로울 수 없다. 언론이 스스로의 역할을 재정의하고 전환의 감시자이자 안내자로 서려는 노력이 축적될 때, 기후·에너지 보도는 비로소 시대적 책무에 응답하는 저널리즘으로 완성될 것이다.

2. 기후·에너지 보도의 실천: 새로운 저널리즘의 모색

1) 위기에서 해법으로: 솔루션 저널리즘의 확산

기후위기를 다루는 언론 보도는 오랫동안 '위기'와 '경고'의 언어로 채워져 왔다. 그러나 최근 세계 여러 언론은 이런 접근만으로는 독자의 피로와 무력감을 극복할 수 없다고 판단했다. 그래서 등장한 것이 '솔루션 저널리즘(Solutions Journalism)'이다.

솔루션 저널리즘이란, 언론이 문제 제기나 고발에 머물지 않고 과학적 근거에 기반해 작동 가능한 해법을 검증·탐구하며, 시민의 행동 가능성을 확장함으로써 사회 변화를 촉진하는 보도 방식이다(McIntyre, 2019). 즉, 낙관이 아닌 근거 있는 가능성의 언어로 사회에서 이미 작동하고 있는 변화를 드러내는 저널리즘 이다.

솔루션 저널리즘 네트워크: 기후·에너지 보도의 패러다임을 바꾸다

기후 보도는 불안을 넘어 냉소를 낳았다. 수많은 보도들이 재난 의 이미지를 반복하는 사이, 사람들은 '뭔가 할 수 있다'는 감각 을 잃어가고 있다. 이런 현실 속에서 다음과 같은 질문이 제기되 었다.

> "보도가 불안을 키우는 대신, 희망을 작동하게 만들 수는 없 을까?"

미국의 비영리 네트워크 '솔루션 저널리즘 네트워크(Solutions Journalism Network, 이하 SJN)'는 바로 이 질문에서 출발했다. 2013년, 뉴욕타임스 기자 출신 데이비드 본스타인(David Born-stein)과 티나 로젠버그(Tina Rosenberg)가 설립한 이 조직은 '문 제를 드러내는 저널리즘'에서 '문제를 해결하는 저널리즘'으로의 전환을 모색하고 있다. 현재 80개국 600여 개 언론이 참여하며, "비판에 머물지 말고, 실제로 작동하는 해법의 근거를 제시하라"는 원칙을 중심으로 활동한다.

이 철학은 2023년 시작된 '기후 비컨 뉴스룸 이니셔티브(Climate Beacon Newsroom Initiative)'와 '기후솔루션 코호트(Climate Solutions Cohort)' 같은 프로그램을 통해 구체화되었다. 이들 프로그램은 기후 보도를 단순한 경고나 재난 보도가 아니라 사회적 전환의 실험으로 재구성하는 훈련의 장을 형성해 왔다. 기자들은 약 10개월에 걸친 교육과 멘토링을 통해 "현재의 보도 방식을 어떻게 바꿀 것인가?"라는 질문에 답하며, 문제의 원인보다 작동 가능한 해법의 조건을 탐구하는 방식으로 접근하고 있다.

그 결과 참여 언론사들의 보도 초점도 변화하고 있다. 정치적 입장이나 책임 추궁보다 정책의 효과와 지역 현장의 실험에 주목하게 된 것이다. 예컨대 캘리포니아의 지역 일간지 《새크라멘토 비(The Sacramento Bee)》는 지하수 문제를 다루며 정책 갈등이 아닌 주민 주도의 해결 실험을 조명했다. 그 결과, 기사에 달린 댓글도 냉소적 비판에서 대화와 공감의 장으로 바뀌는 변화를 보였다.[1] 이후 유사한 앵글의 기후 보도를 싣는 언론사가 늘어났다.

SJN의 접근은 에너지 전환 보도 방식에도 중요한 전환점을 제시한다. 기존의 에너지 보도는 기술 개발, 시장 경쟁, 산업 구조에 초점을 맞춰왔다면, 솔루션 저널리즘은 '전환의 사회적 과정'

---

[1]   How 9 Newsrooms Are Shifting to Climate Solution Reporting, https://www.youtube.com/watch?v=9YcXUoLOSSQ

과 '정의로운 전환(Just Transition)'을 핵심으로 본다.

SJN과 CCNow가 공동 발간한 《기후솔루션 보도 가이드 (Climate Solutions Reporting Guide)》는 기후위기 보도를 해법 중심으로 재구성하기 위한 여러 질문과 접근 방향을 제시한다. 이 가이드가 제시하는 방향을 종합하면, 에너지 전환 보도에서 핵심적으로 고려해야 할 원칙은 다음과 같다.

- 기술 중심에서 전환의 맥락으로: 태양광, 풍력, 수소 같은 기술만이 아니라 그것이 지역 사회·노동·경제 구조에 어떤 변화를 가져오는지 탐구하라.
- 효과 검증 중심의 접근: 정책이나 프로젝트가 "작동한다"는 근거를 데이터와 사례로 제시하라.
- 지역성의 확보: 에너지 전환이 각 지역의 현실과 갈등 속에서 어떻게 구현되는지를 보여줘라.
- 정의의 시각: 전환의 이익과 부담이 누구에게 어떻게 분배되는지를 분석하라.

이러한 접근은 단순히 '긍정적인 뉴스'를 생산하려는 것이 아니다. SJN은 '문제없는 세상을 말하는 낙관주의'를 경계한다. 대신 "누가, 어떤 조건에서, 어떻게 변화를 만들어내는가"를 검증하고, 이를 근거로 해법을 제시하는 것이 목표다.

이때 언론은 더 이상 외부의 관찰자가 아니라 공동체의 회복과 전환을 함께 만들어 가는 동반자로 기능한다. SJN이 강조하듯, 전통 언론이 사람들의 고통을 '추출적(extractive)'으로 다뤘다면, 솔루션 저널리즘은 지역의 회복력을 기반으로 한 '재생적(re-generative)' 보도를 지향한다(European Journalism Centre, 2023). 즉, 지역 사회의 회복력과 자율적 해법을 조명함으로써, 언론이 고통을 소비하는 존재에서 회복을 촉진하는 주체로 전환되어야 한다는 것이다. 이 접근은 취재원을 단순한 '소스(source)'가 아니라 함께 변화를 만들어 가는 주체로 바라보며, 보도 행위 자체를 공동체의 회복과 변화의 과정으로 전환시키는 방식이다.

2) 기술에서 사회로: 전환의 사회학을 그리는 에너지 보도

기후위기의 언어가 과학적·기술적 차원에서 출발했다면, 오늘날의 에너지 전환 보도는 점점 더 사회적·일상적 맥락으로 확장되고 있다. 언론은 이제 에너지를 "생산과 소비의 문제"가 아니라, "삶의 방식이 바뀌는 문제"로 인식하기 시작했다. 이러한 접근은 단순히 '재생에너지 기술의 발전'을 보도하는 것이 아니라, 산업 구조와 시민의 일상, 지역 사회와 민주주의의 재편을 탐구하는 방향으로 진화하고 있다.

에너지 전환의 해설자들:《가디언》과 〈블룸버그〉

영국의 대표 언론《가디언》은 에너지 전환을 기술이나 산업 정책의 변화로만 다루지 않는다. 이 매체의 강점은 기후 문제를 기술적 담론에 머물게 하지 않고, 정책·기업·지역 사회의 현실과 어떻게 상호작용하는지를 입체적으로 보여주는 '맥락적 서사 저널리

즘'에 있다

예컨대 2025년 11월 보도된 '엑슨, 중남미서 기후부정 조
장… 싱크탱크 자금 지원 사실 문서로 확인'(Dembicki, 2025.11.3)
은 전환을 지연시켜 온 정치·경제적 개입의 한 단면을 드러낸 탐
사보도다. 이 기사는 엑슨모빌(ExxonMobil)이 라틴아메리카 지
역의 싱크탱크와 정책 단체에 자금을 지원하며 기후부정 및 정책
지연 담론이 확산되는 데 일정한 역할을 했음을 문서를 통해 폭
로하고 있다. 《가디언》은 개별 기업의 행위를 비판하는 데 그치
지 않고, 자금 지원과 지식 생산, 공적 담론 형성 사이의 연결 고
리를 짚어냄으로써 기후정책을 둘러싼 여론과 정책 결정이 어떤
구조 속에서 형성되고 작동해 왔는지를 드러낸다.

또 다른 보도인 '시대의 종언: 영국 마지막 석탄발전소 폐
쇄'(Harvey, 2024.9.30.)는 탈석탄 정책을 기술적 전환의 결과가 아
니라, 인간의 삶과 지역 공동체의 변화 과정으로 풀어낸다. 이 기
사는 발전소 노동자 인터뷰, 지역 재생 정책, 에너지 복지 논쟁을
교차시키며, "기후정책의 성패는 기술이 아니라 제도와 공동체의
변화에서 비롯된다"는 메시지를 서사적으로 전달한다.

《가디언》은 이처럼 에너지 전환을 사람·지역·제도의 이야기
로 풀어내며, 전환을 '사회적 재구성'의 과정으로 해석하는 관점
의 힘을 보여준다.

한편, 〈블룸버그(Bloomberg)〉는 기후 보도를 과학, 데이터,
시각화, 협업의 융합으로 확장해 왔다. 대표적으로 '30년 동안 탄
소배출 감축 실패를 어떻게 막을 것인가?'(Rathi et al, 2021.10.21.)
는 1990년대 이후 각국의 감축 이행률을 인터랙티브 그래프로 보

여 주며, "감축 실패가 해마다 부메랑처럼 미래의 이중 부담으로 돌아온다"는 구조적 교훈을 시각화했다. 이 기사는 탄소 감축 실패의 역사를 되짚으면서도, "아직 늦지 않았다"는 메시지를 통해 기후 보도에서 행위 가능성(actionability)에 기초한 희망의 서사를 복원하고 있다.

〈블룸버그〉는 또한 과학기관과의 협업을 통해 보이지 않는 오염을 '가시화'했다. 미국 페름기 분지(Permian Basin)에서 메탄 배출을 추적한 2021년 보도, '미국 대형 유전 신규 데이터… BP, 엑슨보다 더 심각한 오염 배출 드러나'(Mider et al, 2021.11.2.)는 미국항공우주국(NASA) 제트추진연구소, 미국의 비영리 환경단체인 카본매퍼(Carbon Mapper), 그리고 환경보호기금과의 협력으로 적외선 분광기를 활용해 기업별 배출량을 시각 지도로 제시했다. 그 결과 BP가 '저탄소 기업'이라는 자사 주장과 달리, 배럴당 500g의 메탄을 배출하는 최대 오염 기업 중 하나임을 밝혀냈다. 이 보도는 기후 데이터와 탐사보도의 결합, 그리고 과학자들과의 교차 협업의 힘을 보여주는 상징적 사례다.

국가 단위가 아닌 기업 단위의 글로벌 배출 불평등을 조명한 기사도 있다. '몇몇 국가보다 세계를 더 오염시키는 중국 기업'(Wu & Kan, 2021.10.25.)은 세계 5대 오염원이 전체 이산화탄소(CO_2)의 60%를 배출하고 있으며, 그중 중국 바오우(BAOWU) 철강은 파키스탄보다, 시노펙(Sinopec) 그룹은 캐나다보다 많은 이산화탄소를 배출했다는 사실을 움직이는 입자 그래픽으로 시각화했다. 이 시리즈는 "지구의 운명을 결정짓는 것은 국가가 아니라 기업"이라는 경고와 함께, 데이터를 통해 기후불평등의 구

조와 보이지 않던 배출의 책임 구조를 드러낸 탐사 저널리즘의
모범으로 평가받았다.

이처럼 《가디언》은 전환의 사회적 서사를, 〈블룸버그〉는 전
환의 구조적 분석을 제공한다. 서로 다른 접근에도 불구하고, 기
술·정책·과학의 복합적 현실을 시민이 이해할 수 있도록 해석해
전달한다는 점에서 두 매체는 중요한 공통성을 공유한다.

〈르포르테르〉: 에너지 민주주의와 전환의 정치학

프랑스의 환경 전문 독립 매체 〈르포르테르〉는 오늘날 유럽에서
기후·에너지·사회 전환의 맥락 속에서 새로운 언론의 역할을 모
색하는 흐름, 이른바 '전환 저널리즘(journalisme de la transition)'
을 대표하는 매체로 평가된다.

이 매체의 보도는 일관되게 한 가지 전제를 따른다. 즉, "에
너지 전환은 기술의 문제가 아니라 정의·권력·민주주의의 문제"
라는 것이다.

〈르포르테르〉의 에너지 보도는 국가의 에너지 정책을 단순
한 기술적 전환이나 산업정책의 문제로 다루지 않는다. 대신, 전
환의 과정에서 누가 결정에 참여하고, 누가 이익을 얻으며, 누가
배제되는가를 추적한다. 이러한 접근을 통해 〈르포르테르〉는 '에
너지 민주주의(Energy Democracy)'라는 개념을 프랑스 언론의
주요 담론으로 확장시켰다.

대표적인 사례로 '프랑스 풍력 대탐사 5부작'(Souchay, 2017)
이 있다. 이 기획에서 〈르포르테르〉는 프랑스 남부 오드(Aude),

Enquête – Énergie

L'éolien en France : la grande enquête, en 5 volets

Le débat sur l'énergie éolienne est vif en France et les questions
soulevées par le développement de cette industrie sont
nombreuses. Reporterre, dans une grande enquête en cinq volets,

〈그림 7-1〉 '프랑스 풍력 대탐사 5부작' 중 '풍력 경관:
이제는 시민 없이 논의할 수 없다'

그림 속 말풍선 내용은 왼쪽부터 차례로 다음과 같다. "여러분, 이제 훼손된 경관은
끝입니다. 전력 케이블을 본보기로 삼겠습니다…", "앞으로는 풍력 터빈도 지하에
설치할 겁니다…".
이 기사는 프랑스에서 풍력 발전을 둘러싸고 벌어지는 경관 논쟁을 단순한 미관 문제나
기술적 갈등이 아니라, 시민 참여와 공공성의 문제로 재구성한다. 즉, 풍력 단지 조성이
지역 사회의 삶과 풍경에 어떤 영향을 미치는지, 그리고 이러한 결정 과정에서 시민의
목소리가 어떻게 배제되거나 형식적으로만 반영되어 왔는지를 짚고 있다.

출처: https://reporterre.net/Les-paysages-de-l-eolien-on-ne-peut-plus-faire-
sans-les-citoyens.

브르타뉴(Bretagne), 랑그도크(Languedoc) 지역을 직접 취재하
며 풍력발전 프로젝트를 둘러싼 지역 수용성, 경제적 이해, 생태
보존의 갈등을 입체적으로 분석했다. 특히 오드 지역의 풍력단지

논쟁을 "기후 전환의 사회적 협약(contrat social de la transition)"이라는 개념으로 재해석하며, 에너지 전환을 단순한 인프라 구축이 아닌 지역 민주주의의 시험대로 제시했다.

〈르포르테르〉는 이러한 갈등을 '찬반' 구도로 단순화하지 않는다. 기사는 주민, 지방정부, 에너지 기업, 환경단체 등 다양한 행위자의 목소리를 교차시키며 전환의 정치학을 보여주는 내러티브 탐사보도(narrative investigation) 방식을 구사한다. 보도는 풍력발전기의 설치 수나 전력 생산량 같은 수치를 나열하기보다, 정책 결정이 공동체의 윤리와 사회적 신뢰에 어떤 영향을 미치는가에 초점을 맞춘다.

또 다른 보도인 '원자력 재가동? 기후에 매우 불리한 선택'(Kempf, 2022.4.13.)은 원자력 정책을 '에너지 안보' 담론의 틀 밖으로 끌어내어, 생태 정의와 정치적 주권의 문제로 전환시킨다. 이 기사는 원전 확대를 정당화하는 정부 논리와 달리, 시민사회가 에너지 선택 과정에 어떻게 참여할 수 있는가를 묻는다. 다시 말해, 과학적 사실과 제도적 맥락을 짚되, 핵심은 늘 "에너지 결정의 민주성"이다.

〈르포르테르〉의 접근은 에너지 전환을 기술적·제도적 논의에서 끌어내어 정의와 민주주의의 관점에서 재조명한다. 즉, 에너지 전환을 기술이나 경제의 효율성 차원이 아닌, 정치적 책임과 사회적 신뢰의 문제로 다루는 것이다. 이러한 방식으로 〈르포르테르〉의 보도는 에너지 전환의 기술보다 전환의 윤리와 공동체적 책임을 묻는 저널리즘의 방향을 제시한다.

이 매체는 또한 언론 생태계의 구조적 전환을 상징한다. 광고나 주주가 없는 〈르포르테르〉는 비영리 독립 언론으로, 모든 수익을 독자 후원금으로 충당하며 언론의 독립성을 유지하고 있다. 이러한 재정 구조는 단순한 운영 방식의 문제가 아니라, "에너지 전환 보도는 그 자체로 민주적 구조를 닮아야 한다"는 철학의 연장선에 있다. 즉, 전환을 다루는 방식이 곧 전환의 윤리를 구현해야 한다는 것이다.

이처럼 〈르포르테르〉는 기후·에너지 위기를 단순히 관리해야 할 대상이 아니라 새로운 사회적 협약을 모색하는 과정으로 그려냄으로써, 에너지 전환을 민주주의의 실천 영역으로 확장시키고 있다.

3) 경쟁에서 연대로: 협업 저널리즘의 부상

기후위기와 에너지 전환은 어느 한 언론사만으로는 파악하기 어려운 광범위한 의제다. 국가별 정책의 차이, 산업 전환의 동학, 지역별 갈등 구조를 동시에 이해해야 하기 때문이다. 이에 따라 해외에서는 여러 언론이 취재 방향을 공유하고 보도 일정을 조율하며, 하나의 주제를 공동으로 추적하는 협력형 보도 방식이 확산되고 있다. 이러한 협력은 단순한 정보 공유를 넘어, 기후 보도의 깊이와 범위를 확장하는 새로운 뉴스룸 관행으로 자리 잡고 있다.

CCNow: 기후 보도의 공통 언어를 만들다

기후위기는 더 이상 한 나라의 문제도, 한 세대의 과제도 아니다.

그리고 이제 언론도 이 거대한 전환의 흐름 속에서 고립되어서는 쓸 수 없는 이야기를 마주하고 있다. 기후위기와 에너지 전환을 다루는 보도는 과학적 검증, 정책 이해, 산업 구조, 시민사회의 목소리가 모두 필요하기 때문이다. 이 복합성을 감당하기 위해 해외 언론은 '협업 저널리즘(cooperative journalism)'이라는 방식으로 움직이기 시작했다.

협업 저널리즘은 단순히 "기자들이 함께 일한다"는 뜻이 아니다. 그것은 기후 보도를 속보 경쟁에서 꺼내어, 서로의 지식과 자료를 나누고, 언론의 공통 의제를 만들어 가는 새로운 시도다. 그 시작점에 있었던 것이 바로 CCNow였다.

시간이 흐르면서 CCNow는 단순한 네트워크를 넘어 언론의 사고방식 자체를 바꾸는 문화적 운동으로 성장했다. 이들은 기후를 '환경면의 이슈'로 국한하지 않고, 정치·경제·건강·노동·문화 전반에 걸쳐 다루는 '편집 구조의 재구성'을 촉구한다. 아울러 전 세계 인구의 압도적 다수(80~89%)가 자국 정부가 더 강력한 기후 조치를 취하기를 원한다는 사실을 강조함으로써, 기후위기에 대한 사회적 공감대를 높이는 것을 목표로 한다.

CCNow의 500여 개 참여 언론들은 매주 이메일 브리핑을 통해 기후 관련 최신 연구, 주요 국제 일정, 공통 취재 아이디어를 공유받는다. 또한 특정 주간에는 각국 매체가 동시에 기후 특집을 발행하며 세계 언론이 하나의 목소리로 기후 의제를 제기한다. 예컨대, 2019년 9월 UN 기후행동정상회의 주간에는 400개 이상의 매체가 동시 보도에 참여해 '기후위기'라는 단어가 처음으로 국제 뉴스의 중심어가 되었다.

프랑스에서도 《레제코(Les Échos)》, 《리베라시옹(Libéra-tion)》, 《르파리지앵(Le Parisien)》, 〈르포르테르(Reporterre)〉, 〈메디아파르트(Mediapart)〉 등이 이 네트워크에 참여해, 국내 보도의 편집 관행을 바꾸는 데 기여하고 있다. 일례로 《리베라시옹》은 2019년 기후행동정상회의 주간에 맞춰 일주일 내내 1면을 기후 보도로 채웠고, 《르파리지앵》 역시 기후와 노동, 주거, 교육을 연결한 기획 시리즈를 내보냈다. 이런 공동보도는 '하루짜리 캠페인'이 아니라 보도의 언어와 뉴스룸의 관점을 전환하는 저널리즘 실험이었다.

CCNow의 협업 방식은 독특하다. 누가 지시하거나 통제하지 않는다. 모든 언론이 스스로 참여의 깊이를 정하고, 공유 데이터베이스(기사, 인포그래픽, 취재 자료 등)를 통해 자율적으로 기여한다. 이 구조는 중앙집중형 연합이 아닌, '느슨하지만 끈끈한 연대' 구조라 할 수 있다. 즉, 각 언론의 독립성은 유지하면서도 세계적으로 공통된 보도 기준과 프레임을 형성하는 방식이다. 이러한 구조 덕분에 CCNow는 '기후위기'를 단발적 이슈가 아니라, 언론의 지속적 공공 의제로 끌어올리는 데 성공할 수 있었다(Salles, 2021).

CCNow의 또 하나의 축은 교육이다. 기후위기를 다루는 언론인이 갖추어야 할 사실 검증, 과학에 대한 이해, 윤리 판단력을 강화하기 위해 정기적인 세미나와 워크숍을 개최하곤 한다.

가장 대표적인 프로그램이 바로 2025년 10월에 열린 〈CC-Now 기초과정: 허위정보와 그린워싱(CCNow Basics: Disinfor-mation & Greenwashing)〉이다. 이 프로그램은 '기후 허위정보와 '그린워싱'을 식별하고 바로잡는 법'을 주제로, 언론이 조작된 내러티브나 기업의 홍보 프레임에 휘둘리지 않고 사실 기반의 보도를 유지할 수 있도록 돕기 위해 마련되었다. 참가자들은 실제 데이터와 보도 사례 분석을 통해, '균형 잡힌 보도'라는 명분 아래 왜곡된 프레임이 어떻게 형성되는지를 이해하게 된다.

이러한 교육과 훈련은 CCNow가 단지 "보도를 함께 내는 연대"를 넘어 "언론의 윤리를 함께 재설계하는 협업"임을 보여준다. 즉, CCNow는 언론이 스스로의 시스템을 되돌아보게 만드는 집단적 실험장이라 할 수 있다.

JIEC: 프랑스 기자들이 만든 '공동 탐사보도 네트워크'

CCNow가 글로벌한 네트워크라면, 프랑스의 '기후·환경 전문 탐사기자연대(Journalistes d'investigation sur l'Ecologie et le Climat, 이하 JIEC)'는 기후·환경문제를 탐사보도의 형식으로 파고든 기자들의 협업적 결사체다.

언론사 간의 경쟁구조를 넘어 신뢰기반 협력 탐사보도를 최초로 시도한 이 프랑스 환경 기자연대는 2018년, 환경 비영리단체(NGO) '노트르 아페르 아 투스(Notre affaire à tous)'■의 제안으로 〈메디아파르트(Mediapart)〉, 〈르포르테르(Reporterre)〉, 〈바스타!(Basta!)〉, 〈라 르뷔 프로제(La Revue Projet)〉, 〈폴리티스(Politis)〉의 기자들이 모여 만들어졌다. 이처럼 5개 언론에 소속된 6명

■   2015년 설립된 이 단체는 기후변화, 생물다양성, 환경오염 등 세 가지 위기에 대응하기 위해 등장한 비영리단체로, 사회정의와 환경정의를 아우르는 법의 역할을 강조한다.

의 기자가 설립했지만, 그들이 다룬 주제는 프랑스 전체에 큰 영향을 미쳤다.

　JIEC의 기자들은 매달 온라인 회의를 열어 공동으로 취재 주제를 선정한다. 누군가는 데이터 분석을 맡고, 누군가는 지역 취재를 담당하며, 또 누군가는 시각자료를 만든다. 이런 방식으로 이들은 '기후 회의론 세력의 정치 네트워크', '기후난민의 실태', '기후 관련 질병 확산', '농업 피해의 사회적 불평등' 등을 공동으로 추적했다.

　이들의 협업에는 상명하달식 구조가 없다. 기자들끼리의 신뢰를 바탕으로 "기후변화 문제를 취재하는 데 장벽은 없다"는 철학을 공유한다. 이들은 취재원을 함께 공유하고, 팩트를 상호 교차 검증하며, 때로는 서로 다른 편집 리듬을 조율해 여러 매체가 동일한 주제의 탐사보도를 동시에 발행하기도 한다.

　프랑스 연구자 끌로에 살르(Chloë Salles, 2021)는 이러한 협업 저널리즘이 언론의 신뢰 회복을 위한 실험이라고 본다. 공익을 위한 협업적 탐사보도가 단지 기후위기 대응뿐 아니라, "저널리즘 스스로의 윤리적 재건"에 기여하고 있다는 것이다.

　또한 살르는 CCNow나 JIEC가 구축한 이 느슨한 연대가 세계 언론의 보도 관행을 서서히 바꾸고 있다고 주장한다. 언론이 더 이상 경쟁의 구조 속에서 '누가 먼저 보도했는가'를 다투는 것이 아니라, '누가 더 정확히, 더 책임 있게 보도했는가'를 묻는 방식으로 보도의 질서를 전환시키고 있다는 것이다.

4) 과학자-언론인 협업이 만드는 새로운 신뢰 체계

기후·에너지 문제는 과학 지식과 데이터 해석이 핵심이기 때문에, 최근에는 언론이 과학자·연구기관·데이터 단체와 긴밀히 협력하는 경향이 두드러지고 있다. 복잡한 기후 데이터를 검증하고 정책 정보를 해석하는 과정에서 전문가 집단이 참여하며, 인공지능(AI) 기반 탐지 시스템과 검증 네트워크가 보도 과정에 통합되고 있다. 이러한 지식 협력 모델은 언론의 정확성을 높일 뿐 아니라, 사회가 신뢰할 수 있는 공통 사실을 구축하는 새로운 보도 인프라로 기능하고 있다.

과학의 언어와 언론의 언어가 만날 때: 사이언스 피드백의 실험

오늘날 협업 저널리즘은 언론사 간의 연대를 넘어, 과학자·시민 단체·데이터 분석가가 함께 참여하는 지식 협력 체제로 진화하고 있다. 프랑스의 '사이언스 피드백(Science Feedback)'이 그 대표적인 사례다.

　이 단체는 AFP, 《르몽드》, 〈프랑스앵포〉 등 주요 언론과 협력해 기후·에너지 보도의 과학적 근거를 검증하는 비영리 네트워크를 운영한다.

　이들의 목표는 오류를 바로잡는 데 그치는 것이 아니라, 언론의 언어와 과학의 언어가 만나 "사회가 신뢰할 수 있는 공통 사실(common fact)"을 복원하는 것이다.

　사이언스 피드백은 세 개의 플랫폼—클라이밋 피드백(Climate Feedback), 에너지 피드백(Energy Feedback), 헬스 피드백 (Health Feedback)—을 통해 전 세계 약 400명의 과학자와 검증 전문가들이 언론 기사, 정치인의 발언, 사회관계망서비스(SNS) 콘텐츠를 직접 분석하고 검증한다. 이들은 기사와 발언을 '오도 함(misleading)', '근거 부족(unsupported)', '맥락 결여(lacks context)', '부정확함(inaccurate)' 등으로 분류하고, 각 항목에 신뢰도 등급을 부여하고 있다.

이들의 검증 활동은 2025년 들어 AI 기술과 결합되면서 새 로운 단계로 발전했다. 시민단체 '쿼터 클리마(QuotaClimat)', 데 이터 분석 단체 '데이터 포 굿(Data for Good)'과 함께 AI 기반 탐 지 시스템 '클라이밋 세이프가드(Climate Safeguard)'를 개발한 것 이다.

이 도구는 TV 및 라디오의 자막과 음성 데이터를 실시간 분 석하여 기후 허위정보를 탐지한다. AI가 발언을 식별하고, 과학 자와 팩트체커가 그 맥락과 의도를 평가하는 방식이다. 그리고 그 결과는 규제기관과 언론에 실시간 전달되고, 정기 보고서로 공개되어 사회 전체가 기후 보도의 신뢰성을 평가할 수 있도록 돕는다.

이 시스템을 활용해 수집된 데이터는 2025년 10월 22일, 공 동 보고서 〈프랑스 TV·라디오 기후 허위정보 8개월 모니터링 결 과와 시사점〉으로 발표되었다(Quota Climat, 2025).

보고서에 따르면, 2025년 1월부터 8월까지 프랑스 18개 방 송을 분석한 결과, 총 529건의 기후 허위정보가 탐지되었다. 보고 서는 특히 정치 토론 프로그램에서 반복적으로 등장하는 "에너지 전환 비용은 감당 불가능하다", "탄소중립은 불가능하다" 등의 왜곡된 주장을 지적했다.

이처럼 잘못된 정보가 방송에서 여과 없이 전파될 경우, 프랑스에서는 징계 조치가 내려지기도 한다. 예컨대 2023년 24시간 뉴스·시사 채널 쎄뉴스(CNews)의 한 프로그램에서 출연자가 "기후변화는 거짓이고, 사기다"라고 발언했으나 반박 없이 내보냈고, 이에 프랑스 시청각·디지털통신규제기관(ARCOM)은 2024년 7월 '기후 허위정보'를 필터링하지 않았다는 이유로 2만 유로의 벌금을 부과했다.

쿼터 클리마의 데이터 책임자 장 소비뇽(Jean Sauvignon)은 "기후 허위정보는 단순히 의심을 조장하는 것이 아니라, 정책을 지연시키고 시민의 신뢰를 무너뜨리는 현실적 위험"이라고 지적한다(Hutton, 2025.10.28.). 실제로 스페인 정전 사태를 재생에너지 탓으로 돌리는 허위정보가 프랑스 의회의 에너지 법 논의 과정에서 인용된 사례도 있었다.

이처럼 기후 허위정보는 과학 논쟁의 외양을 띠지만, 실상은 정치적 의사결정 과정에 깊숙이 침투한다. 문제는 이러한 왜곡이 사회의 인식을 조작할 경우, 전 지구적 대응 자체가 지연될 수 있다는 점이다.

'클라이밋 세이프가드'는 바로 이러한 우려가 현실이 되는 것을 방어하기 위해 설계되었다. 그러나 사이언스 피드백은 이 시스템의 핵심이 기술이 아님을 강조한다. AI가 '탐지'를 담당한다면, 그 결과를 '해석하고 맥락화하는' 것은 인간, 즉 과학자와 언론인의 몫이다. 따라서 이 프로젝트는 단순한 기술 실험이 아니라, 언론과 과학이 협업을 통해 신뢰의 언어를 다시 만드는 '공적 실험실(public lab)'에 가깝다.

사이언스 피드백의 활동은 협업 저널리즘이 이제 언론계 내부의 연대를 넘어 과학적 검증이 이끄는 공적 신뢰의 장(場)으로 확장되고 있음을 보여준다. 이는 기술의 진보라기보다, 사실을 공유하고 허위정보를 식별할 수 있는 민주주의적 기반의 복원이라 할 수 있다. 이처럼 기후저널리즘은 과학과 함께 공공의 사실(public facts)을 지켜내는 시민적 실천이 되어가고 있다.

클린 에너지 와이어(CLEW): 전환 저널리즘을 위한 국제적 허브

클린 에너지 와이어(Clean Energy Wire, 이하 CLEW)는 에너지 전환 분야의 협업 저널리즘을 실현하는 대표적 모델로 주목받는다. 독일 베를린에 본부를 둔 CLEW는 2014년 설립 이후 유럽 내 에너지 전환 보도를 지원하는 비영리 언론지원기관으로 성장했다. 이들은 단순한 보도 지원을 넘어, 기후·에너지 전환의 복잡한 구조를 해석하고 그 과정을 지속적으로 기록하는 저널리즘 생태계의 인프라로 기능한다.

CLEW의 활동은 크게 세 갈래로 나뉜다. 첫째, 기후 및 에너지 정책, 법제, 통계, 용어 해설 등 실무 기반의 정보 허브를 구축해 기자들이 신뢰할 수 있는 정보를 손쉽게 활용할 수 있도록 돕는다. 둘째, 60개국 450명 이상의 기자들이 참여하는 국제 네트워크를 통해 국경 간 정보 공유와 공동 취재를 제도화했다. 셋째, 현장 중심의 기자 워크숍과 공동 취재 지원금, 취재 투어 등 다양한 협업 프로그램을 운영함으로써 실질적인 저널리즘 역량 강화를 이끌고 있다.

CLEW의 특징은 단순히 정보를 제공하는 조직이 아니라, 기자들이 함께 전환의 복잡성을 해석하도록 설계된 학습형 협업 플랫폼이라는 점에 있다.

CLEW가 발행한 《기자들을 위한 독일 에너지 전환 가이드 (A Reporter's Guide to Germany's Energy Transition)》는 이러한 철학을 잘 보여준다.

이 가이드는 단순한 정책 설명서를 넘어, "에너지 전환은 누구에게 이익이 되고, 그 비용은 누가 부담하는가?", "정책의 효과는 어떤 사회적 갈등과 연결되는가?", "지역 수용성과 일자리 변화는 어떻게 조정되고 있는가?"와 같은 질문을 중심으로 전환의 복합적 구조를 해석하도록 설계된 비판적 저널리즘 실천 도구다.

기자가 전환 과정에서 반드시 고려해야 할 질문의 목록, 데이터 해석의 표준 틀, 정책과 현장의 간극을 구조화하는 방법 등이 정리돼 있어, 한국 언론 환경에서도 직접적인 참조가 가능하다. CLEW의 가이드는 궁극적으로 기자가 에너지 전환의 정치적·사회적 구조를 비판적으로 읽어내는 시각을 기를 수 있도록 돕는다.

국제 협업 프로젝트는 CLEW 활동의 핵심 중 하나다. 이 단체는 '국경 간 협업 저널리즘 지원금(Cross-Border Journalism Grants)'을 운영하며, 기후·에너지 전환과 관련된 국제 사안을 함께 취재할 팀을 공모한다. 선정된 기자들은 서로 다른 두 개국 이상에서 협업팀을 구성해 몇 달간 심층 취재를 진행하며, 결과물

<표 7-1> CLEW의 가이드에 제시된 '에너지 전환 보도를 위한 핵심 질문'

질문 예시	의미
누가 이득을 보고, 누가 비용을 지불하는가?	전환의 이익·불이익에 대한 구조 파악
누가 목소리를 낼 수 있고, 누가 배제되는가?	수용성 및 대표성 문제
지방 정부와 중앙정부 간에는 어떤 이해관계가 충돌하는가?	정책의 효과성 및 정치적 갈등 요소 파악
이 정책은 언제, 어떻게 조정·수정되어 왔는가?	정책의 지속성 및 변화 과정 파악
정책의 실현 가능성을 제약하는 제도적·사회적 구조는 무엇인가?	실패 요인에 대한 구조적 분석

은 최소 두 개 이상의 국가 매체에 보도되어야 한다. CLEW는 이러한 공동 취재에 최대 2,500유로의 보조금을 제공하고, 필요할 경우 편집적 지원도 병행한다.

특히 2024년 유럽의회 선거를 앞두고 CLEW는 '정의로운 전환(Just Transition): 누구도 소외되지 않게(Leaving No One Behind)'를 주제로 한 국제 공동 취재를 공모했다. 이 공모는 탄소국경조정제도(CBAM)의 파급 효과, 정의로운 에너지 전환 파트너십(JETP)의 실행과 정치적 함의, 산업 부문별 구조 전환이 노동자·젠더·지역 간 권리와 접근성에 미치는 영향 등 다양한 의제를 제시하며 국제 언론의 주목을 이끌었다. 선정된 인도·독일, 알바니아·코소보, 모로코·튀니지 기자팀은 각국의 정의로운 전환 현장을 공동으로 탐사하고, 전환 과정에서 소외된 집단의 경험과 변화를 조명했다. 이 프로젝트는 국경을 초월한 협업이 단지 아이템을 공유하는 데 그치지 않고, 정책 감시와 공적 문제 제기를 가능하게 한다는 점에서 협업 저널리즘의 잠재력을 보여준다.

　　이러한 CLEW의 구조화된 협업 모델은 한국 언론에도 깊은 시사점을 던진다. 기후위기와 에너지 전환 보도는 특정 언론사나 기자 개인의 노력만으로는 한계가 있다. 전환은 장기적이고 복잡한 사회적 과제인 만큼, 언론 생태계 차원에서의 전략적 대응이 요구된다. CLEW의 사례는 한국 언론이 개별 시리즈나 캠페인을 넘어, 제도화된 네트워크와 공동학습, 교육, 기획 편집을 중심으로 한 에너지 전환 보도 플랫폼을 구상할 필요가 있음을 보여준다.

3. 기후·에너지 보도의 재구성: 전환의 시대를 위한 제언

기후·에너지 보도의 전환은 단순한 보도 기법의 혁신이 아니라, 저널리즘의 존재 방식을 근본적으로 재구성하는 일이다.

　　오늘날 해외 언론이 보여주는 변화는 '무엇을 보도할 것인가'보다 '어떻게 말할 것인가'를 묻는 언어의 전환에서 출발해, 조직의 구조, 취재의 방식, 그리고 윤리적 기준까지 새롭게 설계하는 과정으로 이어지고 있다.

　　이러한 흐름 속에서 해외 언론들은, 언론의 역할을 단순한 사실의 중계자가 아니라 사회가 전환의 방향을 토론하고 합의할 수 있도록 돕는 공론장의 설계자로 새롭게 상정하고 있다. 이러한 관점에서 볼 때 기후·에너지 보도가 나아가야 할 방향은 다음 다섯 가지 축으로 요약될 수 있다.

1) 정쟁을 벗어나 해법의 저널리즘으로

기후·에너지 보도는 더 이상 재난과 위기의 서사만으로는 사회를 움직일 수 없다. 지금 필요한 것은 '누가 옳은가'의 논쟁이 아니라, 무엇이 작동하는가를 검증하고 그 조건을 사회적으로 공유하는 언론의 시선이다.

2024년 말 한국언론진흥재단의 조사에 따르면, 국내 뉴스 소비자들은 기후변화의 실체를 확인하는 뉴스보다 대응 방안과 실질적 해법을 제시하는 보도를 더 선호하는 것으로 나타났다. 이는 언론이 위기를 경고하는 단계를 넘어, 해법과 전환의 조건을 탐색하는 역할로 이동해야 함을 보여준다.

뉴욕주립대의 애비 라비노비츠(Abby Rabinowitz, 2021) 교수는 기후 보도의 변화를 다음과 같이 설명한다.

> "기후 보도는 이제 'It's real(기후변화는 실제다)'의 시대를 지나, 'It's bad(심각하다)'의 시대를 넘어, 'The solution era(해결의 시대)'에 들어섰다."

즉, 언론이 기후위기의 존재를 증명하거나 그 피해를 경고하는 데서 멈추지 말고, 구체적인 해법을 제시하고 시민의 참여를 이끌어내는 방향으로 이동해야 한다는 의미다. 이를 위해 언론은 각종 기후·에너지 정책과 지역 실험을 단순한 사례로 다루기보다, 무엇이 어떤 제도·기술·사회적 맥락에서 효과를 냈는지를 구조적으로 분석해야 할 것이다.

국내 에너지 전환 보도의 가장 큰 문제는 기술과 산업의 이슈가 늘 이념적 대립의 프레임으로 소비되어 왔다는 점이다. 탄소중립, 원전, 재생에너지 같은 쟁점이 보수와 진보의 진영 논리에 따라 전혀 다르게 해석되었으며, 그 결과 정책의 일관성뿐만 아니라 언론의 신뢰 역시 흔들렸다. 최근 언론계 안팎에서 제기되는 '에너지 보도의 비(非)정파화' 요구는 이러한 문제의식에서 출발한다.

이제 언론은 정치적 대립을 재현하는 대신, 작동 가능한 대안을 검증하고 사회적 합의의 조건을 탐색하는 공론장을 만들어야 한다.

기후·에너지 보도의 새로운 과제는 낙관의 언어가 아니라, 책임 있는 희망의 언어, 다시 말해 근거에 입각한 대안을 구축하는 일이다. 해법을 다루는 저널리즘은 단순히 미래를 긍정적으로 그리는 것이 아니라, 사회가 다시 신뢰를 회복하고 공론의 방향을 세우는 과정이 되어야 한다. 그럴 때 기후·에너지 보도는 정쟁을 넘어, 사회가 함께 배우고 변화를 설계해 가는 전환의 기록으로 남을 것이다.

2) 협업 저널리즘: 경쟁을 넘어 집단적 정확성으로

기후와 에너지의 문제는 하나의 매체나 기자가 독립적으로 다루기에는 지나치게 복합적이다. 과학적 검증, 정책 이해, 산업 구조, 시민사회의 관점이 결합되어야 하는 영역이기 때문이다. 따라서 언론은 협업 저널리즘의 방식으로 나아가야 한다.

국제 네트워크 CCNow는 여러 언론사가 기후 보도를 공동 기획·제작하며, 국가와 매체의 경계를 넘어 보도의 방향성과 기준을 함께 마련하는 대표적 협업 모델을 보여준다. 반면 CLEW는 언론사가 함께 보도를 제작하는 조직은 아니지만, 각국 기자들에게 데이터, 연구, 전문가 네트워크를 제공하고 서로 연결하는 플랫폼으로서 협업 저널리즘을 뒷받침하는 중요한 생태계 인프라를 형성하고 있다.

이 두 조직의 활동은 협업이 단순히 '공동 보도'를 의미하는 것이 아니라, 기후위기 같은 복합 문제에서 언론이 지식과 자원을 공유하며 사실의 공공성을 공동으로 구축하는 방식으로 확장되어야 함을 보여준다.

언론-과학자-시민단체 간의 협업 체계 역시 필요하다. 프랑스의 사이언스 피드백(Science Feedback)처럼, 기자와 과학자가 함께 정보를 검증하고 사회 전체가 신뢰할 수 있는 공통 사실(common fact)을 만드는 일이 중요하다.

이러한 협업은 단순한 보도 연대가 아니라, 언론의 윤리적 재건 프로젝트에 가깝다. 경쟁이 아니라 공유, 속보가 아니라 검증을 중심에 두는 새로운 뉴스룸 문화가 형성될 때, 언론은 집단적 정확성의 힘으로 기후·에너지 보도의 신뢰를 회복할 수 있을 것이다.

3) 정의와 권력의 재구성: 사회적 전환으로서의 에너지 보도

에너지 전환은 더 이상 기술의 효율을 높이는 문제가 아니라, 정의와 권력의 재구성이라는 사회적 전환의 문제다. 탄소 감축의 속도나 재생에너지 비율보다 중요한 것은 누가 결정에 참여하고, 누가 비용을 부담하며, 누가 이익을 얻는가의 문제다. 기후위기는 권력과 책임의 재분배를 요구하는 사회적 전환이기에 언론이 다뤄야 할 핵심은 감축 목표 그 자체보다 그 과정에서 드러나는 불평등과 배제의 구조를 주목해야 한다. 이것이 곧 '기후정의(climate justice)'의 핵심이다.

프랑스의 비영리 독립언론 〈르포르테르〉는 에너지 전환을 산업 혁신이 아닌 권력 재배치와 신뢰의 재건 과정으로 바라보며, 정의로운 전환(Just Transition)의 원칙이 실제 정책과 지역 현장에서 어떻게 작동하는지를 꾸준히 추적해 왔다.

〈르포르테르〉의 보도는 기후위기를 추상적 담론이 아닌 구체적 삶의 변화로 연결하며, 정의의 문제를 현장 저널리즘의 언어로 번역한 대표적 사례라 할 수 있다.

한국 언론 역시 이러한 관점으로 정책의 사회적 함의를 분석하고, 시민이 전환 과정의 주체로 참여할 수 있도록 해야 한다.

언론이 기술의 진보를 기록하는 역할에서 벗어나, 사회적 연대의 설계자로 나아갈 때 기후 보도는 비로소 '정의의 언어'로 완성될 것이다.

4) 정치로서의 에너지 전환: 데이터와 서사가 드러내는 구조

에너지 전환의 갈림길에서는 기술 자체보다 정책 설계, 산업 구조, 행위자 간 권력 배치가 훨씬 결정적인 힘을 가진다. 따라서 언론이 수행해야 할 핵심 역할은 복잡한 수치와 기술 용어의 나열이 아니라, 그 이면에서 정책의 효과가 어떻게 나타나고, 책임이 누구에게 집중되며, 어떤 구조적 불평등이 재생산되는지를 해석하는 일이다.

〈블룸버그〉는 이 해석 작업을 데이터를 통한 구조 분석으로 구현한다. 감축 이행률을 시계열·인터랙티브 그래프로 풀어내며 "감축 실패가 어떻게 미래 세대의 부담으로 이전되는가"를 시각적으로 설명하고, NASA·카본매퍼와의 협업을 통해 특정 기업의 메탄 배출을 지도화함으로써 전환의 실패가 국가 단위가 아닌 기업의 선택과 정책 결정을 둘러싼 구조적 문제임을 명확히 드러낸다. 이처럼 데이터는 단순한 통계가 아니라 문제가 어떻게 작동하는가를 보여주는 공공의 언어로 기능한다.

《가디언》은 이러한 구조를 맥락적 서사로 해석한다. 영국 마지막 석탄발전소 폐쇄 보도에서는 탈석탄의 쟁점을 기술 혁신이 아닌 노동, 지역경제, 복지제도의 재편이라는 정치·사회적 구조의 변화로 재구성했고, 엑슨의 중남미 기후부정 지원을 추적한 보도에서는 전환을 가로막는 기업·정치 세력의 전략과 정보 조작의 경로를 드러냈다. 전환을 가속하거나 지연시키는 세력의 실체를 밝히는 이러한 작업은, 에너지 전환이 단지 기술 경쟁이 아니라 권력의 지형을 재편하는 정치 과정임을 보여준다.

결국 기후 보도의 혁신은 새로운 형식의 발명에 있지 않다. 데이터와 서사를 통해 복잡한 기후·에너지 구조를 시민이 이해할 수 있는 언어로 번역하는 실천, 그리고 정책과 권력의 작동 방식을 투명하게 드러내는 분석적 저널리즘에 있다. 언론의 책무는 과학적 사실을 단순히 전달하는 데 그치지 않는다. 그 사실이 어디에서 비롯되고 누구를 향하며, 어떤 영향을 만들어내는지를 해석하는 것―바로 이것이 오늘날 에너지 전환 보도가 수행해야 할 정치적 책임이다.

5) 언어와 조직의 전환: 뉴스룸 자체의 생태적 책임

기후·에너지 보도의 혁신은 보도 관행의 부분적 개선만으로는 충분하지 않다. 언론의 언어, 편집 체계, 교육, 운영 방식 전반이 전환되지 않는 한, 기후·에너지 보도의 질적 도약 역시 지속될 수 없다. 최근 해외 주요 매체들은 이러한 과제를 뉴스룸 전체의 '생태적 책임(ecological responsibility)'으로 재정의하며, 조직 차원의 구조 개편에 본격적으로 나서고 있다.

《가디언》은 그 대표적인 사례다. 이 매체는 2019년 'climate change(기후변화)' 대신 'climate crisis(기후위기)', 'climate breakdown(기후붕괴)' 등의 용어를 공식적으로 채택하고, 화석연료 기업 광고를 전면 중단하는 '환경 서약'을 발표했다. 이는 단순한 어휘의 조정이 아니라, 기후 문제를 다루는 언론의 역할·윤리·경제적 독립성을 근본적으로 재구성한 선언이었다. 이후 《가디언》은 기후 보도를 특정 섹션에 한정하지 않고 경제·문화·스포츠·패션 등 전 부서에 기후 관점을 내재화하는 횡단적 편집 체계로 전환하며 뉴스룸 전체의 언어와 가치 체계를 바꾸어냈다.

이 흐름은 다른 주요 매체에서도 관찰된다. AFP의 '지구의 미래' 서비스는 환경 전문 기자만의 영역을 넘어 정치·경제·국제·

팩트체킹 부서가 함께 참여하는 통합형 보도 시스템을 구축하고 있으며,《파이낸셜타임스》의 '클라이밋 캐피털'과 'BBC 퓨처 플래닛' 역시 기후·에너지 이슈를 뉴스룸 운영의 중심축으로 삼아 지속가능성 원칙과 연결한 편집·운영 구조를 실험하고 있다.

교육에서도 중요한 변화가 일어나고 있다. 프랑스 사례처럼 기후·에너지 보도의 질적 성장은 기자 교육의 재편에서 출발한다. 기후과학과 생태학을 저널리즘 교육 과정의 필수 과목으로 설정하고, 현직 기자를 위한 지속 교육(formation continue)을 제도화하는 것은 이제 필수적인 과제다. 이는 기후·에너지를 특정 전문기자의 경력 특화 분야가 아니라, 모든 기자가 갖추어야 할 기본 문해력이자 필수 역량으로 재정의하는 과정이다.

이와 함께 뉴스룸 조직과 편집 구조의 변화 역시 중요한 과제로 부상하고 있다. 그러나 한국의 다수 언론은 기후 문제를 전담할 전담팀이 없거나, 환경팀이 있어도 전체 보도 전략과 연계되지 못하는 경우가 많다. 이런 구조에서는 기후·에너지 문제를 사회 전 부문을 관통하는 구조적 이슈로 다루기 어렵다. 정치·경제·사회·국제 등 전 부서가 기후 관점을 자연스럽게 내재화해 취재와 편집을 수행하는 '통합형 뉴스룸' 모델로의 전환이 요구된다. 이는 기후·에너지를 하나의 하위 섹션이 아니라 모든 보도에 영향을 미치는 거시적 프레임으로 자리매김하는 편집 철학의 변화이기도 하다.

언론이 스스로의 언어와 구조를 성찰하고 재설계하려는 노력이 병행되지 않는다면, 에너지 전환 보도의 내용 역시 일정한 한계에 머물 수밖에 없다. 기후·에너지 보도의 혁신은 기자 개인의 의지나 단일 기획의 성취만으로 이루어지지는 않는다. 요컨대 혁신은 교육, 언어, 편집, 그리고 조직 운영을 포괄하는 저널리즘의 생태적 전환이 전제되어야만 비로소 가능해질 것이다.

기후·에너지 보도는 더 이상 사실을 나열하는 기술적 업무가 아니라, 사회가 어떤 미래를 선택할 것인가를 둘러싼 집단적 사고의 장을 여는 저널리즘의 공적 책무다. 언론이 해법을 제시하고, 협력의 기반을 넓히고, 전환 과정의 불평등을 비추고, 데이터와 서사를 통해 구조의 본질을 드러내며, 뉴스룸 자체를 생태적으로 전환할 때 기후저널리즘은 위기의 시대를 단순히 해석하는 데서 한 걸음 더 나아가 변화의 방향을 함께 설계하는 동반자가 될 수 있다.

결국, 언론이 지향해야 할 것은 '전환을 보도하는 저널리즘'을 넘어, 사회가 더 나은 전환을 실천하도록 이끄는 '전환의 저널리즘'이며, 이것이야말로 기후위기 시대에 저널리즘이 존재해야 하는 이유다.

서문: 한국 언론, 걸림돌이 될 것인가, 신작로가 될 것인가

김동윤 (2026). 〈한국전력에 '위자료 2025원' 요구한 까닭은〉.《단비뉴스》, 2026. 1.
16.

나오미 오레스케스 외 (2012).《의혹을 팝니다》. 미지북스.

마이클 만 외 (2017).《누가 왜 기후변화를 부정하는가》. 미래인.

송창한 (2021). 〈보수·경제지 탈원전 비판 보도, 재미 쏠쏠?〉.《미디어스》, 2021.
10. 1.

오대영 (2018). 〈[팩트체크] 태양광 패널은 중금속 범벅? 괴담 살펴보니〉. JTBC,
2018. 11. 20.

오현길 (2017). 〈10만t 태양광 폐모듈서 유독성 화학물질 유출 우려〉.《아시아경
제》, 2017. 10. 12.

이주연 외 (2022). 〈'주차장 태양광' 시급한데 조례로 막아〉.《단비뉴스》, 2022. 2.
24.

전나경 외 (2024). 〈'태양광 하기 제일 어려운 나라' 기업은 속 탄다〉.《단비뉴스》,
2024. 11. 6.

제레미 리프킨 (2020).《글로벌 그린 뉴딜》. 민음사.

제정임(편) (2019).《마지막 비상구》. 오월의봄.

조선 사설 (2025). 〈이번엔 '탈석탄' 급발진, 나라가 환경 단체 놀이터〉.《조선일
보》, 2025. 11. 24.

케이트 레이워스 (2018).《도넛경제학》. 학고재.

BloombergNEF (2024). Energy Trasition Fackbook 2024. Clean Energy Ministeri-
al Meeting.

Bruce Usher (2019). *Renewable Energy: A Primer for the Twenty-First Century.*
Columbia University Earth Institute.

Daniel Yergin (2021). *The New Map: Energy, Climate, and the Clash of Nations.* Penguin Press.

Global Carbon Project (2025). Global Carbon Budget 2025. *futurearth*, 2025. 11. 13.

Mary Robinson (2018). *Climate Justice: Hope, Resilience, and the Fight for a Sustainable Future.* Bloomsbury Publishing.

Michael E. Mann (2021). *The New Climate War.* World Poetry Books.

Jim Green (2018). Nuclear power lobbyist Michael Shellenberger learns to love the bomb. *The Ecologist*, 2018. 9. 20.

Johan Rockström & Owen Gaffney (2021). *Breaking Boundaries.* Dorling Kindersley.

1장 에너지 전환과 언론, 어떻게 만나야 할까

염정윤·강선아 (2024).《2024 국민환경의식조사》, KEI 사업보고서 2024 - 10 - 02.

윤순진 (2002).〈지속가능한발전과 21세기 에너지정책: 에너지체제 전환의 필요성과 에너지정책의 바람직한 전환 방향〉.《한국행정학보》, 36(3), 147 - 167.

윤순진·김소연·정민지 (2011).〈한국과 일본 원자력 사회기술체계 발전 경로의 유사성과 상이성: 관성과 역돌출부에 대한 대응을 중심으로〉.《ECO》, 15(2), 147 - 196.

윤순진·심혜영 (2015).〈에너지 전환을 위한 전략적 틈새로서 시민햇빛발전협동조합의 가능성과 제도적 한계: 서울시 사례를 중심으로〉.《공간과사회》, 25(1), 140 - 178.

이필렬 (2003).〈석유시대 언제까지 갈 것인가〉.《녹색평론》, 70.

이현승 (2025).〈탄소중립을 위한 에너지 전환 보도: 언론의 정파성에 따른 차이 분석〉.《한국소통학보》, 24(2), 483 - 537.

한국에너지정보문화재단 (2025).《2025년 에너지 국민인식조사 상반기》. (주)코리아리서치인터내셔널.

Ahmad, Ali, Andrei Covatariu, M.V. Ramana (2023). A stormy future? Financial impact of climate change - related disruptions on nuclear power plant owners. *Utilities Policy*, 81: 101484.

Alain, Beltran (2018). Introduction: Energy in History, the History of Energy. *Journal of Energy History*, special issue. 1-18.

Baldwin, Ian (2023). The Electrification of the World. *Advances in Social Sciences Research Journal*. 10(12), 64-94.

Baldwin, Ian (2023). The Electrification of the World. *Advances in Social Sciences Research Journal*. 10(12), 64-94.

Geels, Frank (2019). Socio-technical transitions to sustainability: a review of criticisms and elaborations of the Multi-Level Perspective. *Current Opinion in Environmental Sustainability*. 39, 187-201.

_____ (2011). The multi-level perspective on sustainability transitions: Responses to seven criticisms. *Environmental Innovation and Societal Transition*, 1(1), 24-40.

_____ (2002). Technological transition as evolutionary reconfiguration process: a multi-level perspective and a case-study. *Research Policy*. 31(8-9), 1257-1274.

Gitlin, Todd (1980). *The Whole World is Watching*. Berkely: University of California Press.

Hughes, Thomas (1994). Technological Momentum, in Merritt Roe Smith and Leo Marx (eds.), *Does Technology Drive History?: The Dilemma of Technological Determinism*. Cambridge, Mass: The MIT Press: 101-114.

_____ (1987). The Evolution of Large Technological Systems, in Wiebe E Bijker, Thomas Hughes and Trever J. Pinch (eds.), *The Social Construction of Technological Systems: New Directions in the Sociology and History of Technology*. Cambridge, Mass: The MIT Press. (번역본 송성수 편저 (1999). 〈거대 기술 시스템의 진화〉. 《과학기술은 사회적으로 어떻게 구성되는가》. 새물결.)

Krausmann, F., Weisz, H., Eisenmenger, N. (2016). Transitions in Sociometabolic Regimes Throughout Human History. In: Haberl, H., Fischer-Kowalski, M., Krausmann, F., Winiwarter, V. (eds) Social Ecology. *Human-Environment Interactions*, vol 5. Springer, Cham. https://doi.org/10.1007/978-3-319-33326-7_3.

Mumford, Lewis. 1937. *Technics and Civilization*. London George Routlodge and Sons, Ltd.

Perez, Carlota (2002). 《Technological Revolutions and Financial Capital: The Dynamics of Bubbles and Golden Ages》. Edward Elgar Publishing.

Smil, Vaclav. 2021. Energies. In *Grand Transitions: How the Modern World Was Made* (pp. 114-151). Oxford University Press. (번역본: 바츨라프 스밀(저), 솝희(옮김), 2022.《대전환: 세계를 바꾼 다섯 가지 위대한 서사》. 처음북스.)

UNEP. 2025. "Off target: Comfort collective inaction puts global temperature goal at risk," *Emission Gap Report 2025*.

Walter, Daan, Sam Butler-Sloss, Kingsmill Bond. 2025. "The Electrotech Revolution: The shape of things to come," EMBER.

White, Leslie A. (1943). Energy and the Evolution of Culture. American *Anthropologist*. 45(3), 335-356.

Williams, Nigel (2006). History of Energy. Scientists and the Franklin Institute: Making Their Cases, Philadelphia PA: The Franklin Institute.

2장 에너지 전환, 기후위기 대응 그 이상

Daniel Yergin (1990). The Prize: The Epic Quest for Oil, Money & Power. *Simon & Schuster.*

Anthony Leiserowitz, et al. (2023). International Public Opinion on Climate Change, 2023. *Yale Program on Climate Change Communication.*

IEA (2025). Renweables 2025. *IEA.*

Euan Graham, et al. (2025). Global Electricity Review 2025. *Ember.*

Kingsmill Bond, et al. (2025). The Electrotech Revolution, *Ember.*

Our World in Data, Energy Institute (2025). Statistical Review of World Energy. *Our World in Data.*

6장 에너지 전환기의 한국 언론: 진단과 상상

김천수 (2025). 〈국가기간뉴스통신사와 기후변화: 연합뉴스의 기후변화 보도 분석〉.《지역과 커뮤니케이션》, 29(1), 58-85.

김현우 (2024). 〈에너지정책 갈등에 대한 언론 프레임 연구: 주요 일간지와 경제지의 전기요금에 대한 사설·칼럼 분석을 중심으로〉. 서울대학교 대학원 석사학위 논문.

신우열 (2023). 〈언론 논리에 갇힌 기후위기〉.《한국언론학보》, 67(6), 87‑114.

이건혁·안차수 (2024). 〈기후위기와 언론인 의식: 기후관련 연합뉴스 기자를 중심으로〉.《지역과 커뮤니케이션》, 28(4), 133‑166.

정지영 (2023). 〈국내 기후위기 언론 보도에 대한 탐색적 고찰: 미디어 사회적 책임에서부터 어카운터빌리티로의 논의를 바탕으로〉.《정치커뮤니케이션연구》, 70, 5‑54.

조효제 (2020).《탄소 사회의 종말: 인권의 눈으로 기후위기와 팬데믹을 읽다》. 21세기북스.

최이슬·조원빈 (2023). 〈국내 언론의 정치성향과 기후변화 보도, 2000‑2022년〉.《정치정보연구》, 26(2), 51‑85.

홍지현 (2022). 〈전기요금에 대한 언론의 프레임 유형 연구: 주요 일간지와 경제지 사설 분석을 중심으로〉. 서울대학교 대학원 석사학위 논문.

Appelgren, E., & Jönsson, A. M. (2020). Engaging citizens for climate change: Challenges for journalism. *Digital Journalism*, 9(6), 755–772.

Borgen‑Eide, G. (2024). Storying climatically changed worlds: Potentials and pitfalls of future journalism. *Journalism Practice*. https://doi.org/10.1080/17512786.2024.2310049

Boykoff, M. T., & Boykoff, J. M. (2007). Climate change and journalistic norms: A case‑study of US mass‑media coverage. *Geoforum*, 38(6), 1190‑1204.

Djerf‑Pierre, M., & Ekström, M. (2025). Constructive journalism as practice; Storytelling in solutions‑focused news reporting in mainstream news media. *Journalism Practice*. https://doi.org/10.1080/17512786.2025.2461213

Kim, B., Yang, S., & Kim, H. (2024). Voices of transitions: Korea's online news media and user comments on the energy transition. *Energy Policy*, 187, 114020.

Mai, L., & Sikorski, C. V. (2025). Narratives are key: How narratives influence solutions journalism and promote climate‑friendly behavior. *Media Psychology*. https://doi.org/10.1080/15213269.2025.2567363

Mislán, C., Oduolowu, D., & Zielinski, I. (2025). Extractive journalism: Conceptualizing extractivismo in climate and environmental journalism. *Media, Culture & Society.* https://doi.org/10.1177/01634437251351793

Painter, J. (2019). Climate change journalism: Time to adapt. *Environmental Communication,*13(3), 424‑429.

Razavi, K. (2023). *The role of solutions journalism in engaging audiences on the climate emergency.* Unpublished doctoral thesis. Simon Fraser University, Canada.

Schäfer, S., Greber, H., Sülflow, M., & Lecheler, S. (2024). A matter of perspective: An experimental study on potentials of constructive journalism for communicating a crisis. *Journalism & Mass Communication Quarterly,* 101(3), 774‑796.

Thier, K. (2025). A new journalism for a new climate: Is solutions journalism the solution? *Science Communication.* https://doi.org/10.1177/10755470251378065

Thier, K., & Lin, T. (2022). How solutions journalism shapes support for collective climate change adaptation. *Environmental Communication,* 16(8), 1027‑1045.

Thier, K., Abdenour, J., Walth, B., & Dahmen, N. S. (2021). A narrative solution: The relationship between solutions journalism, narrative transportation, and news trust. *Journalism,* 22(10), 2511‑2530.

Ytterstad, A., & Bødker, H. (2022). Climate change journalism in Norway: Working with frequency around the "Green Shift." *Journalism Studies,* 23(11), 1291‑1307.

Yun, S. J. (2012). Nuclear power for climate mitigation?: Contesting frames in Korean newspapers. *Asia Europe Journal,* 10(1), 57‑73.

Zelizer, B., Boczkowski, P. J., & Anderson, C. W. (2022). The journalism manifesto. Polity. 신우열·김창욱(역) (2023).《저널리즘 선언: 개혁이냐, 혁명이냐》. 오월의봄.

김다은 (2022. 11. 21.). 〈이 한 장의 사진 이후 기후위기 보도가 바뀌다〉. 《시사IN》. https://www.sisain.co.kr/news/articleView.html?idxno=48959

진민정·박진우·방희경 (2023). 《기후저널리즘의 원칙과 교육 방안》. 한국언론진흥재단.

진민정·이봉현·문영은 (2022). 《기후·환경 저널리즘의 범주와 활성화 방안》. 한국언론진흥재단.

CLEW. (2018). A Reporter's Guide to Germany's Energy Transition. https://www.cleanenergywire.org/news/reporters-guide-germanys-energy-transition-2018-edition

Dembicki, G. (2025, November 3). Exxon funded thinktanks to spread climate denial in Latin America, documents reveal. *The Guardian*. https://www.theguardian.com/environment/2025/nov/03/exxon-funded-think-tanks-to-spread-climate-denial-in-latin-america-documents-reveal2024

European Journalism Centre. (2023). Solutions Journalism: An Introduction for Journalists and Newsrooms. https://ejc.net/resources/solutions-journalism-an-introduction-for-journalists-and-newsrooms

Harvey, F. (2024, September 30). End of an era as Britain's last coal-fired power plant shuts down. *The Guardian*. https://www.theguardian.com/business/2024/sep/30/end-of-an-era-as-britains-last-coal-fired-power-plant-shuts-down

Hertsgaard, M. & Pope, K. (2019). The media are complacent while the world burns. *Columbia Journalism Review*. https://www.cjr.org/special_report/climate-change-media.php

Holman, S. (2019, May 28). Dear Journalists of Canada: Start Reporting Climate Change as an Emergency. *The Tyee*. https://thetyee.ca/Mediacheck/2019/05/28/Start-Reporting-Climate-Change-Emergency/

Hutton, M. (2025, October 28). "Le but de la désinformation, c'est que les gens ne croient plus en rien": comment les climatosceptiques mettent à mal la science. *TV5Monde*.

Juliette Quef. (2024). De climat dans toutes les rubriques, mais des freins encore nombreux: la Charte pour un journalisme à la hauteur de l'urgence écologique fait le bilan. *Vert*.

Kempf, K. (2022, April 13). Relancer le nucléaire? Une mauvaise affaire pour le climat. *Reporterre*. https://reporterre.net/Relancer-le-nucleaire-Une-mauvaise-affaire-pour-le-climat

Mider, Z., Adams-Heard, R., & McCartney, A. (2021, November 2). BP Looks Dirtier Than Exxon in New Data From Giant U.S. Oil Field. *Bloomberg*. https://www.bloomberg.com/graphics/2021methane-permian-basin

Prodhomme, M., Carlino, V., & Mercier, A. (2024). Présentation. Le journalisme face aux défis environnementaux. *Les Cahiers du Journalisme*, 2(11).

QuotaClimat. (2025). Mapping climate disinformation in French and Brazilian mainstream media. https://quotaclimat.org/en/actualites/mapping-climate-disinformation-in-french-and-brazilian-mainstream-media

Rabinowitz, A. (2021, April 21). Climate journalism enters the solutions era. *Columbia Journalism Review*. https://www.cjr.org/covering_climate_now/climate-solutions-journalism-mothers-of-invention.php

Rathi, A., Roston, E., & Diamond, J. S. (2021, October 21). How to Stop 30 Years of Failing to Cut Emissions?, *Bloomberg*, https://www.bloomberg.com/graphics/2021-emissions-turning-point/

Salle, C. (2021). Advocating for journalistic urgency to include climate emergency: The case of three media collectives. In H. Bødker & H. E. Morris (Eds.), *Climate Change and Journalism: Negotiating Rifts of Time* (pp. 27-43). Routledge.

Science Feedback. (2025, January 6). Science Feedback, QuotaClimat, and Data for Good Launch Climate Safeguard, an AI Tool to Detect Climate Misinformation on TV and Radio. https://science.feedback.org/science-feedback-launches-climate-safeguard-to-detect-climate-misinformation-tv-radio/

Souchay, E. (2017, December 18). L'éolien en France: la grande enquête (5 volets). Reporterre. https://reporterre.net/L-eolien-en-France-la-grande-enquete-en-5-volets

Taylor, M. (2025, January 2). UK electricity cleanest ever in 2024, with record 58% from low‑carbon sources. *The Guardian*. https://www.theguardian.com/environment/2025/jan/02/uk‑electricity‑cleanest‑ever‑in‑2024‑with‑record‑58‑from‑low‑carbon‑sources

Viner, K. (2019, May 17). Why the Guardian is changing the language it uses about the environment. *The Guardian*. https://www.theguardian.com/environment/2019/may/17/why‑the‑guardian‑is‑changing‑the‑language‑it‑uses‑about‑the‑environment

Wu, J. & Kan, K. (2021, October 25). The Chinese Companies Polluting the World More Than Entire Nations. *Bloomberg*. https://www.bloomberg.com/graphics/2021‑china‑climate‑change‑biggest‑carbon‑polluters/

제정임 세명대학교 저널리즘대학원 교수.《경향신문》과《국민일보》에서 기자로 일했으며 KBS, MBC 등에서 경제 해설을, SBSCNBC에서 〈제정임의 문답쇼 힘〉진행을 맡았다.《경향신문》,《한겨레》,《한국일보》등에서 칼럼니스트로 활동했다. 언론중재위원, 금융발전심의위원 등을 역임했고,《한겨레》자문위원장과 열린편집위원장, 연합뉴스 수용자권익위원장 등을 지냈다. 서울대학교 사회학과를 나와 서울대학교 대학원에서 경영학 박사학위를 받았다. 저서로《경제뉴스의 두 얼굴》,《동네북 경제를 넘어》등이, 편저로《벼랑에 선 사람들》,《마지막 비상구》,《어느 대학 출신이세요?》등이 있다.

윤순진 서울대학교 환경대학원장. 에너지전환포럼 상임공동대표를 맡고 있다. 서울시 원전하나줄이기 실행위원장과 에너지정책위원회 위원장, 지속가능발전위원회 위원장, 대통령 직속 2050 탄소중립위원회 초대 민간위원장을 역임하였다. 한국환경사회학회 회장, 한국환경정책학회 회장을 역임하였고, 현재 한국환경교육학회 회장직을 수행 중이다. 환경, 에너지, 기후변화 관련 국내외에서 200편 이상의 논문을 발표하였고, 국영문 단행본에도 50여 편의 공저 작업에 참여하였다. 환경, 에너지, 기후변화에 대한 시민 인식과 실천에 관심을 두고 있으며, 에너지 전환 관련 다양한 강연 활동을 활발히 하고 있다.

박상욱 JTBC 기자. 정책 분야를 취재하며 2019년부터 〈[박상욱의 기후 1.5] '먼 미래'에서 '내 일'로 찾아온 기후변화〉를 매주 월요일 연재 중이고, 다큐멘터리 〈농촌과 태양광, 상생의 이야기〉, 〈녹색장벽 너머로, RE100〉, 〈바다, 에너지 안보의 시작〉을 기획, 제작했다. 고려대학교 에너지환경대학원에서 에너지환경정책을 전공하고, 환경부-교육부 공동 발간 기후변화 중등 교재의 집필진으로 참여했다. 저서로는 《기후 1.5℃ 미룰 수 없는 오늘》, 《기후 블랙홀》 외에 공저로 《잠깐, 이게 다 인권 문제라고요?》, 《탄소중립은 가능한가》, 《기후테크 코리아》 등이 있다.

송원일 제주MBC 기자. 제주에서 나고 자랐다. 서울에서 대학 졸업을 앞둔 1995년 1월 제주MBC에 입사한 이후 30년 넘게 취재기자로 활동 중이다. 서울이 아닌 지역에서, 주류가 아닌 비주류의 관점에서 우리 사회의 미래를 고민하고 있다. 한국 사회가 거쳐온 정치민주화, 사회민주화에 이어 경제민주화를 실현하기 위해 다양한 분야에서 취재 활동을 이어가고 있다. 제주의 대규모 관광개발 대신 주민 참여형 관광 모델의 가능성을 찾는 〈관광의 종말, 마이크로 투어리즘〉, 〈대규모 관광개발 전수조사 기획보도〉, 〈공유지의 희극〉을 제작하였다. 또한 전력시장의 독점 구조를 해소하고 주민이 참여하는 에너지 전환을 모색하는 〈출력제한, 전력시장의 비밀〉, 〈덴마크의 녹색 전환〉, 〈기후위기, 열에너지를 잡아라〉, 〈기후위기, 녹색건축의 도전〉을 제작하였다.

서승신 KBS전주 기자. 전북대학교 졸업 뒤 KBS에 입사해 20여 년째 취재기자로 현장을 지키고 있다. 사회적 약자와 환경, 농업 분야에 천착하며 이달의 방송기자상과 이달의 기자상, 한국방송대상 등을 다수 수상했다. 2023년 미국무부 풀브라이트 펠로우로 선정돼 애리조나주립대 등에서 기후변화와 저널리즘을 공부했다. 연수 당시 기후변화로 멸종위기를 맞고 있는 토착 선인장과 도마뱀을 다룬 다큐와 프로그램을 제작했다. 연수 뒤 공영방송 애리조나PBS에서 한 달여 PD로도 근무하며 하원의원 후보 토론회 등 각종 선거 방송 제작에도 참여했다. 세 아이의 아빠로 기후변화 걱정 없는, 'what a wonderful world'를 물려주는 것이 꿈이다.

조원일 한국탐사저널리즘센터(뉴스타파) 기자. 경희대학교 언론정보학부 졸업 후 《한국일보》 법조팀, 경찰팀, 정책팀을 거쳐 2019년 뉴스타파로 이직했다. 2018년 폭염을 계기로 기후위기 분야 취재를 시작했다. 기후위기와 에너지 전환이라는 거대한 흐름 속에서 태동한 정부의 정책 검증과 에너지 기업의 '그린워싱'의 실체를 추적하는 데 주력하고 있다. '울산시장 청와대 하명

수사 의혹', '검찰 특활비 오남용', '명태균 게이트 의혹' 등 권력 감시 프로젝트에도 참여했다.

신우열 전남대학교 미디어커뮤니케이션학과 교수. 저널리즘을 이 시대의 맥락에서 연구하고 있다. 언론 혐오, 기자 괴롭힘 등 저널리즘을 둘러싼 사회적 갈등에 관심을 가져왔으며, 기자의 일상적 경험과 뉴스 조직의 대응 양상을 분석해 글로 써왔다. 최근에는 기후위기 보도와 언론의 책임, 저널리즘의 인식론적 기반에 주목하고 있다. 《저널리즘 선언》을 함께 번역했고, 언론 관련 정책 연구 및 시민 교육에도 참여하며 연구와 실천을 잇는 활동을 지속하고 있다.

진민정 한국언론진흥재단 책임연구위원, 파리2대학 정보커뮤니케이션학 박사. 기후·환경 저널리즘과 솔루션 저널리즘을 중심으로 기후위기 시대 언론의 역할과 보도 원칙, 미디어 교육적 적용 가능성을 연구하고 있다. 《기후 저널리즘의 원칙과 교육 방안》(2023), 《기후·환경 저널리즘의 범주와 활성화 방안》(2022), 《국내 기후변화 보도의 현황과 개선 방안》(2021), 《솔루션 저널리즘의 현황과 가능성》(2019) 등 다수의 저서를 통해 기후 보도의 제도적·실천적 조건을 제시했다.

에너지 전환 시대의 저널리즘
기후위기 대응을 위한 언론의 역할을 묻다

초판 1쇄 2026년 2월 23일 발행

기획 방송기자연합회
지은이 제정임·윤순진·박상욱·송원일·서승신·조원일·신우열·진민정
펴낸이 김현종
기획총괄 배소라 **출판본부장** 안형태
편집 최세정 진용주 황정원 김수진 장진경
디자인 조주희 김연주 **마케팅** 김예리 신잉걸
방송사업·미래전략본부 정태준 문상철 이주리 백범선 남궁주철 김대준

펴낸곳 (주)메디치미디어
출판등록 2008년 8월 20일 제300-2008-76호
주소 서울특별시 중구 중림로7길 4
전화 02-735-3308 **팩스** 02-735-3309
이메일 medici@medicimedia.co.kr **홈페이지** medicimedia.co.kr
페이스북 medicimedia **인스타그램** medicimedia
유튜브 medici_media